Dirk Hüther

Kommuni:corona
Kommunikation in Zeiten von Corona

ars vobiscum

Originalausgabe

Sollte diese Publikation Links auf Webseiten Dritter enthalten, so übernehmen wir für deren Inhalt keine Haftung, da wir uns diese nicht zu eigen machen, sondern lediglich auf deren Stand zum Zeitpunkt der Erstveröffentlichung verweisen.

Dieses Buch ist auch als E-Book erhältlich

2. Auflage

Copyright © ars vobiscum
Oberhofen 7, 4894 Oberhofen am Irrsee
www.ars-vobiscum.com

vermutlich: 84494 Niederbergkirchen.- Oberbh.

Umschlaggestaltung und Satz:
Thomas Stimmel

Coverbild:
© Der Comiczeichner

Grafiken:
© Dirk Hüther

Druck und Bindung:
BoD
Printed in Germany

ISBN 978-3-9505234-2-3

Dirk Hüther

Kommuni:corona
Kommunikation in Zeiten von Corona

Ein Leitfaden mit praktischen Beispielen

für »Schnuggi«

Dirk Hüther

Kommuni:corona
Kommunikation in Zeiten von Corona

Ein Leitfaden mit praktischen Beispielen

für »Schnuggi«

Vorwort

Hallo, lieber Leser, liebe Leserin oder wie Du auch sonst gerne angesprochen wirst.

Ein paar Worte vorweg zum Verständnis dieses Buches: Ich spreche Dich mit Du an, denn das Du ist für mich der natürliche Zustand zwischen uns und schafft Nähe. Die ist erforderlich, um Dir die Inhalte dieses Buches näherzubringen, und es ist für mich auch einfach aus meiner Erfahrung heraus stimmiger: Glaub mir, in einem Workshop, in dem alle Du zueinander sagen, herrscht eine völlig andere Atmosphäre, als in einem, in dem Sie gesagt wird.

Ich mag es alltagsnah und mir liegt vor allem daran, dass das, was ich schreibe, leicht zu lesen und zu verstehen ist. Ich verwende daher das generische Maskulinum, denn ich will unsere wundervolle und präzise Muttersprache nicht durch einen sprachlichen Fleischwolf drehen. Spätestens nachdem Du das Buch gelesen hast, wirst Du verstehen, dass es auch gar nicht so wichtig ist, wie genau ich schreibe, sondern viel mehr das wichtig ist, was bei Dir ankommt und was es mit Dir macht - und das wiederum hat nicht viel mit mir zu tun. Alles, was Du hier liest, ist also ein Angebot und Du bist nicht verpflichtet, es anzunehmen - das machst Du in Deinem Supermarkt auch nicht anders.

Mein Ziel ist es, Dir Inspiration und Impulse zu geben, damit Du Dich selbstständig auf den Weg machen kannst und damit Du mithilfe meiner Anregungen auch neue eigene Erfahrungen sammeln kannst. Nur so funktioniert aus meiner Sicht erfolgreiches Lernen. Ich will Dich mit diesem Buch dazu einladen, ermutigen und inspirieren, in Deiner Kommunikation mit anderen einen neuen Weg zu gehen, von dem ich Dir verspreche, dass er Dir mehr Gelassenheit, mehr Leichtigkeit, mehr Lebendigkeit und mehr Verbindung zu Deinen Gesprächspartnern bringt. In diesem Sinne wünsche ich Dir, lieber Leser, liebe Leserin, viel Vergnügen, Erkenntnis und Inspiration mit den folgenden Inhalten.

Wozu dieses Buch?

Seit 20 Jahren bin ich unterwegs als Coach, Trainer und Berater und dabei ist Kommunikation eines meiner Kernthemen – und seit mehr als zwei Jahren beobachte ich über das unmittelbare Geschehen der Corona-Situation hinaus vor allem die Aspekte, die dabei die Kommunikation betreffen.

Schon im Mai 2020 habe ich geschrieben, dass ich es für sinnvoll halte, Menschen, die die Maßnahmen begrüßen und mittragen, mit ihrer Haltung und ihrem Verhalten zu konfrontieren, ihnen den Spiegel vor die Nase zu halten und sie zu ihrer Menschlichkeit zurückzubringen. Dann im Dezember 2021 sind die Geschehnisse in unserer Gesellschaft auf eine Art und Weise eskaliert, wie ich es noch kurz zuvor nicht für möglich gehalten hätte – und auch ich habe etliche Erfahrungen im Umgang mit anderen gemacht, auf die ich lieber verzichtet hätte. Mit diesem Buch will ich Euch, liebe Leser, an meinen Erfahrungen und den daraus resultierenden Schlussfolgerungen teilhaben lassen.

So wie ich in meiner bisherigen Tätigkeit die Auswirkungen von völlig unbewusster und hilfloser Kommunikation in Firmen beobachtet und mit den Beteiligten an einer Verbesserung gearbeitet habe, nehme ich jetzt die gleichen Effekte auf der Ebene unserer kompletten Gesellschaft wahr. Es ist für mich also nicht so, dass das, was ich jetzt sehe, komplett neu ist. Ich halte es sogar für ziemlich alt. Nur ist es in den letzten zwei Jahren für alle in den Fokus gerückt – denn wer hätte sich dem Thema entziehen können?! Seit mehr als zwei Jahren reden Menschen aufeinander ein, schreien sich an, werden in Unterhaltungen wütend, aggressiv oder hysterisch und haben dabei viele weitere ungünstige Geisteszustände, durch die ein Dialog mit anderen schlicht unmöglich ist. Die verheerende Unfähigkeit, miteinander zu reden, führt nicht nur zu kaputten Unternehmen, sondern eben auch zu einer zutiefst gespaltenen Gesellschaft - auf allen Seiten unfähig, noch miteinander zu reden.

Es wurden in den vergangenen zwei Jahren bereits eine Menge Bücher zu Corona und seinen Folgen geschrieben. Ich will und werde hier keine Argumente für irgendeine Seite reproduzieren, denn Mediziner haben darüber geschrieben, warum es keine Pandemie gibt, und Juristen haben Bücher über die rechtlichen Folgen der Situation geschrieben. Ich habe natürlich meine eigene Haltung und Überzeugung zu diesen Themen, aber dies ist kein Corona-Buch darüber, weil ich all dem, was schon von anderen gesagt wurde, nichts hinzuzufügen habe.

Ich bin ein Kommunikationsheini und mein Beitrag dient dazu, die Kommunikation auf „unserer Seite" erfolgreicher zu machen. Unsere Seite, das sind für mich Millionen von Menschen hierzulande, die zwar als Gruppe sehr heterogen sind, sich aber dennoch unter einem Dach zusammengefunden haben. Sie wollen unser Grundgesetz in seiner vollen Gültigkeit wieder in Kraft setzen und zurück zu einem Leben in Würde und gegenseitiger Achtung kommen, aber auch die Machtübernahme durch eine Clique von Superreichen und entsprechende totalitäre Strukturen verhindern. Wenn wir aber diese Wirkung erzielen wollen, müssen wir damit aufhören, bei den eigenen Leuten offene Türen einzurennen oder noch blöder: sich mit den eigenen Leuten wegen nebensächlicher Themen in die Wolle kriegen. Wir müssen auch endlich aufhören mit diesen völlig nutzlosen, sinnbefreiten Argumentationsmonologen, die wir getrost einer Parkuhr erzählen könnten.

Ich bin davon überzeugt, dass ich stattdessen einige Ansätze parat habe, die tatsächlich dazu geeignet sind, die Spaltung zu überwinden. Das ist aber nicht leicht und mitunter auch für uns verbunden mit Schmerzen. Was ich Dir jedoch versprechen kann, ist, dass sich der Weg lohnt - schon alleine Dir selbst zuliebe, denn eines der Resultate wird sein, dass Du in etlichen Situationen gelassener bleibst und dass Du an etlichen Stellen mit den Menschen Deines engeren Umfeldes wieder in eine Verbindung kommst. Das alleine ist den Weg wert.

Dazu stelle ich im Teil I des Buches zunächst einmal wichtige Grundlagen zur Kommunikation dar, die Dir ein Grundverständnis der Zusammenhänge geben sollen, die beim Miteinanderreden wirksam sind. Aber darüber hinaus erläutere ich in diesem Teil des Buches auch einige gesellschaftliche und psychologische Erkenntnisse, die als Grundlage ebenfalls wichtig sind, um später die praktischen Strategien zu verstehen. Ich arbeite dazu gerne intuitiv und nicht empirisch, das heißt, mir geht es dabei um Wirkung und nicht um wissenschaftliche Exaktheit. Ich werde an einigen Stellen natürlich auf Wissenschaftler hinweisen, aber ich lade Dich ein, Dich jeweils auch selber mit dem Original zu beschäftigen. Zu einigen wichtigen Quellen und wissenschaftlichen Erkenntnissen gibt es Verweise in den Fußnoten. Zu all diesen Grundinhalten gibt es viele phantastische Quellen: von Büchern über Podcasts bis zu Videos.

In Teil II des Buches geht es um die notwendigen Voraussetzungen zum erfolgreichen Miteinanderreden. Das ist für mich weniger eine Sache der Technik, sondern der inneren Haltung. Ich bin mal so vermessen und sage: Kommunikation ist zu 80% eine Sache der Haltung und nur zu 20% eine Sache des „Was und Wie ich rede" - und von diesen 20% ist dann auch nur ein geringer Teil eine Frage der genauen Wahl der Worte. Vieles von dem, was ich Dir in diesem Buch vorschlage, kann nur „funktionieren", wenn es auf einer solchen Haltung basiert. Dazu gehört für mich insbesondere die Haltung, die auch in der Gewaltfreien Kommunikation zugrunde gelegt wird. Daher werde ich Dir auch die GfK in diesem Teil des Buches näherbringen. Mir geht es persönlich insbesondere darum, auf Augenhöhe miteinander zu reden – und das geht nur, wenn die Inhalte beider Seiten gleichberechtigt im Raum stehen. Diese Inhalte sind allerdings nicht mein Thema, sondern vielmehr die Frage, wie wir darüber miteinander in Austausch treten wollen.

In Teil III des Buches geht es schließlich um konkrete Strategien der Kommunikation, die ein erfolgreiches Miteinanderreden ermöglichen sollen – oder zum Teil auch reine Selbstverteidigung darstellen. Ich will Dir dabei helfen, Dir ein Repertoire zuzulegen, damit Du in den entscheidenden Situationen zwischen verschiedenen Ansätzen problemlos wählen und hin und her wechseln kannst. Denn bisher benehmen sich die meisten Menschen wie in dem Abraham Maslow zugesagten Satz: „Wenn Dein einziges Werkzeug ein Hammer ist, dann sieht für Dich jedes Problem aus wie ein Nagel". Ein umfangreiches Repertoire ist notwendig, um in unterschiedlichsten Situationen jeweils angemessen reagieren zu können. Der Situation angemessen heißt aber auch, Du hast ein Bewusstsein über Dich selbst, Dein Gegenüber, den Kontext und über bestimmte Wirkmechanismen in der Kommunikation. Dazu brauchst Du zuallererst Klarheit über Dich selbst und Deine eigenen Ziele. Das haben die meisten Leute allerdings nicht, sondern sie verwenden dann kommunikativ auch noch nur einen einzigen großen Hammer, und wenn es hochkommt, einen Meißel dazu. Es bedürfte allerdings gerade heutzutage einiger Präzisionswerkzeuge, wie z.B. eines Skalpells oder einer 5-Achsen-CNC-Fräsmaschine für wirklich gelungene Begegnung in der Kommunikation - und nun will ich Dich nicht länger auf die Folter spannen mit meinen Vorankündigungen. Stürzen wir uns also gemeinsam in die Arbeit und erforschen die Faszination der menschlichen Kommunikation.

I Grundlagen der Kommunikation

I Grundlagen der Kommunikation

Ich beginne meine Ausführungen mit einer kurzen Zusammenstellung von Situationen, die ich seit mehr als zwei Jahren erlebe. Werfen wir gemeinsam einen Blick in Situationen, in denen Menschen – vornehmlich von unterschiedlichen Seiten – aufeinandertreffen.

1. Wie sieht Kommunikation derzeit aus?

Die derzeitige Situation, wenn Maßnahmengegner, Grundrechtsaktivisten etc. auf Maßnahmenbefürworter treffen, ist meist gekennzeichnet durch folgende Merkmale seitens der Maßnahmengegner:

- Rechtfertigung
- Argumentation
- Flucht

Ich nehme an, die meisten Leser werden entsprechende Situationen kennen:

Im Familienumfeld ist ein großer Teil der Familie treu auf Linie der Maßnahmen, ist geimpft, trägt Maske und hält sich an jede noch so absurde Maßnahme. Beim Aufeinandertreffen in diesen Kreisen haben wir meistens die Situation von Alle gegen Einen - es wird gemeinsam auf einen Maßnahmengegner eingeredet und das komplette emotionale Spektrum abgefahren, um den anderen auf Linie zu zwingen: Beschuldigungen, Vorwürfe, Ausgrenzung, Diffamierung, Empörung, etc. Das klingt dann häufig so:

- „Wie kannst Du nur so egoistisch sein? Wegen Dir müssen andere sterben!"

- „Willst Du, dass Oma und Opa wegen Dir sterben?"
- „Ich will doch nicht mit Verschwörungstheoretikern an einem Tisch sitzen!"

Ich glaube, jeder von Euch hat selber entsprechende Situationen in Erinnerung. Meist antworten die Maßnahmengegner mit den beschriebenen Mustern.

Rechtfertigung:

- „Ich will ja nur darauf hinweisen, dass Ich auch eine Meinung habe."
- „Ich will Euch ja nur zeigen, dass die Fakten ganz anders sind."
- „Ich bin kein Verschwörungstheoretiker!" etc. pp.

Argumentieren:

- „Wenn Ihr die Zahlen anschaut, dann gab es 2020 keine Übersterblichkeit."
- „Oma und Opa sind erst 75 und das durchschnittliche Sterbealter von Coronapatienten ist 84. Oma und Opa sind also gar nicht in Gefahr".
- „In den letzten 20 Monaten ist schließlich jede Verschwörungstheorie wahr geworden."

Auch bei Begegnungen mit Fremden beim Einkaufen, in der Fußgängerzone, bei Veranstaltungen oder sogar auf Demos bin ich überzeugt, dass Ihr solche Diskussionen zur Genüge kennt und weitestgehend keinen Millimeter weitergekommen seid. Dort geht es meist um Befehle und Anweisungen, um Beschimpfungen, auch gerne gefolgt von hysterischem

Rumschreien. Das klingt dann so:

„Maske auf!"

- „Wo ist Ihre Maske?"
- „Sie egoistischer Querulant!"
- „Ihr demonstriert hier mit Rechten!"
- „Querdenker sind Nazis!"

Es folgen wieder die selben Muster:

Rechtfertigung:

- „Ich habe ja ein Attest."
- „Ich habe die Maske nur vergessen."
- „Man kann sich ja nicht aussuchen, wer noch alles mit demonstriert."
- „Nein, Querdenker sind keine Nazis."

Argumentation:

- „Die Maske ist völlig unwirksam. Das Virus kommt doch durch die Maschen."
- „Die Fakten und Zahlen stehen auf unserer Seite. Hören Sie mal, 1. ..., 2. ..., 3. ...!"
- „Auf unseren Demos sind unter 1% Personen mit rechter Orientierung. Das ist weniger als die AfD in Prozent im Bundestag hat!"

Ich glaube, ich habe mit diesen beiden Gruppen von Diskussionen bereits rund 80% solcher Gespräche skizziert. Wir könnten noch ergänzen:

Gespräche in der Firma mit dem Chef oder den Kollegen, Kunden, etc.

Interviews mit Journalisten vom Mainstream

Aktive Teilnahme an Diskussionen und Gesprächen mit Politkern, Verbandsvertretern, Ärzten, etc.

Ich behaupte einfach ganz frech, dass auch diese Gespräche nicht anders laufen. Der Mitarbeiter, der von seinem Chef unter Druck gesetzt wird, rechtfertigt sich und zieht sich in den Bereich des Arbeitsrechts zurück. Der vom Mainstream Interviewte lässt sich mit Suggestivfragetrichtern immer weiter in die Ecke drängen und merkt es nicht. Wer mit Politikern diskutiert, lässt diese immer wieder an der Oberfläche der Inhaltsebene flüchten und die holen sich dann mit ein paar markigen Worten auch noch Applaus vom Publikum. Sogar diejenigen, die mit sogenannten Coronafanatikern reden, spulen Argumente ab, die die anderen gar nicht verstehen (wollen), und reden auf einer Ebene, auf der bei der anderen Seite einfach nichts an Reaktion kommt.

Wie viele solcher vollkommen nutzloser Gespräche hast Du in Erinnerung? Lass mich raten – Du kannst sie gar nicht zählen. Warum tust Du Dir das also noch weiter an?

In der Werbebranche hat mal jemand gesagt, dass kürzlich herausgefunden wurde, dass man sogar mit Pudding durch Beton schießen kann. Ich glaube allerdings nicht, dass Du so viel Druck und Frequenz aufbauen kannst, um diese Metapher im Alltag der Kommunikation zur Anwendung zu bringen. Paul Watzlawick hat dazu einmal gesagt: „Wenn etwas nicht funktioniert, mach etwas anders und nicht mehr des Selben" - also lass uns jetzt die ersten beiden wesentlichen Schlussfolgerungen ziehen.

Das bedeutet: Triff eine Entscheidung – jetzt.

1. Lass endlich dieses Argumentieren. Niemand interessiert sich für Argumente, nicht mal die Typen, die denken, dass sie fest an die Macht der Argumente glauben. Sie tun es nicht und ich werde später darauf eingehen, was Hirnforschung und Psychologie zu diesem Thema zu sagen haben. Lass also die Vorstellung los, dass es jemals um Argumente geht. Darum geht es nicht mal beim Verkaufen, sondern es geht immer um Emotionen.

Lass diesen irrigen Gedanken los und hör auf zu argumentieren. Konzentriere Dich auf die Emotionen. Dazu ist es natürlich sinnvoll, auch eine gewisse Kompetenz im Umgang mit den eigenen Gefühlen zu haben. Wer immer noch wütend, aufbrausend und cholerisch reagiert, wird es schwer haben, in Dialogen auch nur irgendetwas zu erreichen, geschweige denn, sich in den anderen hineinversetzen zu können.

2. Hör damit auf, Dich zu rechtfertigen. Du musst Dich vor niemandem auf diesem Planeten rechtfertigen: nicht vor Kontrolleuren in der U-Bahn, nicht vor Verkäuferinnen an der Kasse, noch vor Verwandten, die Dich mit einem dicken Brei aus verkommenen Moralvorstellungen überschütten - nicht mal vor der Polizei. Also lass es! In allen Situationen, in denen Du normalerweise einen Kloß im Hals hast, nutze diesen Satz als Mantra: „Ich muss mich vor niemandem auf diesem Planeten rechtfertigen!" - sage ihn in entsprechenden Situationen drei Mal zu Dir selber und sag ihn dem anderen – dann schau mal, was es mit Dir macht. Wenn Du Dich rechtfertigst, bist Du in der Defensive und verteidigst Dich nur noch. Der andere hat damit die Führung und kann über den Verlauf des Gesprächs bestimmen. Wenn Du aber aufhörst, Dich zu rechtfertigen, und einfach zu dem stehst, was Du tust und wer Du bist, hast Du vielleicht den Kopf so frei, dass Dir ein

paar wirklich gute Fragen einfallen, und schon führst Du die Situation und das Gespräch. In den weiteren Kapiteln dieses Buches erkläre ich Dir ausführlich und mit vielen praktischen Beispielen, wie Du das mit unterschiedlichsten Techniken in allen möglichen Situationen erreichen kannst.

2. Was passiert beim Miteinander-Reden?

Eine Menge Leute glaubt, Kommunikation diene dem Informationsaustausch. Schauen wir uns das mal an:
Zwei (oder mehr) Menschen treffen aufeinander. Sie formen mittels ihrer Stimmbänder, der Zunge, dem Gaumen und den Lippen unterschiedliche Laute und sondern diese in einer regelmäßigen und strukturierten Form ab. Ist das jetzt schon ein Gespräch? Wenn wir uns vorstellen, hier redet ein Deutscher mit einem Chinesen und keiner kann die Sprache des anderen verstehen – dann entpuppt sich die Frage als ziemlich banal. Gut – vielleicht können die beiden zumindest auf ein paar universelle Elemente von Körpersprache zurückgreifen, aber lassen wir die Spitzfindigkeit. Mein kleines Beispiel zeigt, dass vor der Information ein viel wesentlicherer Teil steht, ohne den nicht eine einzige Information fließt - und dieser Teil ist nicht nur der wichtigere, sondern eigentlich das, um was es in der Kommunikation überhaupt geht. Es geht um Verbindung. Ohne Verbindung zueinander fließt keine Information. Die gemeinsame Sprache schafft zum Beispiel Verbindung, aber eben nicht nur die.
Jede Information muss beim anderen zuerst an einer Art Türsteher vorbei, und das Maß an Verbindung ist dafür ausschlaggebend, wie streng dieser Türsteher kontrolliert - und natür-

lich macht es für den Türsteher auch etwas aus, ob jemand schüchtern und ängstlich daherkommt, grimmig und aggro oder freundlich und offen.

An dieser Stelle geht es also zunächst noch nicht um die zu übermittelnde Information, sondern um die Gesprächspsychologie – im Kapitel über Kommunikationsmythen werde ich das noch ganz genau darstellen.

Wichtig für die Verbindung ist auch: Wie fühle ich mich, wie fühlt sich der andere? Schaue ich zum Anderen hoch, schaue ich auf den Anderen herunter oder sind wir auf Augenhöhe? Auch dieser Aspekt dominiert den Gesprächsverlauf enorm und das kann sich ja permanent ändern. Du merkst es in einer Unterhaltung, wenn sich ganz plötzlich die Stimmung verändert und plötzlich Wut oder Aggression zu spüren ist. Möglicherweise fühlt sich der andere gerade ziemlich klein und will sich verteidigen. Wenn also ein Gespräch erfolgreich verlaufen soll, dann kann das nur gehen, wenn sich alle Parteien während des Gesprächs wohlfühlen und innerlich groß sind.

Wenn sich übrigens jemand im Gespräch dauernd über andere stellt und sie von oben herab behandelt, ist das kein Zeichen dafür, dass er sich innerlich groß fühlt, sondern das Gegenteil - er fühlt sich klein. Andere heruntermachen ist nur eine Kompensationshandlung für eigene Scham oder Demütigung, und cholerisches Herumschreien ist sogar Ausdruck maximaler Hilflosigkeit. Die meisten Menschen sind nur leider darauf konditioniert, vor so jemandem zu kuschen, und daher entsteht in der Erfahrung der Anschein, das Ganze wäre Ausdruck von Stärke. Frag so jemanden aber mal, was das jetzt soll mit dem Rumgeschreie.

Die Reaktion ist oft witzig - und sag jetzt nicht: „Ja, aber", sondern probier es halt mal aus.

Bleiben wir aber jetzt noch bei der Augenhöhe. Wenn Du Dich innerlich groß fühlst und der andere auch und Ihr seid in Verbindung, dann öffnet sich die Tür zu der Wunderwelt Kommunikation. Sie kann eine rauschende Party sein oder auch eine Trauerfeier oder eine Schlacht eines Krieges. Ihr entscheidet beide darüber, was es wird - und Du zu Deinem Teil. Sei Dir bewusst, dass es auch schiefgehen kann, selbst wenn Du Dein Bestes gibst. Wichtig ist, dass Du auf alles vorbereitet bist und jeweils gut umgehen kannst mit dem, was passiert. Dazu braucht es zum einen die Fähigkeit, immer wieder in sein Innerstes zu schauen und selbst innerlich groß zu sein, aber auch dem Gegenüber das selbe zuzugestehen. Wenn sich jemand selbst klein macht, kannst Du nichts dafür - behalte das im Auge und dann beginnt der Tanz. Es gibt aber auch Leute, da kannst Du Dich abmühen, wie Du willst, die hauen trotzdem verbal um sich, sogar meist, ohne es zu bemerken. Sei daher auch gewappnet für den Fall, dass es tatsächlich eine Schlacht gibt. Für solche Fälle ist es äußerst sinnvoll, so etwas wie verbale Selbstverteidigung zu beherrschen – auch dazu wird es viele Erklärungen und eine praktische Anleitung im Verlauf des Buches geben.

Was ebenfalls während des gesamten Gesprächs im Hintergrund mitschwingt, ist die Frage nach dem „Wer bin ich", also der Identität[1]. Die meisten Menschen haben keine bewusst entwickelte Identität, sondern vielfältige Identifikationen. Aus den Identifikationen haben sie dann ein komplexes Netzwerk aus Ideen zu einem Selbstbild zusammengefügt. Das ist ein Unterschied zur Identität - nicht umsonst nannte bereits

---

[1] Wenn Du ein echt geniales Buch über Identität lesen willst, empfehle ich Franz Ruppert: „Wer bin ich in einer traumatisierten Gesellschaft".

Jung diese Vorstellung von sich selbst das „fiktive Ich", denn das Selbstbild ist tatsächlich nicht real. Es ist nur eine Vorstellung davon, wie jemand gerne wäre, es ist nur das, was jemand glaubt zu sein. Diese Vorstellung ist vor allem deshalb fiktiv, weil sie im Alltag meistens nicht dem geringsten Realitätsabgleich stand hält. Solche Identifikationen sind im Gespräch immer dann von Bedeutung, wenn das fiktive Selbstbild[2] nicht so ganz zu dem passt, was derjenige gerade als Handlung vollführt.

Zum Selbstbild, das sich auf die jeweilige Person selber bezieht, kommt das Weltbild hinzu, also der Glaube darüber, wie die Welt beschaffen ist, in der das Ich oder dieses fiktive Ich agiert. Weltbild und Selbstbild sind zueinander komplementär und bedingen sich auch gegenseitig.

Ein Beispiel:

Jemand, in dessen Weltbild es die Regierungen immer gut mit der Bevölkerung meinen, kann sich gar nicht vorstellen, dass es auch möglich ist, dass eine Regierung gegen die eigene Bevölkerung agiert. Dieser Gedanke ist innerhalb dieses Weltbildes und dieses Selbstbildes also gar nicht möglich. Viele gedankliche Inhalte des Weltbildes basieren auf dem, was die Psychologen Glaubenssätze nennen – das sind Grundannahmen über die Welt, die nur sehr selten in Frage gestellt werden. Es gibt Menschen, die glauben, das Leben sei ein Kampf - und die kämpfen halt täglich in ihrem Leben. Es gibt Menschen, die glauben, die Welt sei ein düsterer Ort - und für diese Menschen ist es im Leben auch meist dunkel. In der Kommunikation sind Glaubenssätze zentral. Wenn Du also mit einem Maßnahmenbefürworter darüber diskutieren willst, dass diese angebliche Pandemie bisher nicht übel war

---

2 Im Rahmen der Spiritualität nennen wir dieses Konzept Ego – arbeite Dich ein! Es wird wichtig werden.

als eine Grippewelle, dann passiert bei Deinem Gegenüber Folgendes:

Da Du keine Verbindung zum anderen hast, nimmt er von Dir nur die Klischees wahr, die er z.B. im Mainstream gelernt hat. Also sind alle seine inneren Firewalls (Türsteher) aktiviert und auf Abwehr eingestellt. Wenn derjenige sich in seinem Selbstbild für aufgeklärt, clever, gebildet und gut informiert hält, wenn er vielleicht auch glaubt, dass die Regierung nur unser Bestes will, dann ist damit die Möglichkeit vollkommen ausgeschlossen, dass er sich täuschen lässt - und jede Information von Dir, die an einigen dieser Säulen rüttelt, wird von seinen Firewalls von vorneherein abgeblockt. Er wird keine Informationen akzeptieren, die das Kartenhaus gefährden, das aus seinem fiktivem Selbstbild, seinen Glaubenssätzen, seinem Weltbild und innerem Wohlgefühl besteht. Denn wenn das innere Gleichgewicht und damit das Wohlbefinden aus der Balance gerät, gilt das altbekannte Motto: Es kann nicht sein, was nicht sein darf. Daher ist eine der wichtigsten Aufgaben beim Miteinander-Reden das Zuhören und Identifizieren von Glaubenssätzen beim Anderen – und natürlich ist auch die Arbeit mit den eigenen Glaubenssätzen elementar für die eigene Entwicklung der Persönlichkeit und der Kommunikationsfähigkeit.

Vollautomatische Programme

Sowohl die moderne Psychologie als auch die Hirnforschung haben hinlänglich nachgewiesen, dass Menschen nicht rational und bewusst handeln und/oder sprechen. Viel mehr spulen sie vollautomatische Programme[3] in Form von vordefinierten Handlungsabläufen ab. Das sind im Hirn gebahnte

---

3 Ich empfehle dazu Videos von Gerald Hüther oder auch Manfred Spitzer.

Muster, die auf ein entsprechendes Signal hin vollautomatisch ablaufen, ohne dass die Betreffenden selbst es bemerken. Solange all diese automatischen Handlungsabläufe funktionieren, herrscht im Hirn das, was die Forscher „Kohärenz" nennen: Alles ist im Einklang, passt (scheinbar) zur Situation und verbraucht vor allem wenig Energie. Wenn also im Hirn die durch Erfahrung und Verwendung breit ausgebauten achtspurigen Autobahnen genutzt werden, verbraucht das wenig Energie. Sobald diese aber aus äußeren Gründen zugestaut sind, wird mehr Energie verbraucht und möglicherweise funktionieren auch die vollautomatischen Programme nicht mehr.

Ein Beispiel:

Du gehst ohne Maske einkaufen und jetzt schnauzt Dich jemand an: „Wo ist Ihre Maske!?!" - lass uns mal schauen, was bei dieser Person im Hirn abgeht: Derjenige hat für solche Situationen ein starkes Muster gebildet, also eine entsprechende Autobahn. In seinem Hirn ist also so etwas wie ein Skript abgespeichert, das er jetzt Schritt für Schritt abspult, so wie er es kennt. Reagierst Du also seinen Erwartungen entsprechend, läuft für ihn alles perfekt, er kann seine Programmschritte nacheinander abspulen und er kann sein Programm im Energiesparmodus beenden.

Solche Programme laufen tatsächlich ab wie Computerprogramme. Die erste Äußerung: „Wo ist Ihre Maske?", ist dabei so etwas wie das Startsignal, dem immer weitere folgen, auf die jeweils eine bestimmte Reaktion erwartet wird, die derjenige kennt oder mit der er rechnet. Das Eintreten dieser Reaktionen löst dann den jeweils nächsten Programmschritt aus. Das Startsignal hat für den Betreffenden eine bestimmte Bedeutung: Er stellt (vermeintlich) eine Frage: „Wo ist Ihre

Maske?" – und damit hat er erst einmal die Gesprächsführung. Je nach Art der Fragestellung ist es aber auch einfach ein Dominanzprogramm und führt beim Gefragten (also Dir) zumeist zu Rechtfertigungen – das ist eine Reaktion, die der andere kennt. Nun hält er Dich in seinem Programm fest und Du wirst Dich weiter rechtfertigen. Damit läuft sein Programm kontrolliert durch bis zum Schluss.

In solchen Situationen gilt es also zunächst, die Führung des Gesprächs zu übernehmen und damit die Dominanz des Anderen zu durchbrechen – das funktioniert besonders gut, wenn Du eine Reaktion zeigst, mit der der andere nicht gerechnet hat oder die er noch nicht kennt. Diese Strategie wird in der Psychologie **Separator** genannt und sie wird insbesondere in Coaching- oder Therapiesituationen verwendet. Der Separator ist ein Unterbrecher, er unterbricht die aktuell laufenden inneren Programme und dient dazu, dass Klienten zu einem anderen inneren Zustand wechseln. Separatoren sind neutral und lenken die Aufmerksamkeit meist von einem Problemzustand zu einem ressourcenvolleren Zustand. Wenn ein Klient im Coaching dabei ist, sich in eine Abwärtsspirale von Gefühlen zu drehen, die er beim Erzählen seiner Erlebnisse durchläuft, dann kann es sinnvoll sein, etwas völlig Belangloses, vielleicht sogar Absurdes einzuwerfen, um die Aufmerksamkeit des Klienten in eine andere Richtung zu lenken. Wenn ein Klient z.B. über seine Schilderungen eines Erlebnisses immer tiefer in Wut versinkt, schaut der Coach aus dem Fenster und fragt beiläufig: „Diese Baustelle da drüben geht jetzt aber schon ziemlich lange". Das unterbricht den Gedankenfluss des Klienten und im nächsten Moment kann der Coach dann fragen: „Wie haben Sie ein ähnliches Problem das letzte Mal gelöst, als es auftrat?".

In der Situation, dass Du angesprochen wirst mit: „Wo ist Ihre Maske!?" lautet eine ganz einfache Gegenfrage für den Beginn: „Wer will das wissen?" - das ist schon vielfach in der Praxis erprobt. Es muss auch nicht genau diese Gegenfrage sein, es geht genauso: „Sind Sie vom Ordnungsamt?" oder „Haben Sie einen Nebenjob bei der Polizei?" – das führt in unserem Beispiel jedenfalls unweigerlich zum Absturz des inneren Programms der Person, die nach der Maske fragt.

In den späteren Kapiteln werde ich noch viel genauer auf unterschiedliche Strategien der Gesprächsführung eingehen, der Separator ist in unseren Fällen aber enorm wichtig, weil wir damit sofort das Gespräch übernehmen können – aber was dann?

3. Ursache, Wirkung und Ziele

In Workshops und Seminaren werde ich immer wieder gefragt: „Wie soll ich denn reagieren, wenn jemand xy sagt oder tut?" Das Auffällige an solchen Fragen ist das Wort „soll", das ja nach einer eindeutigen Verhaltensanweisung fragt. Damit wird allerdings das Pferd von der falschen Seite aufgezäumt, denn viel wichtiger ist doch die Frage nach dem: „Was will ich erreichen?" - eine bestimmte Handlung kann in einem Kontext sinnvoll sein und in einem anderen Zusammenhang vollkommen nutzlos.

Ein Beispiel:

Wenn jemand im Supermarkt beim Einkaufen ohne Maske zu Dir sagt: „Wo ist Ihre Maske?", dann kannst Du sicher mit einer Rechtfertigung antworten. Aber welchen Nutzen hat das? Du kannst zu einem anderen Kunden natürlich auch sagen: „Das geht Sie einen Scheiß an." – und dieser Kunde wird Dich nicht am weiteren Einkauf hindern können. Sagst Du denselben Satz aber zum Filialleiter, kann es vorbei sein mit dem Einkauf. Also hat dasselbe Verhalten zwei völlig unterschiedliche Wirkungen. Vielleicht wird der Kunde Dich nach einer solchen Antwort aber auch beschimpfen, die Polizei rufen oder den Filialleiter. Du könntest daher auch gleich zu dem Typen sagen: „Halten Sie die Fresse, oder ich keule Ihnen eine rein, sodass Corona Ihr geringstes Problem ist!" – kann natürlich die gewünschte Wirkung haben, eine Eskalation ist aber auch möglich. Willst Du das riskieren? Ist es nicht einfacher und sinnvoller, sich vorher zu überlegen, was Du wirklich willst und dann genau das zu tun, was Dich dorthin bringt? Wenn Du einfach nur in Ruhe ohne die Maske einkaufen willst, dann kannst Du den Typen mit der albernen Frage nach Deiner Maske auch einfach ignorieren und stehen lassen. Also lass uns das Ding doch von der anderen Seite angehen und die Frage nach dem: „Was will ich?" in den Vordergrund rücken.

Im Universum gibt es ein ehernes Gesetz von Ursache und Wirkung. Jede Wirkung hat eine oder mehrere Ursachen und jede Ursache bewirkt etwas. Wenn ich also eine bestimmte Wirkung haben will, dann geht das nur, wenn auch die Ursache zu der gewünschten Wirkung passt. Es wird daher vermutlich nicht funktionieren, Friedfertigkeit und Gewaltfreiheit als Ziel oder Wirkung zu propagieren und dabei knüppelnd und Fresse-polierend durch die Welt zu ziehen. Unser Problem ist also, dass es Menschen gibt, die das eine wollen, aber das andere tun. Dadurch entsteht dieser scheinbar nicht auflösende Widerspruch in Zielsetzung und Verhalten. Dazu ein Beispiel, um das Ding mit dem Ziel, bzw. der gewünschten Wirkung zu verdeutlichen:

Du besteigst ein Taxi und der Fahrer fragt Dich: „Wo soll's denn hingehen?" - Du antwortest: „Egal, Hauptsache billig!". Glaubst Du, der Fahrer fährt jetzt los? Er antwortet eher: „Wie – billig? Ich kann Sie zum Bahnhof fahren. Das kostet 6 Euro fünfzig. Wollen Sie zum Bahnhof?", worauf Du entgegnest: „Nö, was soll ich am Bahnhof? Ach, wissen Sie was – fahren Sie mich einfach auf die A3!". Der Taxifahrer schaut jetzt noch verdutzter und fragt wieder: „Ja, wo wollen Sie denn hin? Die A3 führt entweder Richtung Köln oder nach Nürnberg. Wollen sie da hin?". Wieder antwortest Du: „Nö, was soll ich in Köln oder Nürnberg? Aber fahren Sie mich halt auf die A3!", dann fragt der Fahrer: „Ja, was wollen Sie denn auf der A3, wenn Sie nicht nach Nürnberg oder Köln wollen?" und Du antwortest: „Naja, die A3 ist gut ausgebaut, hat schöne Natur drumherum und wenn wir ganz auf die linke Spur fahren, können wir mit den Porsches, BMWs und Mercedes mithalten!"

Du magst lachen über dieses absurd anmutende Beispiel, aber diese Metapher trifft im Kern sehr gut das Verhalten von vielen Menschen, die nicht wissen, was sie wollen. Sie beurteilen ihr jeweiliges Verhalten auch nicht danach, ob es sie zum Ziel führt, sondern eher danach, ob sie es kennen und ob es ihnen gefällt. Das ist ein echtes Problem für das Umfeld, aber auch für die Person selber. Vor allem dann, wenn derjenige das Verhalten, das ihn zum Ziel bringen kann, nicht mag und das Verhalten, das derjenige mag, ihn nicht zum Ziel führt. Das ist ein echtes Dilemma. Formallogisch gibt es nur zwei Möglichkeiten, entweder Du passt Dein Ziel dem an, was Dein Verhaltensrepertoire hergibt, oder Du lernst das entsprechende Verhaltensrepertoire, damit Du zum Ziel kommst - aber viele Menschen tun leider keins von beidem. Sie machen weiter das, was sie kennen, und beschweren sich danach über das Ergebnis. Das ergibt überhaupt keinen Sinn. Am Anfang aller Kommunikation steht daher immer die Frage, welche Wirkung Du gerne hättest, also welches Ziel Du Dir setzt. Danach kommt ein Abgleich der verschiedenen Handlungsoptionen, die zu eben diesem Ziel führen – und dieses Buch bietet Dir besonders in Teil drei eine Fülle von Optionen, die Du in Zukunft für Deine Ziele einsetzen kannst, wenn Du die entsprechenden Strategien übst.

Wir gehen aber zurück zu der Situation im Supermarkt: Was also hättest Du gerne, wenn Du ohne Maske in den Supermarkt einkaufen gehen willst? Da gibt es ja viele Möglichkeiten. Du könntest das Ziel haben, einfach in Ruhe einkaufen zu gehen. In diesem Fall kann es eine sehr sinnvolle Strategie sein, alle anderen einfach zu ignorieren und weiterzugehen, auch wenn Du angesprochen wirst. Falls Du das Ziel hast, Leute zu überzeugen, dann ist Ignorieren eine wenig nützliche Strategie - allerdings ist das ein echt blödes Ziel, wie ich im nächsten Kapitel noch zeigen werde. Wenn Du spielerisch unterwegs bist und ein bisschen Spaß haben willst, dann kannst Du solche netten Sachen wie das: „Wer will das wissen?" auch noch weiter treiben und Dein gegenüber förmlich verarschen - was wiederum die Frage aufwirft, ob es das wirklich bringt und ob Du damit nicht auch Nebeneffekte provozierst, die Du gar nicht haben willst. Also wähle sorgfältig, was Dein Ziel ist, bevor Du Dich ins Getümmel stürzt.

Ziele

Stell Dir vor, Du bist der Trainer einer Sportmannschaft und heute Abend ist das letzte Training vor dem nächsten Spiel. Zum Abschluss des Trainings hältst Du also eine kleine Ansprache und willst die Spieler auf das Ziel des Spieles einschwören. Was gibst Du als Ziel aus? Die meisten Teilnehmer in Workshops antworten auf diese Frage spontan mit: „Gewinnen" – aber warum ist das echt eine Schnapsidee und auch ein ganz miserables Ziel?

Antwort: Du bist abhängig in der Zielerreichung von den Handlungen anderer, vor allem, weil es einen Gegner gibt, der alles dafür geben wird, dass Du das Ziel nicht erreichst und die Mannschaft das Spiel verliert.

Ziele funktionieren nämlich dann besonders gut, wenn sie keinen Druck erzeugen, die Motivation hoch halten und Du sie alleine erreichen kannst, ohne Dich von anderen Leuten abhängig zu machen. Wenn Du von anderen Leuten abhängig bist und diese Deinen Plan oder Dein Spiel nicht mitmachen, bist Du hilflos, erreichst Dein Ziel nicht, stehst dadurch unter Druck und ärgerst Dich auch noch hinterher. Was also können Ziele für eine Sportmannschaft sein, die ohne das Zutun von anderen erreicht werden können?

Ich kenne genau drei Ziele, die sinnvoll sind:

- Jeder gibt sein Bestes.

- Wir haben Spaß miteinander.

- Wir arbeiten als Team gut zusammen.

Diese drei Ziele kann eine Mannschaft ohne Problem alleine erreichen und damit sind auch alle Voraussetzungen erfüllt, das Spiel zu gewinnen. Diese Ziele schließen aber gleichzeitig die Möglichkeit ein, dass die Mannschaft auf einen viel stärkeren Gegner trifft und verliert. Das kann passieren, und den wichtigen Unterschied zwischen den Zielen bemerkst Du nach einem verlorenen Spiel. Diejenigen, die das Gewinnen als Ziel ausgegeben hatten, gehen mit gesenktem Haupt vom Platz. Diejenigen, die sich vorher z.B. die drei unabhängigen

Ziele gesetzt hatten, gehen erhobenen Hauptes vom Platz, weil sie trotz allem ihr Ding gemacht haben und alleine darauf stolz sein können.

Jetzt übertragen wir das Ganze auf die Kommunikation in unserer Situation – allein aus dem Sportbeispiel kannst Du schon sehen, warum es kein sinnvolles Ziel ist, jemanden überzeugen zu wollen. Es ist davon abhängig, ob der andere mitmacht und sich überzeugen lässt. Spielt er Dein Spiel aber nicht mit und sträubt sich gegen jedes Argument, hast Du schon verloren, bevor Du Deinen ersten Satz ausgesprochen hast. Du gerätst also sofort unter Druck und beginnst Dich zu ärgern, weil Du in Deiner Abhängigkeit vom anderen hilflos geworden bist. Hilflosigkeit führt unweigerlich zu Ärger - lass das sein!

Was können also sinnvolle Ziele in der Kommunikation sein? Ein paar Vorschläge von mir sind zum Beispiel:

- ruhig bleiben
- souverän bleiben
- neugierig sein
- viele Fragen stellen
- etwas über den anderen erfahren
- hohen Status kommunizieren etc.

Also mach Dir klar, dass Du immer zuerst ein sinnvolles Ziel brauchst, bevor Du Dich auf die Leute stürzt.

Zielgerichtetes Handeln

Wir haben den Zusammenhang zwischen Ursache und Wirkung erkannt und fokussieren uns also mehr auf die gewünschte Wirkung. Wir haben gelernt, damit aufzuhören,

Dinge zu tun oder zu sagen, nur weil wir sie kennen, weil wir sie gewohnt sind oder weil sie uns und unserer Vorstellung von uns selbst gefallen. Wir formulieren stattdessen ein klares Ziel und richten alle Handlungen und Aussagen oder Fragen auf dieses Ziel aus und versuchen, das Ziel zu erreichen. Das, was wir tun, wird dadurch weniger zufällig und wir können das Geschehen jederzeit in unserem Sinne steuern. Nichts anderes ist zielgerichtetes Handeln.

Wenn wir noch einen Schritt weitergehen, kommen wir zum strategischen Handeln. Strategisches Handeln ergänzt das zielgerichtete Handeln, indem es das Ziel oder auch mehrere Ziele in kleinere Teilabschnitte unterteilt, die aufeinander aufbauen und sich gegenseitig ergänzen. Im Rahmen von Dialogen oder Gesprächen bedeutet das, eine Art inneres Baukastensystem zu haben, das modular ist und zum jeweiligen Zeitpunkt des Gesprächs entsprechend eingesetzt werden kann. Es ist daher sinnvoll, die Gespräche im Kopf grob zu strukturieren und durchzuspielen wie einen **Entscheidungsbaum**, in dem Du jederzeit hin und her springen kannst, immer mit dem Fokus auf bestimmte Knotenpunkte, von denen aus Du das Gespräch jeweils steuern kannst.

Dieser Schritt erfordert verdammt viel Übung. Es hilft aber bereits gewaltig, sich einzelne Abschnitte von Gesprächen als Modul im Kopf mehrfach durchzuspielen. Jedes Mal, wenn Du Dir eine Situation einfach nur vorstellst, benutzt Dein Gehirn bereits die Bereiche, die es später in der realen Situation auch benötigt. Du trainierst Dein Gehirn also schon in dem Moment, in dem Du es Dir vorstellst, die Realsituation als Routine abzuwickeln, in der Du die entsprechenden Aussagen und, noch wichtiger, die Fragen intuitiv abspulen kannst.

Wir bleiben bei dem Beispiel mit der Maske im Supermarkt, Du hast gefragt: „Wer will das wissen?", der andere schaut erst mal völlig verdattert und sucht nach einer Antwort - der Separator hat gewirkt. Dein Gegenüber hat jetzt mehrere Möglichkeiten und es ist sinnvoll, einige davon bereits zu kennen:

- „Ja ich!"

- „Ein besorgter Bürger."

- „Ich bin der Filialleiter."

- „Ich komme vom Ordnungsamt."

Für jede dieser Möglichkeiten ist es sinnvoll, wiederum die nächste Frage parat zu haben. Das könnte so aussehen:

- „Und wer ist dieser ich?"

- „Also haben Sie keinerlei Legitimation, mich das zu fragen?"

- „Ich habe ein Attest."

- „Dann hätte ich gerne Ihren Dienstausweis."

Aus jeder möglichen Reaktion des anderen ergibt sich wieder eine Vielzahl von Antwortmöglichkeiten, für die es wiederum eine Vielzahl von nächsten Schritten gibt - und hier setzt nun die erste Übung an.

Spiele solche Situationen am besten hundertfach durch und überlege Dir bei jeder Stelle, an der Du nicht weiterkommst,eine mögliche nächste Frage. Du kannst das auch mit einer Gruppe von Menschen ganz wunderbar üben, um Strategien zu erarbeiten und dann gezielt zu trainieren.

Was Du aber unbedingt brauchst, ist ein Weg, auf dem Du das Gespräch auf den Kernpunkt Deiner Ziele zurechtschneidest. Denn Du willst den anderen ja irgendwohin führen – abhängig von Deinem Ziel. Es geht dabei nicht darum, beim anderen eine ganz bestimmte Handlung auszulösen, sondern den anderen in einen **Lösungsraum** zu führen.

In diesem Raum gibt es immer eine Lösung - Du musst nur die Lösung finden, die Dir gefällt. Ich habe das Ganze einmal in einer kleinen Grafik visualisiert:

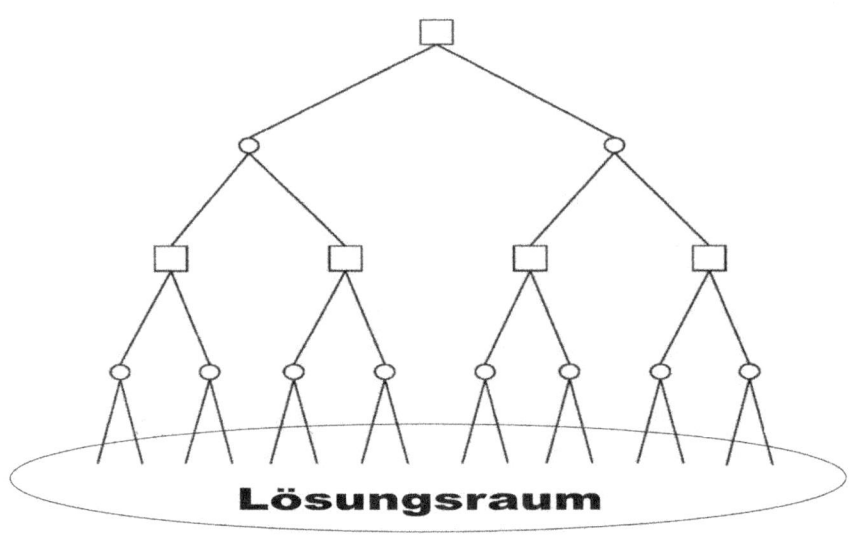

Ein strategisches Handeln in Gesprächen ist nur schwer zu strukturieren und strukturiert zu erlernen. Viel eher ist es das Produkt von langer Übung – und dazu musst Du Erfahrungen machen, die Dir fast zwangsläufig auch die ein oder andere blutige Nase einbringen. Aber so lernst Du am schnellsten, und besonders Deine sogenannten Fehler werden Dich nach vorne katapultieren, wenn Du sie bemerkst und daraus lernst.

Also mach Dich auf die Socken und geh raus in die reale Welt, um Dich mit diesen Situationen zu konfrontieren und daraus zu lernen.

Lernen mit dem Unterbewusstsein

Ich möchte Dir an dieser Stelle auch noch etwas über das Lernen erzählen, denn dazu gebe ich seit etlichen Jahren Workshops. Die meisten Menschen machen leider den Fehler, dass sie glauben, sie müssten ihren Lernerfolg bewusst herbeiführen und vor allem bewusst erleben.

Ein einfaches Beispiel:

Wenn diese Menschen ein Fachbuch lesen und es kommt einmal ein Satz, den sie nicht verstehen, dann machen sehr viele an dieser Stelle den Fehler, dass sie den Satz wieder und wieder lesen, nachdenken und ihn wieder lesen, bis sie ihn verstanden haben. Sie wissen nicht, dass Lernen gar nicht in dem Moment passiert, in dem sie aktiv etwas dafür tun, sondern erst hinterher, wenn das Gehirn das Ganze im Hintergrund verarbeitet und vernetzt – eine jede Erfahrung wirkt nicht nur intellektuell, sondern auch gefühlt und im ganzen Körper spürbar. Die Konsequenz für das Lernen ist, dass du z.B. bei Buchpassagen, die Du nicht verstehst, einfach weiter liest und es Deinem Unterbewusstsein überlässt – häufig entwickelt sich ein Verständnis, sobald das Unterbewusstsein die Passage mit anderen Informationseinheiten verknüpft hat.

Ein weiteres Alltagsbeispiel, das das unterstreicht:

Du unterhältst Dich mit jemandem und derjenige sagt einen Satz, den Du vermeintlich nicht verstanden hast. Du fragst nach: „Wie bitte?" und im selben Moment, in dem der andere seinen Satz wiederholen und erklären will, weißt Du schon, was er gesagt hat, sodass die Wiederholung gar nicht mehr nötig ist. Fast jeder kennt solche Momente. Dein Hirn braucht einfach ein paar hundert Millisekunden länger, um die eingehende Information zu verarbeiten. In solchen Momenten wie im letzten Beispiel ist die Zeitverzögerung nur sehr kurz, sie kann aber auch im Bereich von Tagen oder sogar Wochen liegen.

Nutze diese Erkenntnis auch für das Kommunizieren mit der anderen Seite, damit Du Vertrauen erhältst in den Prozess, den ich Dir vorschlagen werde. Es ist sogar sehr wahrscheinlich, dass Du die gewünschte Reaktion nicht im selben Moment erhältst, in dem Du sie gerne hättest. Gib dem anderen Zeit. Ich werde Dir im Folgenden einige Dinge zeigen, die definitiv wirken. Sie wirken aber häufig nicht sofort, sondern zeitverzögert.

Mach Dir klar: Wenn ein Gedanke einmal im Gehirn drin ist, dann geht er da nicht mehr raus. Er wirkt als Erfahrung unterbewusst und in dem beschriebenen Prozess im Hintergrund weiter, bis eines Tages der Groschen fällt.

Wiederholung ist beim Lernen ~~auch~~ wichtig, und natürlich hilft Wiederholung daher im Gespräch ebenso. Wenn Du also zentrale Aussagen mehrfach wiederholst, oder noch besser zentrale Fragen wiederholt stellst, dann werden sie früher oder später auch ihre Wirkung entfalten. Der andere kann diesen Prozess auch bewusst nicht aufhalten. Du musst also niemanden überzeugen, Du brauchst bloß im Anderen einen Samen des Zweifels zu säen. Dieser wird aufgehen und wachsen. Vertrau dem Prozess.

Manipulation

Einige werden jetzt vermutlich sagen: „Das ist aber sehr manipulativ" und ich antworte darauf: „Stimmt! Natürlich ist es das, denn sonst bräuchten wir uns das alles hier auch gar nicht antun!"

Das Wort Manipulation ist bei den meisten Menschen negativ besetzt oder konnotiert. Sie halten Manipulation für böse oder hinterhältig, aber was heißt denn eigentlich Manipulation? Das Wort kommt aus dem Lateinischen und heißt zunächst einmal: „Hand füllen" oder „Hand voll" – damit habe ich also ordentlich was in der Hand. In unserer Sprache bedeutet Manipulation „Beeinflussung" und erst in den letzten Jahren kam die negative Färbung hinzu, die heute so oft zu finden ist. In einem technischen Sinne bedeutet Manipulieren aber einfach nur „Einwirken" – das hilft vielleicht für eine neutralere Perspektive auf das Wort. Stell Dir einfach mal vor, dass wir etwas tun, ohne etwas oder jemanden zu beeinflussen oder auf etwas oder jemanden einzuwirken. Das ist eine ziemlich lächerliche Vorstellung, denn alleine schon meine Anwesenheit ist in diesem Sinne eine Manipulation, denn sie veranlasst ja andere dazu, damit umzugehen, dass ich da bin und mich äußere – gleichgültig davon, ob derjenige mir freundlich oder abweisend gegenüber steht. Jetzt erzähl mir mal jemand, er würde mit anderen reden, ohne dabei auch nur irgendetwas zu wollen - sei es nur ein Feedback oder ein Lächeln.

Kann man das überhaupt - nicht manipulieren? Kann man nicht beeinflussen? Natürlich nicht! Also ist es keine Frage, ob ich manipuliere, sondern vielmehr eine Frage nach dem Wozu und der inneren Haltung. Wenn ich beste Absichten habe und ein reines Gewissen – wo ist dann das Problem? Damit wir uns hier nicht missverstehen – nein, der Zweck heiligt nicht die Mittel. Die entscheidende Frage ist aber, mit welcher inneren Haltung ich mir meine Ziele setze. Das Thema der Haltung wird im Teil II des Buches ausführlich behandelt, denn es ist essenziell.

4. Kommunikation und ihre Mythen

Im folgenden Kapitel werden wir weitere Grundlagen über Kommunikation legen, indem ich mit einigen fatalen Fehlannahmen über Kommunikationsprozesse aufräume und ihre negativen Folgen darstelle, die entstehen, solange man noch daran festhält. Denn so lange Du noch an diese Dinge glaubst, stehst Du Dir beim erfolgreichen Miteinanderreden auch noch immer selbst im Weg. Es ist also Zeit, diese Annahmen loszulassen. Lass uns mal mit ein paar Basics zu Kommunikation anfangen, damit Du weißt, wo die ganz großen Stolperfallen liegen.

Worte haben eine eingebaute Bedeutung

Einer der größten Irrtümer bezüglich Kommunikation ist, dass Worte eine fest eingebaute Bedeutung haben oder ein bestimmtes Wort von den meisten Menschen auf dieselbe Art und Weise benutzt und verstanden wird. Wie wenig realistisch das ist, merkst Du immer dann, wenn es in Diskussionen nur noch um Wortbedeutungen geht. Aber wie entsteht eigentlich Bedeutung in unserem Kopf?
Unser Hirn scannt die ganze Zeit die Umwelt ab und gleicht das, was es wahrnimmt, mit dem ab, was es bereits kennt. Dabei ist das Hirn die meiste Zeit damit beschäftigt zu ergän-

zen - denn wenn wir miteinander reden, benutzen wir zwar Worte, aber diese Worte stellen nur einen Bruchteil dessen dar, was in uns tatsächlich abläuft. Wir machen das einmal an einem Beispiel fest: Ich nenne Dir ein Wort und Du stellst Dir dazu ein Bild vor.

Das Wort heißt: **Bauernhof.**

Was siehst Du? Was sind die ersten drei Dinge, die Du in Deinem Bild von einem Bauernhof siehst? Nun vergleiche das, was Du siehst, mit dem, was andere sehen! Sehen die dasselbe? Glaubst Du, dass es der selbe Bauernhof ist, den andere sehen? Ich habe schon Leute kennengelernt, die tatsächlich glaubten, wir würden alle denselben Bauernhof sehen – witzig. Aber natürlich sehen wir alle völlig verschiedene Bauernhöfe, weil sich unsere Vorstellung davon aus dem speist, was wir kennen und schon geschen haben – und sollte jemand auf demselben Bauernhof groß geworden sein wie Du, ist die Wahrscheinlichkeit tatsächlich sehr hoch, dass Ihr dasselbe Bild im Kopf habt.

Aber wir reden noch lange nicht über dasselbe, nur weil wir dasselbe Wort verwenden, und das gilt für den Bauernhof, aber noch viel mehr für abstrakte Begriffe wie Gerechtigkeit, etc. Es sind dabei vor allem die Ergänzungen, die wir ständig vornehmen, die uns das Leben beim Miteinander-Kommunizieren erschweren. Anders ausgedrückt: Unser Problem ist nicht das, was ist, sondern wie wir diese Dinge ständig interpretieren. Ich will Dir dazu zwei einfache und prägnante Anekdoten von der allzeit geschätzten Kollegin Birkenbihl erzählen, die das Phänomen der Ergänzung auf den Punkt bringen.

Geschichte 1: In einem Restaurant sitzen fünf Typen und warten auf das Essen. Die Getränke stehen vor ihnen, da er-

scheint der Kellner mit einem Schnitzel und fragt: „Schwein?"
und ein Gast antwortet: „Das bin ich!" – in diesem Moment
fällt das niemandem auf. Warum funktioniert das? Weil die
Anwesenden gleiche bis ähnliche Erfahrungen in einem gleichen oder ähnlichen Kontext haben, und sie ergänzen die
vom Kellner gestellte Frage alle der Situation entsprechend
zu: „Wer hat das Schwein bestellt?", darauf lautet die Antwort
dann auch korrekt: „Das bin ich." Später würde jeder von
ihnen Stein auf Bein schwören, dass der Kellner genau diese
komplette Frage gestellt hat - hat er aber nicht.

Vera Birkenbihl erklärt diesen Vorgang mit einem Metapher:
Wir alle leben ~~auf~~ *in* einer ~~Insel~~ *Blase* und diese Insel repräsentiert
unseren gesamten Erfahrungsschatz - das, was wir kennen,
und das, was wir zum Teil als selbstverständlich erachten,
ohne es in Frage zu stellen. Begegnen sich unterschiedliche
Menschen, kann es sein, dass sich ihre ~~Inseln~~ *Blase* überschnei-
den, das heißt, ihr Erfahrungshintergrund ist derselbe. Im
Restaurant funktioniert die Kommunikation dann auch im
Telegrammstil. Du wirst vielleicht einwenden: „Das ist doch
klar, was soll der Kellner sonst meinen, wenn da fünf Leute
aufs Essen warten" – und genau das ist schon der Teil mit
Ergänzung und Inselüberschneidung, den ich meine. Unser
Irrtum ist aber, dass wir annehmen, diese Überschneidung
wäre der Normalfall, aber das ist er bei Weitem nicht. Bei den
möglichen Missverständnissen, die es zwischen uns geben
kann, grenzt es vielmehr fast an ein Wunder, wenn wir uns
überhaupt verstehen. Worte haben also keineswegs eine eingebaute Bedeutung.

Geschichte 2: Über eine Gebirgsstraße fährt ein SUV. Drin
sitzen zwei junge Männer und sie freuen sich des Lebens. Das
Wetter ist schön, es ist warm, die Sonne scheint und sie lassen

es sich gut gehen. Die Fensterscheiben sind unten, sie haben Sonnenbrillen auf. Entgegen kommt ein offenes Cabrio und drin sitzt eine Blondine, die im Vorbeifahren laut schreit: „Schwein!". Der Fahrer vom SUV regt sich tierisch auf, er ballt die Faust, flucht und schimpft ihr noch aus dem offenen Fenster des Autos hinterher. Dann tritt er in seinem Ärger ordentlich aufs Gas und fährt um die nächste Kurve - direkt in eine Schweineherde rein. Damit ist klar: Sie wollte ihn warnen und was hat er gehört? Eine Beleidigung.

Warum also hört der Typ eine Beleidigung, wo keine war? Weil er ergänzt. Er ergänzt aus dem, was er kennt - und deshalb wissen wir jetzt auch, in welchem Zusammenhang er dieses Wort wohl am meisten hört. Stell Dir aber vor, in dem gewarnten Auto hätte ein Jäger gesessen! Was hätte der wohl gesagt? Vermutlich: „Wo?" - oder der örtliche Schweinebauer: Der hätte vielleicht gedacht: „Is meins!".

Wie Du siehst, hat die Bedeutung des Wortes nichts zu tun mit dem Wort selbst. Es ist auch unabhängig davon, wer das Wort gesagt hat, sondern es hat nur etwas damit zu tun, was Du hinein interpretierst. *Nein - unvollständiger Satz*

Hier noch ein Alltagsbeispiel: Ein Pärchen sitzt in einem Hotelzimmer im Grünen und genießt die Aussicht. Sie haben sich ein paar Tage frei genommen und wollen eine schöne Zeit miteinander verbringen – Qualität in ihren Alltag bringen. Wie sie da so sitzen, sagt sie zu ihm: „Das ist ja alles ganz schön hier mit dem mal Rausfahren, aber was ist das alles wert, wenn wir das nicht auch im Alltag haben?" Das ist für ihn ein Stich mit dem Dolch mitten in den Bauch - er hat gehört, dass kostspielige Auszeiten außerhalb des Alltags nichts wert sind. Er ist so fest davon überzeugt, dass sie genau das gesagt hat, dass es einige Mühe kostet, bis er schließlich nach längerer Debatte verstanden hat, dass sie genau das nicht gesagt hat.

Eine erste große Herausforderung in der Kommunikation ist es also, sich selbst zu beobachten, wo und was Du überall und ständig hineininterpretierst! Achte dazu auf das, was Du gerade denkst, und auf das, wie Du Dich damit fühlst! Du wirst schnell feststellen, dass es Deine Interpretationen sind, die Dir das Leben zur Hölle machen. Du erzählst Dir dann selbst Geschichten, und je öfter Du sie Dir selbst erzählst, desto eher glaubst Du sie, bis Du sie gar für unumstößliche Wahrheiten hältst. Wenn Du dazu ein paar Übungen machen willst, empfehle ich Dir, „Black Stories" zu spielen[4]. Du wirst überrascht sein, wie schnell das mit dem Interpretieren geht und wie wenig wir uns dessen bewusst sind - und uns infolgedessen selbst im Weg stehen.

Was also tun, wenn es mal wieder mit der Kommunikation nicht klappt? Da gibt es eine einfache Möglichkeit: Stell Fragen! Sei neugierig! Es gibt kaum etwas, was Du sagen willst, das sich mit Fragen nicht erfolgreicher formulieren ließe. Aber zu fragen ist gleichzeitig auch eines der Dinge, die beim Miteinander-Kommunizieren am schwersten umzusetzen sind - dazu findest Du ein ganzes Kapitel im praktischen Teil des Buches.

Ich bleibe hier aber einmal bei dem Bild mit den ~~Inseln~~ Blasen. Du redest mit jemandem seit einer Stunde, aber leider zielgerichtet aneinander vorbei. Was läuft schief? Oft ist es die Vorstellung, dass ich den anderen ja kenne – seine ~~Insel~~ Blase kenne.

---

4 Black Stories ist ein Gesellschaftsspiel, das Du kaufen oder auch im Internet finden kannst. Es sind Übungen oder Spiele zum kreativen Denken oder zum Querdenken und heißen „black" stories, weil sie sich meist darum drehen, dass jemand auf bizarre Art und Weise ums Leben gekommen ist. Dabei wird eine Ausgangssituation (zumeist ein Bild) geschildert und die Teilnehmer sollen durch geschlossene Fragen zur Lösung des scheinbar kriminalistische Rätsels kommen.

Deshalb texten wir denjenigen dann stundenlang voll und erkennen nicht, dass wir seine ~~Insel~~ [Blase] eben überhaupt nicht kennen. Die Lösung wäre ganz einfach, indem wir ein paar Fragen stellen, wie z.B.: „Wie siehst Du das?" oder „Was genau meinst Du?".

Fragen zu stellen, bedeutet Brücken von ~~Insel~~ [Blase] zu ~~Insel~~ [Blase] zu bauen, wo eben keine Überschneidungen sind. Das ist eine Kunst, die Du vielleicht mithilfe dieses Buches entwickeln kannst. Dazu gehört auch die Fähigkeit, die ~~Insel~~ [Blase] des anderen zu betrachten, ohne gleich Bewertungen im Kopf zu haben, was an seiner Insel alles anders sein müsste, damit sie zu Deiner kompatibel ist. Lerne stattdessen die ~~Insel~~ [Blase] anderer Menschen kennen, wie Du in den Urlaub fliegst und offen neue Dinge kennenlernst. Alles, was Du nicht kennst und vor allem nicht verstehst, ist dann eher ein: „Ohh!" oder ein: „Wow!" oder zumindest ein: „Was es alles gibt!" und nicht ein: „Was für ein Scheiß!" oder: „Das geht aber mal gar nicht!". ?

Das führt uns zu einem der Leitsätze der Kommunikation: Der Sinn der Botschaft entsteht beim Empfänger. Das ist der allerwichtigste Aspekt der Thematik mit den Ergänzungen und Interpretationen - Du kannst sagen, was Du willst, und bist ganz sicher verantwortlich für jedes einzelne Wort, das Du sagst. Was der Empfänger jedoch hört, hat nichts mit dem zu tun, das Du gesagt hast. Der Empfänger entscheidet darüber, was er hineininterpretiert, und demzufolge ist er verantwortlich dafür, was er versteht.

Das ist also eine sehr erleichternde und entspannende Botschaft. Denn es gibt eine Menge Leute, die beim Kommunizieren unbedingt so reden wollen, dass es auch niemanden verletzt, oder noch besser, dass es garantiert niemand missverstehen kann. Befreie Dich von dieser Vorstellung! Es unmöglich zu beeinflussen, wie jemand interpretiert. Deshalb ist es auch nur untergeordnet wichtig, wie Du etwas im ersten Moment formulierst, sondern sehr viel wichtiger ist es, wie Du danach mit der Reaktion umgehst. Du kannst sogar zu jemandem sagen: „Du Arschloch!", wenn derjenige antwortet: „Na und?", hast Du doch gar kein Problem (und er vermutlich auch nicht). Andererseits gibt es Leute, die hören schon eine Beleidigung, wenn Du nur: „Schönes Wetter heute" sagst.

Also sag Deinem Gegenüber, wie es Dir geht und was Du brauchst! Zeige Dich und wenn Dir jemand krumm kommt, sag halt: „Aua!", oder wenn Du etwas nicht willst, sag halt: „Nein!". Frage nach den Dingen, die Du haben willst. und wenn Du etwas nicht verstehst, sag: „Hä?" oder irgendwas anderes, was für Dich passt.

Es geht um die Sache

Ein weiterer wunderbarer Irrtum in der Kommunikation ist die Idee, dass es dabei scheinbar nur um Sachen geht. Das bahnt sich sprachlich immer dann den Weg, wenn Leute meinen, wir sollten beim Kommunizieren doch bitte sachlich sein - was für ein Quatsch.

Stell Dir vor, Du läufst durch die Stadt und Dir kommen zwei verschiedene Leute entgegen! Zu beiden sagst Du den identischen Satz: „Schönes Wetter heute". Aber stell Dir vor, der eine ist Dein bester Freund und der andere Dein größter Feind! Sachlich gesehen müssten die Beiden also gleich reagieren? Du lachst – eben, sicher nicht. Der eine wird wahrscheinlich sagen: „Jo – stimmt, schnell in den Biergarten!" und der andere wird eher gar nicht reagieren, grimmig schauen und denken: „Was will der sich hier plötzlich einschleimen?" Du siehst – sachlich war das zweimal derselbe Satz. Wie kann es also sein, dass er so unterschiedlich ankommt? Wir haben schon festgestellt, dass die beiden Personen vermutlich verschieden interpretieren – und jetzt betrachten wir die Frage, woher es kommt, dass sie unterschiedlich interpretieren.

Natürlich ist es die Beziehung, die sie unterschiedlich ergänzen lässt. Das hat schon Paul Watzlawick festgestellt und in seinem zweiten Kommunikationsaxiom ausformuliert: Der Stand der Beziehung entscheidet darüber, wie auf der Sachebene interpretiert wird. Alleine schon deshalb ist die Idee von einer „sachlichen" Kommunikation blanker Unsinn, weil wir mit jedem Satz, den wir sagen, viel mehr über unsere Beziehung zueinander sagen, als wir Inhalte übermitteln. Du kannst zu jemandem sagen „drei und drei ist sechs" – und trotzdem ist das Meiste darin eine Beziehungsaussage! Wie siehst Du dabei aus? Wie klingt Deine Stimme? In welchem Kontext sagst Du das und zu wem?

Denn Kommunikation ist nicht vorrangig dazu da, Informationen zu übermitteln, sondern sie hat zunächst nur einen einzigen Zweck und der lässt sich auch ganz einfach in der menschlichen Evolution und Kulturgeschichte nachverfolgen: Es geht um Verbindung. Kommunikation ist das Instrument, um miteinander in Verbindung zu treten. Erst wenn die Verbindung hergestellt ist, kann überhaupt Information fließen. Kommunikation dient also zuerst der Verbindung und das ist ein interessanter Aspekt für alle Situationen, in denen Menschen stundenlang aneinander vorbeireden. Diese Leute wissen nicht, was verbindet, sie haben keine Inselüberschneidungen, agieren in hilflosen Anstrengungen und hoffen, dass die stundenlange Schilderung der eigenen ~~Insel~~ Blase den anderen irgendwie interessiert.

In einer solchen Situation hilft es auch, Fragen zu stellen, denn

Fragen zeigen Interesse, und Interesse verbindet. Es wäre so viel hilfreicher, wenn Du in so mancher Diskussion einfach mal sagen würdest: „Sagt mal, Leute – mit dieser Unterhaltung langweile ich mich, weil mir Einiges darin fremd ist. Ich würde gerne eine Unterhaltung führen, die uns mehr verbindet. Wollt Ihr wirklich weiter über dieses Thema reden? Und wie können wir uns unterhalten, sodass mehr Verbindung entsteht, und wir uns dabei wohler fühlen?" - Du wirst überrascht sein, wie viele Leute dir dankbar für diesen Einwand zunicken werden. Denn es geht immer und überall um Beziehung und dann kommt der Rest.

Bekommst Du eine Ahnung, warum so viele Gespräche schief laufen? Es gibt keine Beziehung - aber stimmt die Beziehung, geht alles. Auf der anderen Seite: Stimmt die Beziehung nicht, geht auch fast nichts.

Höflichkeit in der Kommunikation

Der Markt für Trainer im Bereich von Kommunikation ist riesig, dynamisch, unübersichtlich und unglaublich vielfältig, und eine erstaunlich große Zahl von Trainern meint, Kommunikation würde bestimmten Regeln folgen. Solche Trainer vermitteln demnach solche Regeln, auch oft gepaart mit klassischen Anstandsregeln wie die vom Herrn Knigge[5]. Sie begründen ihre Anweisungen dann auch oft mit so wunderbaren Begründungen, wie: „Das macht man einfach nicht" oder: „Das gebietet der Anstand".

Vergiss all das, denn Kommunikation folgt keinen Regeln, die irgendjemand aufgestellt hat. Hüte Dich in der Kommuni-

---

5 Diese Anstandsregeln gehen auf Adolph Franz Friedrich Ludwig Freiherr Knigge (1752-1796) zurück, der in seinem Werk „Über den Umgang mit Menschen" explizit geschrieben hat, dass er damit gerade keine Regeln definieren wollte. Knigge war vielmehr ein Freigeist, also das Gegenteil von jemandem, der Unterwürfigkeit und Gehorsamkeit gegenüber irgendwelchen Regeln wollte.

kation grundsätzlich vor Sätzen wie: „Das macht man nicht" oder „Das macht man so". Niemand hält sich wirklich an solche Kommunikationsregeln und schon gar nicht in kommunikativen Grenzsituationen mit massenhaft Gefühlen im Spiel. Diejenigen, die am lautesten schreien: „Bleib sachlich", sind auch meist diejenigen, die sich am meisten empören und Wut und Aggression transportieren.

Ein praktisches Beispiel aus meiner Arbeit mit Firmen: Ich erlebe in manchen Firmen, dass sie schon mit einem solchen Regelerfinder gearbeitet und sich unter seiner Anleitung eine Menge von Vorschriften erarbeitet haben, um die Zusammenarbeit zu erleichtern. Danach herrscht meist Euphorie und Motivation, weil die Erwartung auf Verbesserung durch die neuen Regeln noch besteht. Es dauert aber oft nur ein paar Tage, dann kommen zwei der Teammitglieder in einen Konflikt oder Disput, es wird die Regeleinhaltung eingefordert und gegeneinander argumentiert, dass es sich gar nicht um einen Regelverstoß handelt. Nach einem halben Jahr ist das Regelwerk dreimal so dick und ein gehöriger Teil der Arbeitszeit geht weiterhin in irgendwelche Konflikte, die es zum Teil gar nicht gäbe, gäbe es diese Kommunikationsregeln nicht. Solche Regeln lösen aus meiner Erfahrung keine Probleme, sondern sie schaffen zusätzliche Probleme, wo es vorher keine gab. Es sollte auch nicht übersehen werden: Regeln wollen kontrolliert und durchgesetzt werden, es muss über Einhaltung oder Nichteinhaltung entschieden werden, und daher erfordern sie einen ganzen Apparat von Leuten, die in dieser Angelegenheit involviert sind.

Vergiss es einfach! Erfolgreiche Kommunikation entsteht nicht durch Regeln und noch viel weniger durch Anstandsregeln.

Höflichkeit - Das macht man nicht

Wer glaubt nicht alles, dass Höflich-Sein eine gute Idee ist, aber wenn es ein Wort gibt, das die Unterwürfigkeit einer kompletten Kultur im Kern kristallisiert, dann ist es höflich. Wie viele Eltern freuen sich, wenn ihre Kinder höflich sind und artig bitte und danke sagen – womöglich mit einem Tonfall, an dem Du schon deutlich merkst, wie unecht und antrainiert das ist. Wie viele Führungskräfte verlangen von ihren Mitarbeitern Respekt und Höflichkeit?

Das Wort Höf-lich kommt vom Hof, der König oder Adelige hatten einen Hof-staat, der aus Höf-lingen bestand – das waren Untertanen. Aber wer hatte am Hof denn höf-lich zu sein? Sicher nicht der König oder die Adligen. Was wurde also von den Untertanen mit ihrer Höf-lich-keit kommuniziert? Unterwürfigkeit natürlich. Höflichkeit bedeutet ursprünglich also nichts anderes als Unterwürfigkeit. Findest Du Höf-lich-Sein jetzt noch immer eine so gute Idee?

Ein weiterer Beleg für unsere merkwürdige Kultur, in der es manchmal nur Extreme zu geben scheint, ist, wenn Du jetzt so was denkst wie: „Ja, soll ich denn ein Arschloch sein?" Aber ersetze doch einfach das „höf" durch ein „freund" und schon haben wir eine wunderbare Veränderung der Begegnung! Denn höflich oder freundlich sind zwei völlig verschiedene Paar Schuhe. Höflich kommt von außen (extrinsisch) und ist nicht echt, während freundlich von innen kommt (intrinsisch) und immer echt ist, weil es eine tatsächliche Haltung zeigt. Den Unterschied zwischen höflich oder freundlich kennst Du ganz intuitiv, Du kannst ihn fühlen – dazu brauchst Du keine Definitionen. Das merkst Du vor allem bei Menschen, die im Service arbeiten – die Höflichen sind nicht echt und die Begegnung mit den Freundlichen fühlt sich ganz anders an. Oder wenn ich meiner Frau in die Jacke helfe, dann tue ich das auch nicht, weil es eine bescheuerte Anstandsregel gibt, die mir das gebietet, sondern weil ich das Lächeln meiner Frau mag, wenn ich es tue - das ist freundlich. Wenn Du selbst ein „Danke" hörst – was möchtest Du? Eine heruntergeleierte Floskel oder möchtest Du vielleicht doch lieber ein aus echter Dankbarkeit empfundenes und herzliches Danke?

Genügend Unternehmen machen auch die bittere Erfahrung, dass man Menschen zwar durch Verhaltensregeln zur Höflichkeit zwingen kann, allerdings nicht zur Freundlichkeit. Im Ergebnis kann beides zunächst formal ähnlich sein. Der Unterschied liegt aber in der Qualität des Ergebnisses. Wenn Du höflich bist, dann hältst Du Regeln ein aus Angst vor Konsequenzen oder aus Pflichtgefühl. Beides sind aber keine guten Voraussetzungen für qualitativ hochwertige Ergebnisse.

Verbale Angriffe

Ich warne Dich vor – jetzt kommt womöglich ein Kulturschock und das heftigste Kapitel der Kommunikationsmythen. Es geht darum, dass niemand auch nur den Hauch einer Chance hat, Dich verbal anzugreifen. Einen verbalen Angriff gibt es gar nicht, sondern das hat vielmehr mit Deiner eigenen Unterwürfigkeit und Deinen Minderwertigkeitsgefühlen zu tun - mit ein wenig Glück kannst Du darüber aber bald lachen.

Der deutsche Kommunikationswissenschaftler Friedemann Schulz von Thun hat ein Modell entwickelt, das sich „die vier Seiten einer Nachricht" nennt. Das Modell ist bei Vielen auch bekannt als das „Vier-Ohren-Modell", doch in dieser Perspektive wird nur eine Seite des Gesprächs betrachtet, nämlich der Empfänger. Das Modell als vier Seiten einer Nachricht beinhaltet dagegen beide Seiten – Sender und Empfänger und damit den Dialog in seiner Ganzheitlichkeit. Zunächst besagt das Modell, dass sowohl Sender als auch Empfänger auf vier Ebenen arbeiten. Der Sender sendet vier Botschaften, der Empfänger empfängt vier Botschaften, d.h. Sender haben metaphorisch gesprochen vier Münder und Empfänger haben entsprechend vier Ohren.

Ich verstehe Kommunikation im Sinne dieses Modells als ein Instrument mit vier Saiten und habe es umbenannt in die „vier Saiten einer Nachricht". Es ist nicht möglich, auf dem Instrument nur eine einzelne Saite anzuschlagen, sondern es klingen immer alle vier Saiten - wie ein Akkord. Die Kunst für den Empfänger ist, die einzelnen Seiten beim Hören in ihrem jeweiligen Klang zu identifizieren und sie dann beim eigenen Senden mit entsprechender Klarheit zu formulieren. Hier sind die vier Seiten/Saiten/Ebenen:

Ebene 1 - Die Sachebene

Die Sachebene ist kurz gesagt einfach das, was in dem Moment an Fakten enthalten ist. Auch wenn diese Ebene bei weitem nicht so dominant ist, wie viele Menschen glauben, ist es doch auch eine notwendige Ebene der Kommunikation. Aber die Idee einer „sachlichen" Kommunikation ist ziemlich bizarr angesichts der Tatsache, dass die Sache eben nur eine von vier Ebenen ist und Du die anderen drei nicht ausblenden kannst - die sind auch immer da.

Auf der Sachebene werden also Fakten behandelt, die keinerlei Interpretation beinhalten - Du kannst das damit überprüfen, ob Du von diesen Tatsachen ein Foto machen kannst oder nicht. Was ist z.B. die Sache oder der Inhalt, wenn wir beide uns bei einem Gespräch gegenüberstehen und Du sagst etwas wie: „Ich freue mich, Dich zu sehen!" - wovon kannst

Du dann ein Foto machen? Es ist ziemlich unspektakulär: von mir. Also geht es um die Tatsache, dass ich jetzt da bin. Im Folgenden werden wir sehen, dass die Sache oder der sachliche Inhalt beim Miteinander-Reden wirklich das Unwichtigste ist. Es geht fast nie „um die Sache an sich" und die ist auch meistens ziemlich langweilig. Auf der Sachebene gibt es auch keine Probleme, aber damit eben auch keine Lösungen - wenn Du mich nicht magst, hilft es uns beiden auch nicht, wenn wir darin übereinstimmen, dass drei und drei sechs ist.

Ebene 2 - Beziehung

Auf der Beziehungsebene geht es darum, wie wir in der Gesprächssituation zueinanderstehen. Mögen wir uns oder nicht? Schaut einer von uns zum anderen auf oder auf den anderen herab oder sind wir auf Augenhöhe? Wenn Du z.B. einem Maßnahmenbefürworter einen Vortrag hältst und ihn mit Argumenten volltextest, dann sagst Du ihm damit auf der Beziehungsebene: „Ich weiß es besser" oder „Ich bin besser informiert". Das sind Beziehungsaussagen und es ist nicht verwunderlich, dass Dein Gegenüber mit Widerstand reagiert. Auf der Beziehungsebene setzen wir uns ins Verhältnis zueinander und zwar meist auf die Situation bezogen. Schulz von Thun selber benutzt in seinen Büchern das humorvolle Beispiel von ihr als Fahrerin und ihm als Beifahrer, der ihr an der Ampel sagt: „Es ist grün" und sie reagiert genervt. Das liegt einfach daran, dass er ihr auf der Beziehungsebene gerade gefunkt hat, er sei der bessere Autofahrer. Sie hört diese Botschaft als dominant und ist genervt. Vor allem aus dem Bewusstsein über die Beziehungsebene werden wir später haufenweise gute Tipps für erfolgreiche Gespräche ableiten.

Ebene 3 - Selbstkundgabe

Diese Ebene ist von besonderer Bedeutung. Ich kann gar nicht oft genug dazu einladen, dieser Ebene die meiste Aufmerksamkeit zu widmen und sie auch am meisten zu üben - auf beiden Seiten der Kommunikation, als Sender wie auch als Empfänger. Denn in jeder Äußerung, sagen wir auch immer etwas über uns selber – darauf verweist diese Ebene. Wir kommunizieren auf dieser Ebene im Grunde unsere Motive. Wenn ich diese Ebene also lesen kann, habe ich einen viel leichteren Zugang zum Gesprächspartner.

Es ist für Ungeübte meistens schwer bis kaum möglich, diese Ebene der Kommunikation in Konflikten zu hören – vor allem wenn jemand gerade herumschreit. Schreien heißt auf dieser Ebene: „Aua!", „Hilfe!" oder „Ich bin wütend", „Ich bin verzweifelt" etc. – aber weil die meisten Leute viel eher Angriffe heraushören, verstehen sie diese Ebene nicht.

Viele Menschen haben vor dieser Ebene auch Angst, wenn sie mit Menschen zu tun haben, die trainiert sind, auf dieser Ebene zuzuhören – denn unbewusst gibt es immer eine Menge Selbstkundgaben in jeder Äußerung.

Was wir auf dieser Ebene kommunizieren:

- unsere Gefühle

- unsere Bedürfnisse

- unsere Glaubenssätze

- unsere Identität bzw. Identifikationen

Wenn Du Deine Aufmerksamkeit trainierst, wirst Du schnell auch diese Ebene mitberücksichtigen können und Dinge hören, die Dir vorher vielleicht noch nie aufgefallen sind. Es hat allerdings auch eine Schattenseite – Du kannst dann auch nicht mehr weghören und bekommst Dinge mit, die Du

46

manchmal gar nicht hören willst.

Ebene 4 – Appell

Ein Appell ist eine Bitte. Eine Bitte um eine Handlung, um ein Feedback oder um die Klärung der Beziehung. Es gibt auch keinen Satz ohne Bitte, selbst wenn diese nicht explizit geäußert wird. Bei unserem Beispiel vom Pärchen an der Ampel ist seine Bitte auch nicht explizit ausgesprochen, aber ganz einfach und klar: „Fahr los!" – diese verschlüsselten Appelle kennst Du sicher auch von Sätzen wie: „Der Mülleimer ist voll" oder „Der Rasen steht aber hoch". Mach Dir aber klar, dass es auch völlig unausgesprochene Bitten gibt, die heißen können: „Sag was dazu" oder „Wie siehst Du das?" – und manchmal heißen die Bitten auch: „Ändere Dich" oder sogar: „Hau bloß ab!". Du bist jedoch nicht verpflichtet, einer Bitte nachzukommen.

Wenn es aber die Möglichkeit gar nicht gibt, dass die Antwort auf eine Bitte „Nein" ist, dann ist es keine Bitte, sondern eine Forderung – denn nur weil in einem Satz das Wort „Bitte" vorkommt, ist es noch lange keine Bitte.

Wenn eine Mutter zu ihrem Kind sagt: „Bitte räum Dein Zimmer auf", ist das eben meistens keine Bitte, sondern eine Forderung.

Damit haben wir die vier Ebenen des Modells „die vier Seiten einer Nachricht" von Friedemann Schulz von Thun zusammen und schauen jetzt genauer, warum keine verbalen Angriffe möglich sind. Dazu komme ich nochmal auf mein Verständnis des Modells als vier Saiten auf einem Instrument zurück. Ein Akkord besteht aus einem gleichzeitigen Klang von verschiedenen Tönen – wie die vier Saiten auf z.B. einer Ukulele. Wenn Du Dir jetzt vorstellst, Du müsstest mit Boxhandschuhen auf der Ukulele spielen – dann verstehst Du vielleicht, wie Missverständnisse zustande kommen. Aber sowohl beim Sender, wenn er spricht, als auch beim Empfänger, wenn er zuhört, ist der Klang des Akkordes nicht identisch. Es kann sein, dass beim Sender ein Ton des Akkords eher leiser ist, aber der Empfänger gerade diese Saite total dominant wahrnimmt. Wichtig ist hier insbesondere die Beziehungsebene, um Missverständnisse zu klären – und es ist eben nicht möglich, einfach nur sachlich miteinander zu reden, denn die anderen drei Ebenen schwingen immer mit. Wir können uns mit jemandem vornehmlich über Sachinhalte austauschen. Aber gerade solche Gespräche, die vordergründig sachlich klingen, scheitern oft an der fehlenden tragfähigen Beziehungsebene.

Dazu ein praktisches Beispiel einer realen Situation in einem meiner Workshops:

Ein Teilnehmer berichtet: „Letzte Woche hat mein Chef mir eine Email geschickt, da hab ich mich total angegriffen gefühlt!", ich frage zurück: „Was hat er denn geschrieben?" „Geschrieben hat er: ‚Warum ist das Gerät ungeprüft an den Kunden raus?'"

Wenn wir die Mail des Chefs analysieren, heißt das:

Sachebene: „Das Gerät ist an den Kunden raus". Erinnere Dich – was kannst Du fotografieren? Du kannst geprüft/ungeprüft nicht fotografieren. Die Sachebene ist einfach nur „das Gerät ist an den Kunden raus".

Beziehungsebene: „Ich bin Dein Chef" - das ist mal Fakt und kein Angriff, wenn der Chef auf der Beziehungsebene sagt.

Selbstkundgabe: Der Chef sagt damit möglicherweise so etwas wie: „Ich bin irritiert" oder „Ich bin wütend", da wir in Emails aber keine Tonfälle hören können, ist es sehr schwer einzuschätzen. Wer das in einer solchen Situation wirklich wissen will, kann doch einfach rückfragen. Der Chef ist wahrscheinlich zumindest irritiert, vielleicht auch wütend, aber – wer hat jetzt das Problem? Doch zunächst mal der Chef und niemand sonst, nur sagt er das eben nicht ausdrücklich.

Appell: Der Appell hier ist recht einfach und lautet: „Prüf das!" oder „Erklär mir das!" – auch das kann in dieser Situation nicht wirklich ein Problem sein.

In der Situation im Workshop hat der Teilnehmer an dieser Stelle schon sehr verdutzt geschaut – und dann habe ich gefragt: „Wo war der Angriff?" – und das frage ich Dich jetzt auch: Wo war der Angriff?

Es gibt keinen, denn was der Chef tatsächlich kommuniziert hat ist:

- Da ist ein Gerät raus
- Ich bin Dein Chef
- Ich bin irritiert/wütend
- Ich bitte Dich, mir das zu erklären.

Darin gibt es keinen Angriff. Wenn Menschen reden, dann können sie gar nichts anderes sagen, als was sie wahrgenommen haben, Ihre Beziehung zum anderen, wie es ihnen dabei geht und was sie gerne hätten – darin ist keinerlei Aussage über den anderen.

Daher kann man sagen: Es gibt keine verbalen Angriffe, Beleidigungen, etc. - das kann ich auch nachweisen an einem drastischen Beispiel:

Lass uns doch einfach die maximal denkbare Form der Beleidigung oder des Angriffs nehmen und analysieren. Dazu könntest Du zu mir z.B. sagen: „Du mieses Dreckschwein!" oder „Du widerliches Arschloch!" oder im beruflichen Kontext: „Du inkompetenter Blender!"

Wenn ich eine der Aussagen wieder nach unserem Modell analysiere, passiert folgendes:

Sachebene: Bei solchen Beispielen wird's lustig, denn was ist die Sachebene, wenn mir jemand so etwas entgegen wirft? Ganz einfach: „Ich bin da" oder wenn er es sagt: „Du bist da" oder „Du stehst vor mir". Spektakulär, diese Sachebene – nicht wahr?

Beziehungsebene: „Ich kann Dich nicht leiden" – aber ist das wirklich eine Beleidigung für mich, wenn mich jemand nicht leiden kann? Gut, für manche Menschen ist das tatsächlich so, aber das liegt aber dann nicht an der Aussage an sich.

Selbstkundgabe: „Ich bin richtig wütend!" - also hat wer gerade das Problem?

Appell: „Hau ab!" oder „Ändere Dich!" oder „Entschuldige Dich!"

So - und wo war jetzt der Angriff?

Richtig – es gibt noch immer keinen. Der andere kann mich nicht angreifen oder beleidigen, weil er gar nichts über mich aussagen kann. Er spricht immer nur über sich selbst. Auch Du sprichst immer nur über Dich, egal, was Du im Leben von Dir gibst – ob Du jemanden beschimpfst oder gerade eine juristische Doktorarbeit schreibst. Wer macht also aus der Aussage einen Angriff? Der Empfänger natürlich. Und warum tut er das? Weil derjenige gewohnt ist, unterwürfig zu sein, bzw. weil derjenige Minderwertigkeitsgefühle hat. Wir könnten jetzt einen Exkurs in die Transaktionsanalyse machen und feststellen, dass die meisten Menschen deshalb Angriffe hören, weil sie Botschaften von anderen hauptsächlich aus dem Kind-Ich empfangen. Diese Menschen haben als Kind von ihren Eltern gelernt, dass sie dafür verantwortlich sind/waren, wenn sie den Eltern nicht gefallen haben. Diese

Eltern sagten dann so etwas wie: „Du bist ein böses Kind" und Kinder haben leider noch keine Programme dafür, dass sie ihre Eltern zurückfragen: „Was gefällt Dir denn gerade nicht?" Wir kommen aber zurück zur Kommunikation und zu verbalen Angriffen: Wenn Dich z.B. die Antifas auf einer Demo beschimpfen, dann grins Dir doch einfach eins und vielleicht hörst Du mal genauer hin, was die da gerade über sich selbst sagen. Auch wenn Dir ein Mainstreamjournalist ein paar grottenschlechte Suggestivfragen stellt und Dich in eine Ecke drängen will, dann hör doch mal auf die Glaubenssätze, mit denen er um sich wirft und hinterfrage die mal. Den hast Du schon mit drei Fragen in den Wahnsinn getrieben – und das werde ich im Kapitel über Fragetechnik noch ganz genau erläutern.

Selbst wenn Dir jemand aus Deiner Familie vorwirft, ein unsolidarischer Egoist zu sein, dann ist das auch kein Angriff, keine Beleidigung. Du brauchst Dich auch nicht unter Druck gesetzt zu fühlen – denn da spricht jemand von sich und oft genug nur davon, dass er Angst hat.

Wenn Du dieses Modell akzeptierst in seiner vollen Gültigkeit für jedwede Gesprächssituation, dann könnte Dir das eine unglaubliche Entspannung in viele Gespräche bringen, weil Du Dich dann gar nicht mehr verteidigen oder rechtfertigen musst. Wenn Du dieses Prinzip verinnerlichst, dann lachst Du über das Meiste, was andere so über Dich erzählen.

Gedanken lesen, Projektionen

Im Beispiel mit der Mail vom Chef haben wir das schon gesehen - manchmal kommt es vor, dass Leute meinen, sie könnten Gesten oder Tonalitäten erkennen, wo es aber absolut nichts zu erkennen gibt, nämlich im schriftlichen Verkehr. In

Emails, aber auch in den sozialen Medien, Messenger-Diensten etc. gibt es keinen Tonfall, weil da eben nichts klingt. Es gibt auch keine Gesten oder Gesichtsausdrücke, weil da auch kein Gegenüber sichtbar ist, wenn derjenige gerade schreibt. In der Psychologie nennt man das Projektion, wenn Du in solchen Situationen etwas hörst oder siehst, was gar nicht da sein kann.

Was passiert ist: Du liest etwas und fühlst Dich schlecht damit, weil Du vermutlich einen Angriff gelesen hast, wo keiner sein kann, und jetzt machst Du den Schreiber für Deine Gefühle verantwortlich. Du projizierst also Deine eigenen Gefühle auf den Anderen und meinst, derjenige hätte in seiner Mail z.B. Wut zum Ausdruck gebracht, weshalb Deine Reaktion völlig verständlich ist.

Vorsicht vor dieser Falle. Schriftliche Kommunikation ist wirklich ein Tretminenfeld und eine gelungene Kommunikation im Schriftlichen erfordert einen verdammt hohen Grad an Selbstreflexion. Wichtig ist dabei vor allem, die eigene Verantwortung für die Gefühle, die beim Lesen entstehen, zu erkennen und auch zu benennen.

Wenn wir davon ausgehen, dass in einem vollständigen Kommunikationsprozess die Worte 7% ausmachen, die Stimme 38% und die Körpersprache 55%, dann sind in einem realen Gespräch 93% nonverbal[6]. In der schriftlichen Kommunikation werden dann diese 93% hinein interpretiert, weil das Gehirn auf diesen Kontext angewiesen ist, denn nur 7% Worte ohne Kontext wären für uns Menschen vollkommen sinnlos. Aber die Interpretation der 93% in der schriftlichen Kommunikation sind eben nur Projektionen – und oft wollen die Beteiligten das nicht wahrhaben.

---

6 beruht auf Albert Mehrabian

Wertschätzung heißt nett sein

Ich habe besonders in den vergangenen Monaten und im Hinblick auf die zunehmende Spaltung der Gesellschaft aus verschiedenen Ecken immer wieder gehört, die Leute sollten doch wertschätzend miteinander kommunizieren. Du kannst wertschätzend auch ersetzen durch achtsam oder ähnliche Worte, die alle im Kern erst einmal etwas ganz anderes sind. Denn in diesem Kontext sind es Beurteilungen, also Interpretationen anderer Leute über das, was und wie jemand redet. Was aber tatsächlich häufig damit gemeint ist, ist dass es Leute gibt, die feste Vorstellungen davon haben, wie Kommunikation zu sein hat – wir hatten das schon im Kapitel über die Höflichkeit.

Eine Anweisung zum „wertschätzenden Sprechen" ist völlig nutzlos, weil es überhaupt nicht möglich ist, sie zu befolgen, wenn es niemanden gibt, der darüber entscheidet, was wertschätzend war und was nicht. Wer könnte das sein? Der Empfänger? Das ist völlig willkürlich, weil jeder Empfänger anders hört. Ein unabhängiges Gremium? Ist das dann nicht auch nur eine subjektive Entscheidung von Leuten, die von sich behaupten, dass sie unabhängig sind? Die Mehrheit? Aber hat die Mehrheit dann auch Recht, wenn sie sagt: „Zwei und zwei ist fünf"?

Diese Vorstellungen vom richtigen Reden haben nichts mit dem zu tun, was die echten Größen der Kommunikation wie Watzlawick, Schulz von Thun, Berne und so einige andere schon vor Jahrzehnten formuliert haben und was heute in der Kommunikation auch als feste Größe anerkannt ist. Unwissende Leute meinen schlicht, dass Kommunikation dann wertschätzend ist, wenn sie selbst sich dabei nicht schlecht fühlen, also wenn es niemandem oder zumindest ihnen nicht weh tut. Das heißt nichts anderes, als dass wertschätzende Kommunikation bedeutet, immer nett zu sein.

Nett ist wie höflich – auf jeden Fall nicht echt. Nett sein heißt daher, nicht-authentisch-sein und das ist alles andere als ein Zeichen von Wertschätzung. Also lass das mit dem Nett-sein einfach sein. Nett-sein dient dazu zu gefallen und niemandem weh zu tun. Nett-sein meint brav-sein, wie kleine Kinder, die für die Eltern brav oder nett sind und artig tun, was ihnen gesagt wird - und dabei auch noch lächeln, egal, ob das Lächeln echt ist oder nicht.

Die viel interessantere Frage ist doch, was es überhaupt bedeutet, authentisch zu sein. Im Teil zwei des Buches werde ich dazu noch etwas schreiben. Jetzt schauen wir uns aber noch zwei Aspekte der Kommunikation an, die tief in die Psychologie reichen.

5. Die Psychologie der Überzeugung

Seit Jahrhunderten kursiert unter den Menschen ein Irrtum, der so tief sitzt und so weitreichend ist, dass er von den meisten nicht erkannt wird. Der Irrtum besteht darin, dass wir glauben, verstandesmäßig zu denken und zu handeln, also die Umwelt nach Signalen abscannen und daraus unsere Schlussfolgerungen ziehen, um dann zu einer Entscheidung darüber zu kommen, was wir z.B. für plausibel halten und was nicht. So ticken wir allerdings nicht, sondern es ist genau umgekehrt. Wir nehmen etwas als gegeben an und dann sucht unser Gehirn nach Belegen oder Indizien, die diese Annahme stützen. Alles andere wird ausgeblendet, indem wir es entweder gar nicht erst wahrnehmen oder so bewerten, dass es irrelevant wird. Noch viel wichtiger ist aber, dass Überzeugungen überhaupt nichts Sachliches, Rationales, Verstandesmäßiges haben. Auch da schauen wir wieder in die Hirnforschung und lernen, dass Überzeugungen tief in den emotionalen Bereichen des Gehirns verdrahtet sind.

Ich will diesen Irrtum mit einer Metapher verdeutlichen: Viele Menschen glauben, in unserem Hirn säßen zwei Typen, wie ein Beweisführer und ein Denker - sie glauben, der Beweisführer würde Beweise sammeln und der Denker sie analysieren und auswerten. Aber es ist umgekehrt: Der Denker gibt vor, was zu denken ist, und der Beweisführer sammelt solche Beweise, die für die Perspektive des Denkers sprechen. In unserem Hirn sind daher nicht Denker und Beweisführer unterwegs, sondern viel eher der Papst und die Inquisition. Der Papst schreibt vor, was zu glauben ist, und die Inquisition sorgt dafür, dass die Unfehlbarkeit des Papstes gewahrt bleibt - und natürlich hat die innere Inquisition auch eine PR-Abteilung, die dem Rest der Welt verkaufen darf, warum die gefundenen Beweise auch wirklich und zweifelsohne die Unfehlbarkeit des inneren Papstes aufzeigen.

Der nächste Irrtum ist, dass es darum geht, andere mit Argumenten zu überzeugen. Wir haben bereits festgestellt, wie nutzlos das ist, weil der innere Inquisitor oder auch Türsteher des anderen dafür sorgen wird, dass keines der „unpassenden" Argumente durchkommt.

Diesen Mechanismus machen sich die Mächtigen bei Propaganda und Framing zu eigen. Seit über 100 Jahren ist durch Lipman, Le Bon, Bernais u.a. bekannt, wie Propaganda funktioniert. Sie ist zum einen emotional - steuert also bestimmte Emotionen wie z.B. Angst - und zum anderen arbeitet sie schlicht durch Wiederholung. Josef Goebbels, der ein offener Verehrer von Bernais' Buch: „Propaganda" war, brachte es auf den Punkt, als er sinngemäß sagte, dass es egal sei, ob etwas wahr ist, es müsse nur genügend oft wiederholt werden.

Um diesen Zusammenhang zu verstehen, klären wir erst mal, was eine Überzeugung, Einstellung oder Meinung ist und wie sie zustande kommt.

Überzeugungen

Eine Überzeugung oder Einstellung ist eine erlernte Haltung gegenüber einem bestimmten Objekt. Aus dieser gelernten Haltung heraus werden dem Objekt bestimmte Eigenschaften zugeordnet. Wir kennen das aus der Werbung: Da ist es die Königsdisziplin, bestimmte Produkte oder Marken mit bestimmten Schlüsselgefühlen zu verknüpfen. Wie kommt aber eine solche Einstellung oder Überzeugung überhaupt zustande? Hier bediene ich mich der Erkenntnisse aus der psychologischen Wissenschaft über Konsumentenverhalten, die im Marketing genutzt werden.

Der jeweilige Inhalt einer Überzeugung muss verschiedene Stufen im Hirn durchlaufen:

Zunächst braucht es bei dem Empfänger der Botschaft ein Signal, das dessen gesamtes Körper-Geist-System in Aufmerksamkeit versetzt, dieser Schritt nennt sich Aktivierung – es passiert etwas, das „wach" macht. Das können emotionale oder einfach nur überraschende Reize sein. In unserer modernen, mit Informationen überlasteten Zeit ist es dabei fast zwingend, dass Bilder verwendet werden und diese Bilder emotional große Kraft haben müssen – also z.B. Massenangst und noch besser eine Massenpanik auslösen. Damit wird alle Aufmerksamkeit auf die Botschaft gerichtet und die Psyche ist bereit für den nächsten Schritt – und diese Dinge laufen im Gehirn in Sekundenbruchteilen ab.

Die nächste Stufe ist jetzt die Emotion. Emotionen haben gegenüber der allgemeinen Aktivierung eine bestimmte Qualität: Gefühle sind konkret und haben eine bestimmte Richtung -angenehm oder unangenehm - und die jeweilige Person hat auch nur ein mehr oder weniger starkes Bewusstsein dafür, dass da jetzt eine Emotion ist. Die Emotion in Bezug auf die Corona-Situation ist Angst[7] - die Angst vor dem Tod löst je nach Prägung des Empfängers auch direkt Panik aus und Panik führt unweigerlich zu Reptilienhirnreaktionen: also Kämpfen, Flüchten oder Starre.

Darauf folgt die nächste Stufe der Motivation – nun kommt der Drang zu einer Handlung hinzu. Im Falle der Angst ist die Motivation, natürlich diese Angst möglichst schnell wieder los zu werden. Hier ist es in der Werbung wichtig, das Produkt, die Marke oder auch die politische Maßnahme, die verkauft werden soll, genau jetzt als Lösung zu implementieren. Früher war es die verzweifelte Hausfrau, die die Wäsche einfach nicht sauber und strahlend weiß bekommt, die deshalb Sanktionen aus ihrem Umfeld erwartet und daher Angst hat. Sogleich wird ihr ein bestimmtes Waschmittel als Lösung ihrer Probleme verkauft und - schwupps - ist das Produkt als Anker gegen Angst im Gehirn verdrahtet. Falls dieser Prozess erfolgreich war und eine Überzeugung gebildet wurde, wird sie beim nächsten Waschmittelkauf wohl zu diesem Produkt greifen.

Wir sehen an diesem Beispiel deutlich: Überzeugungen haben ∨ nichts Rationales, sondern sie sind tief in den emotionalen Zentren des Gehirns verankert und sichern vermeintlich unser Leben - das wird niemals ohne weiteres aufgegeben.

Im Fall von Corona wurden als Lösung für die Angst vor der

---

7 Ich empfehle, Interviews mit Gerald Hüther anzuschauen, in denen er erklärt, was bei Angst im Hirn so alles aus neurobiologischer Sicht passiert.

schrecklichsten und tödlichsten Pandemie aller Zeiten zum einen staatliche Maßnahmen verkauft und zum anderen eine sogenannte Impfung. Damit sind die folgenden Überzeugungen fest im Gehirn verankert und lassen sich dort nicht mehr ohne weiteres ablösen:

- „Die Maske ist gut gegen meine Angst.“
- „Der Lockdown rettet Leben.“
- „Die Impfung rettet mein Leben.“

Diese Überzeugungen haben tief im Kern eine Emotion, und die Maske, der Lockdown oder die Impfung sind jeweils der Anker für Sicherheit.

Ich will es nochmals am Beispiel der Waschmittelwerbung verdeutlichen: Du kannst einer Frau, die an ein Waschmittel als Lösung ihrer Probleme glaubt, nicht erklären, warum das Waschmittel mies ist, solange sie es unmittelbar als Anker an ihre Angst gekoppelt hat. Genauso kannst Du auch niemandem mit Argumenten seine Angst austreiben oder ihm erklären, warum seine Angst unbegründet ist. Vor allen Dingen bei Todesangst wird derjenige niemals von seinen etablierten Maßnahmen ablassen - egal, wie lächerlich die Maske aus Deiner Perspektive ist, und egal, wie viele Studien Du heranziehst.

Zur Verdeutlichung werfen wir mal einen genaueren Blick ins Gehirn.

15 mm vs. 11 km

Wir beginnen mit einer Gegenüberstellung[8] – unser Unterbewusstsein verarbeitet 11 Mio. Bits pro Sekunde. Für einen Informatiker ist das ziemlich langsam, denn moderne Computer verarbeiten deutlich mehr. Computer arbeiten allerdings immer noch digital, während unser Gehirn analog und zudem vollständig parallel arbeitet – dann sind 11 Mio. Bits pro Sekunde richtig viel. Wirklich interessant wird das Ganze aber erst durch die Gegenüberstellung zu unserem Bewusstsein.

Nun gut – was bedeutet erst einmal diese Zahl? In meinen Workshops verwandele ich die 11 Mio. Bits erst mal in ein Längenmaß – dann ist unser Unterbewusstsein ganze 11 km tief. Die Frage ist: Wie viel Bewusstsein sitzt auf den 11 km oben drauf, ausgedrückt in Längeneinheiten?

Es sind gewaltige 15 mm - das liegt nicht im Prozentbereich und nicht einmal im Promillebereich, sondern es sind lediglich Millionstel. Unser bewusster Verstand macht also nur ein*s, 4* ~~paar~~ Millionstel unserer Hirnaktivität aus. Was bedeutet das? Zunächst ganz einfach: Kein Mensch handelt bewusst und rational. Sogar die wissenschaftliche Überprüfung im Computertomografen hat gezeigt, dass zur Lösung von komplexen Aufgaben nicht die rationalen, kognitiven Bereiche anfangen zu leuchten, sondern vielmehr die emotionalen Bereiche – blöd gelaufen. Was uns also durchs Leben bringt, sind vielmehr Programme und Muster, denn wir wären gar nicht überlebensfähig, wenn wir auch nur 10% unserer ständigen Handlungen bewusst entscheiden und steuern müssten.

---

8 Dieses Beispiel stammt von Vera Birkenbihl. Also wenn sie ein Modell präsentiert hat, können wir davon ausgehen, dass sie es akribisch geprüft hat, dafür war sie bekannt.

Der Hirnforscher Manfred Spitzer hat in seinen Vorträgen eine einfache und klare Darstellung für das Thema mit den Mustern: Er legt eine Folie mit irgendeinem Fleckenmuster auf den Projektor und fragt, ob irgendjemand die Kuh sieht – natürlich nicht. Im nächsten Moment legt er eine zweite Folie mit Linien auf und - Schwupps - die Kuh ist ganz eindeutig zu sehen. Obwohl er die zweite Folie dann wieder wegnimmt, bleibt das Bild der Kuh klar zu sehen, obwohl nur noch das chaotische Fleckenmuster bleibt. Was also ist passiert? In unserem Gehirn wurde ein spezielles Erkennungsmuster für die Kuh im Fleckenbild aktiviert – damit bleibt sie auch in dem Fleckenmuster deutlich zu sehen.

Was bedeutet das für meine Überlegungen? Egal, was wir entscheiden und wie wir handeln, dazu müssen im Gehirn bestimmte, damit zusammenhängende Muster aktiviert werden – und der Rest läuft dann vollautomatisch. Angesteuert werden diese Muster oder Programme von Emotionen. Vorbei ist es also mit der Vorstellung vom rationalen Menschen, der seinen Verstand bewusst einsetzt, um Entscheidungen zu treffen und überlegt zu handeln. Der Verstand hat einen ganz anderen Job: Er ist eher so etwas wie eine PR-Abteilung. Er hat den Job, unsere Handlungen und Entscheidungen hinterher rational zu begründen. Wir tun also einfach irgendwas - und in den meisten Fällen hat die Begründung, die wir später dafür finden, nichts mit den wahren Motiven zu tun.

Gegenargumentsortierer

Kennst Du die „Suchen"-Funktion auf Deinem Computer, wenn Du z.B. eine Datei finden willst oder ein Wort in einem Dokument! So etwas Ähnliches haben wir auch im Hirn - diese Utilities unseres Betriebssystems nennen sich auch Strategien und Metaprogramme und auch sie wurden irgendwann einmal programmiert, indem wir durch Erfahrung gelernt haben, wie wir entscheiden und vorgehen.

Die Metaprogramme können als Gegensatzpaare beschrieben werden - und wir liegen mit unserer persönlichen Strategie dann irgendwo zwischen den Extremen, mehr in die eine oder andere Richtung. Beide Pole haben jeweils Licht und Schatten - wie alles im Leben - und nur durch die spezifische Ausprägung der Metaprogramme ist jetzt jemand kein besserer oder schlechterer Mensch oder tut sich im Leben leichter oder schwerer. Zunächst einmal könnte es eher wichtig werden zu erkennen, an welchen Stellen Metaprogramme aktiv sind, um sich kurz von ihnen zu distanzieren und eine andere Perspektive einzunehmen.

Beispiele für Metaprogramme gefällig? Bitteschön:

Es gibt Menschen, die sich primär vom Prinzip: „weg von X" und andere, die sich eher von: „hin zu Y" leiten lassen. Wenn sie z.B. einen Job suchen, sagen die Einen: „Nie wieder so ein weiter Weg zur Arbeit, nie wieder so einen Chef, nie wieder so ein großes Unternehmen", Du merkst, in welche Richtung es geht? Die Anderen orientieren sich nach dem Prinzip: „Job im Büro, mit angenehmen Menschen zusammen, in einem angenehmen Klima, kleine Firma, etc."

In beiden Strategien steckt Potenzial. Das Prinzip „weg von" ist auch das, was Dich auf die Straße bringt und Dir Power auf den ersten Metern gibt. Das „hin zu" ist dagegen das, was

Dich durchhalten lässt und Dir den langen Atem verleiht. Im Grunde brauchst Du beides. Nur ist es meist so, dass eine der beiden Strategien überwiegt - und dann ist es eben entscheidend, den fehlenden Teil durch bewusste Auseinandersetzung zu ergänzen, und das können wir lernen.

Auch der Gegenargumentsortierer ist ein solches Metaprogramm und sein Gegenstück ist der Gleichargumentsortierer - beide Strategien haben Licht und Schatten. Wenn Du zu einem Gleichargumentsortierer sagst: „Du Blödmann!", wird er womöglich denken: „Hmm, das sagen die Leute öfter zu mir." - wenn Du das Gleiche aber zu einem Gegenargumentsortierer sagst, wird er vermutlich entgegnen: „Das sehen all die anderen aber ganz anders!". Es gibt Situationen, in denen sich der eine leichter tut, und es gibt Situationen, da ist es umgekehrt. Aber es macht nochmal deutlich, wie wenig verstandesgesteuert wir handeln. Wenn Du also ein Gegenargument suchst, dann hat das nichts mit der Situation zu tun. Du fällst einfach nur auf ein Metaprogramm Deines Hirns herein und Deine PR-Abteilung suggeriert Dir, dass ja alles vollkommen logisch und vernünftig ist.

Dazu eine Frage: Gibt es auch nur irgendetwas auf diesem Planeten, zu dem es kein Gegenargument gibt? Ich betone „gibt" und nicht „zu dem Du keins findest" oder „eines, das Dir nicht gefällt" - nein, natürlich nicht. Es gibt einfach zu allem ein Gegenargument. Damit sind Gegenargumentsortierer aber auch die Leute, die am leichtesten manipuliert werden können.

Auch wenn die Betroffen selbst das weit von sich weisen würden, aber Du kennst sicher solche Menschen, denen Du einfach nur das Gegenteil von dem vorschlagen musst, was Du wirklich meinst! Du sagst einfach vorher: „Ich glaube ja nicht, dass das was für Dich ist" oder „Lass es lieber sein"!

6. Die Psychologie der Krise

Immer wieder erlebe ich, dass Leute – gerade auf „unserer Seite" - fassungslos sind und einfach nicht verstehen, wie dieser ganze Wahnsinn passieren konnte. Immer noch argumentieren sie herum und sagen Sachen wie: „Wie konnten die Menschen nur darauf reinfallen" – aber das hat mit hereinfallen nichts zu tun, sondern Mechanismen der menschlichen Psyche sind gezielt ausgenutzt worden. Sehr vielen Menschen ist auch überhaupt nicht bewusst, welche Auswirkungen dieser ganze Psychokram auf uns hat. Wie schon zuvor ausgeführt, scheinen viele Menschen zu glauben, wir wären ein Produkt des Verstandes und sie identifizieren sich mit diesem Verstand. Damit leugnen sie förmlich ihre eigene Psyche, wenn sie nicht wahr haben wollen, dass ihre Psyche ständig mit der Außenwelt kommuniziert, auch ohne dass es die Betroffenen merken.

Vieles ist in den letzten zwei Jahren schon zum psychologischen Hintergrund[9] der Corona-Situation geschrieben worden. Ich habe dem Thema nichts hinzuzufügen, halte diese Hintergründe allerdings für essenziell. Denn viele dieser

---

9 Hans Joachim Maaz: zur Vorgeschichte, Normopathie und narzistische Gesellschaft; Gerald Hüther: zum Phänomen der Angst und den Auswirkungen auf die Neurobiologie; Matthias Desmet: zum Phänomen der Massenformation; Merideth Miller: Corona-Ausschuss, Sitzung 78 über dramatische Beziehungen und kognitive Dissonanz; Gabriele Palacio: zu Hypnose und medieninduzierter Hypnose

Mechanismen wirken auch im Hinblick auf Kommunikation und es ist wichtig, sie zu kennen, um entsprechend in Gesprächen damit umzugehen. Denn Sprache und vor allem Sprachmuster kommunizieren immer auch die Psyche des Betroffenen mit, selbst wenn dieser das gar nicht will – das habe ich anhand des Modells von Schulz von Thun schon erläutert. Manchmal ist diese Psyche – nach Maßstäben der Psychologie und der Psychiatrie – eben krank, und da ist der Mensch dann nicht auf etwas hereingefallen. Wenn Du eine ordentliche Salmonellenvergiftung hast, ist Dein Körper ja auch nicht auf die Bakterien hereingefallen. Viele Menschen wollen aber nicht akzeptieren, dass die Psyche genauso erkranken kann wie der Körper, und das ist auch eines unser Probleme derzeit.

Du kannst die Existenz des Corona-Virus (SarsCov2) anzweifeln, Du kannst sogar Viren allgemein anzweifeln, aber was es meines Erachtens tatsächlich gibt, das sind die Viren des Geistes - und die sind im Moment massenhaft verbreitet und wahnsinnig wirkungsvoll. Viele Menschen sind daher in einem psychischen Ausnahmezustand, in dem das Hirn einfach nicht mehr so zu funktionieren scheint, wie wir es gewohnt sind. Menschen, die in diesem Sinne eine psychische Erkrankung haben, schaffen es, die absurdesten Dinge von sich zu geben, ohne die Absurdität zu bemerken - und selbst wenn Du sie darauf hinweist, wollen sie es nicht wahrhaben. Ein Beispiel dazu?

Im Herbst 2020 gingen die angeblichen Fallzahlen zu Corona durch die Decke und gleichzeitig schien die saisonale Grippe förmlich ausgestorben. In Deutschland herrschte überall die Maskenpflicht und in dieser Situation ist es Leuten gelungen, in einem einzigen Satz einen eklatanten Widerspruch zu produzieren. Sie behaupteten, dass die annähernd gegen Null gehenden Fälle von Grippe darauf zurück zu führen seien, dass sich die Menschen so brav an alle Maßnahmen gehalten haben und die Maske tragen, dass aber gleichzeitig die hohen Fallzahlen für Covid-19 daran lägen, dass sich so viele eben nicht an die Maßnahmen halten und die Maske häufig nicht tragen. Das ist so absurd, dass ich dafür nicht einmal eine Metapher oder eine Analogie finde.

Ich werde Dir also im Folgenden einige Erläuterungen geben, welche psychologischen Mechanismen in dieser Krise wirken und auch auf die Sprache Einfluss nehmen. So erhältst Du einen groben Einblick, warum viele Gespräche oft so erfolglos ausgehen und warum der Umgang mit Anderen derzeit besonders schwer ist. Ich greife auf bestehende Gedanken und Modelle zurück und gehe auch nicht sehr tief ins Detail, weil das hier kein psychologischer Ratgeber ist. Ich will Dir nur einen kurzen Überblick verschaffen, der ausreicht, um ein Verständnis der praktischen Strategien vorzubereiten, die ich Dir im dritten Teil des Buches ausführlich erläutere.

Die Vorgeschichte – Normopathie und die narzisstische Gesellschaft

Hans Joachim Maaz[10] ist Psychiater, Psychoanalytiker und Autor. Er leitete eine neurologisch-psychiatrische Abteilung und war langjähriger Vorsitzender der Deutschen Gesellschaft für analytische Psychotherapie und Tiefenpsychologie (DGAPT). Maaz hat seine persönliche Geschichte in der ehemaligen DDR und wurde nach der Wende zum „Mann, der den Wessis die Ossis erklärt". Er prägte den Begriff der Nor-

---

10 Die Bücher von Maaz zu lesen, lohnt sich immer. Sein letztes heißt Corona Angst und beschäftigt sich (wie der Name schon sagt) mit der Ursache der Angst in der Corona-Zeit. Ich mag besonders seine Interviews und empfehle diese noch mehr als seine Bücher, weil sie einfach prägnanter sind.

mopathie, der sich zusammensetzt aus den Worten „Norm“ und „Pathologie“ (Krankheit). Wenn in einer Gesellschaft der Zustand der psychischen Erkrankung der Normalfall ist, dann halten die Betroffenen diesen Zustand für „normal“ und setzen ihn auch gleich mit gesund. Es ist normal, was sie im Alltag bei anderen beobachten können, und wenn die Mehrheit der Leute wie sie selber sind, dann halten sie sich naturgemäß auch für „normal“. Tatsächlich besagt das Wort „normal“ aber eben nicht gesund, sondern: „So wie die meisten anderen“ - wenn die Mehrheit aber psychisch krank ist, merkt es diese Mehrheit nicht. Genau dieses Phänomen bezeichnet Hans Joachim Maaz mit seinem Begriff der Normopathie: Eine gestörte Gesellschaft, in der psychische Erkrankungen tatsächlich der Normalfall sind.

Die Beschäftigung mit Maaz halte ich für wichtig, weil er mit seinen Werken einen Einblick gibt in tiefenpsychologische Mechanismen für Phänomene, die für die meisten Menschen nicht begreifbar sind. Die Diagnose, dass unsere Gesellschaft krank ist, ist ja nicht richtig neu – darauf hat Rosa von Praunheim schon in den Achtzigern hingewiesen, und 2009 brachte das der Psychiater Manfred Lütz in seinem Buch: „Irre - Wir behandeln die Falschen“ zum Ausdruck. Auch Krishnamurti hat schon formuliert, dass es kein Zeichen von Gesundheit ist, sich an eine kranke Gesellschaft maximal anzupassen. Nur – wenn eine Gesellschaft kollektiv im Wahn ist, dann gelten eben die wenigen, die noch alle Sinne beisammen haben, als die Verrückten.

Die psychische Störung, die nach Maaz der Normopathie zugrunde liegt, ist der Narzissmus, also ein Zustand des Geistes, der geprägt ist von Bindungsstörungen und mangelnder elterlicher Liebe in der Kindheit. Daraus resultiert Narzissmus als

Selbstbezogenheit und Geringschätzung anderer Menschen. Wenn Du allein diese beiden Merkmale nimmst, kannst Du sie täglich tausendfach in Diskussionen auf Social Media beobachten. Zudem suchen Narzissten die Verantwortung für fast alles in ihrem Leben im Außen und vor allem bei anderen. Narzissten sind Weltmeister darin, mit dem Finger auf andere *zu* zeigen. Sie müssen sich vor allem beweisen – sich selbst und anderen gegenüber und vor allem den eigenen Eltern gegenüber, selbst wenn diese seit Jahrzehnten tot sind.

Aber genug der psychologischen und psychiatrischen Schubladen. Es geht hier nicht um profunde Kenntnisse, sondern um einen groben Überblick. Wir halten fest: Menschen wachsen in unserer Gesellschaft auf und haben spätestens nach Beendigung der Schullaufbahn meist einige psychische Störungen, die wiederum das Einfallstor sind für das, was danach kommt, nämlich die Mechanismen von Massenhypnose, Massenpsychose und Massenformation.

Massenhypnose

Hast Du schon mal eine Showhypnose gesehen? Da stehen auf der Bühne Leute, die verschiedene Zuschauer zu sich nach oben bitten, um sie dort zu hypnotisieren. Es wird ihnen dann z.B. suggeriert, dass sie auf ihrem Stuhl festkleben und nicht mehr aufstehen können, oder auch, dass sie ihren Schuh für ein Kätzchen halten, das sie dann streicheln. Auf der Bühne kannst Du auf diese Weise echt witzige Situationen erzeugen, die dann im Publikum für eine Menge Lacher sorgen. Ein wirklich guter Hypnotiseur kann auch einen ganzen Saal voll Leuten hypnotisieren - dann haben wir eine Massenhypnose[11].

---

11 Wer sich dafür näher interessiert, dem empfehle ich die Videos von Gabriele Palacio, einem Schweizer Hypnoseausbilder, der das bis ins Kleinste erläutert.

Viele Menschen laufen bereits im Alltag in einer leichten Trance durch die Welt. Das ist zunächst auch gar nicht schädlich, denn die meisten Dinge im Alltag bewältigen wir komplett aus den 11km-Unterbewusstsein, ohne darüber nachdenken zu müssen.

Ein Beispiel: Binde Dir mal die Schuhe und halte mittendrin an, denk an was anderes und versuche danach, mit dem Schuhebinden weiterzumachen. Die meisten Menschen müssen das unterbewusste Programm „Schuhe binden" von vorne beginnen, weil das Programm nur als Ganzes abgerufen werden kann und einzelne Programmschritte gar nicht autonom ausgeführt werden können.

So lange also die Welt in den gewohnten Bahnen verläuft und den Erwartungen entspricht, laufen diese Leute weiter in ihrer Alltagstrance durch die Welt. Um aber eine echte Hypnose zu induzieren, braucht es zunächst einen überraschenden Reiz (einen Separator), damit alle ablaufenden Programme unterbrochen werden: Gib z.B. jemandem die Hand und hebe beim Händedruck die Hand des anderen deutlich an - damit rechnet niemand und derjenige ist erst mal verwirrt.

Ein solches Signal ist für die Hypnose wichtig, weil mit einem überraschenden Moment oder einer Art Schock als erstes der Thalamus im Gehirn förmlich abgeschaltet wird. Der Thalamus ist aber zuständig für das, was wir kritisches Wachbewusstsein nennen. Direkt nach der Abschaltung dieses kritischen Wachbewusstseins beginnen die eigentlichen Suggestionen, die den anderen nach innen leiten. Die Anweisungen des Hypnotiseurs in den Suggestionen können dabei so absurd sein, dass wir als Zuschauer darüber lachen - wenn der Thalamus ausgeschaltet ist, geht das alles unkontrolliert durch die innere Firewall durch und wird vom Gehirn der

68

hypnotisierten Person sofort geschluckt. Nur so ist zu erklären, dass jemand seinen Schuh für ein Kätzchen hält.

Wenn wir jetzt eine besonders tiefe Hypnose induzieren wollen, die nahezu den Charakter einer Gehirnwäsche hat, brauchen wir nur den emotionalen Schock direkt mit starker Angst zu verknüpfen. Sofort schaltet das Gehirn in den unmittelbaren Überlebensmodus. Da der Thalamus damit ausgeschaltet ist, kommt es auch gar nicht zum bewussten Abgleich zwischen der Vorstellung, die die Angst auslöst, und der Realität. Der Angstauslöser als solcher wird auch geschluckt und bedingungslos als lebensbedrohlich angesehen. Auf diese Art könntest Du bei einer Showhypnose[12] auch problemlos jemanden dazu bringen, den Typen vorne in der ersten Reihe für einen Säbelzahntiger zu halten und ihn dann zu erschießen.

Was ist aber jetzt bei Corona passiert? Stell Dir vor, Du sitzt gemütlich auf dem Sofa. Du erwartest einen entspannten Fernsehabend – vielleicht willst Du um viertel nach Acht einen Spielfilm schauen. Du bist tiefenentspannt, also in einer leichten Trance und Deine Gehirnwellen würden bei einem EEG den sogenannten Alpha-Zustand zeigen. Jetzt kommt die Tagesschau und Dir werden plötzlich Bilder präsentiert von Menschen, die in Wuhan auf offener Straße einfach tot umfallen. Solche Bilder sind auch deshalb sehr erfolgreich, weil sie direkt ins Gehirn gehen und nicht erst decodiert werden müssen wie Sprache. Später siehst Du Bilder von Särgen in Bergamo und dann Bilder von überfüllten Intensivstationen in New York. Bämm – sofort schaltet Dein Gehirn in den Überlebensmodus. Der Thalamus wird ausgeschaltet, weil er

---

12 Wer das näher beleuchten will – es gibt eine Dokumentationsreihe aus England, in der ein bekannter Hypnotiseur eine Gruppe von Menschen dazu bringt, einen Geldtransporter zu überfallen.

viel zu langsam ist – schließlich könnte jederzeit ein Säbel-zahntiger um die Ecke kommen und da ist Geschwindigkeit überlebenswichtig. Aber - jetzt bist Du in einer Angsttrance, die sich grauenvoll anfühlt und die Du natürlich sofort weg-haben willst. Leider findet Dein Gehirn aber keine Strategie der Angstbewältigung, die in der Vergangenheit bereits er-folgreich funktioniert hätte, und das macht dann noch mehr Angst. Du wärst jetzt bereit, nahezu alles zu tun, nur um diese Angst loszuwerden - und dann kommt die Botschaft der Auto-rität, die Dich gefügig machen will, und verkündet Dir dieses „Wir machen das schon". Wenn Du auch nur ein bisschen Ver-trauen in Autoritäten hast, reduziert sich Deine Angst schon erheblich. Dann kündigen diese Autoritäten Maßnahmen an, von denen sie Dir versprechen, dass sie gut sind, und da der Thalamus ausgeschaltet ist, überprüfst Du diese Maßnahmen auch nicht auf Logik oder Schlüssigkeit, sondern schluckst sie kritiklos - das Programm sitzt.

Auch Hypnose lebt von Wiederholung. Das heißt, der Show-hypnotiseur wiederholt in der Suggestionsphase zehn Mal: „Deine Beine fühlen sich so schwer an, dass Du sie nicht an-heben kannst. Es fühlt sich an, als wären sie am Fußboden festgeklebt". Irgendwann sitzt das so tief, dass die Leute die Beine wirklich nicht mehr anheben können. Genauso funk-tioniert es mit den Bildern im Fernsehen. Du bekommst sie jeden Abend zu sehen, dutzendfach über Wochen, bis sich die Angsttrance auch ganz bestimmt tief in den Schädel eingefräst hat. Die Corona-Situation zeigt deutlich, wie lange eine solche Hypnose aufrecht erhalten werden kann. Es wurden verschie-dene Anker gegen die Todesangst konditioniert und deshalb hat insbesondere die Maske für viele Menschen einen tiefen Symbolcharakter, als Anker für ihre Angstbewältigungsstrategien. Es ist fast so wie jemand, der nachts alleine im Wald Angst hat, er würde von bösen Monstern gefressen. Deshalb trägt er auf dem Weg immer einen fetten Knüppel mit sich. Aber er wäre sicher nicht offen für die Frage, ob – wenn es solche Monster wirklich geben würde – diese sich von einem Knüppel abhalten lassen würden. So ist es mit Ankern – sie sind nicht logisch, sondern sie funktionieren einfach.

Der Versuch, jemanden aus einer tiefen Hypnose zu erwecken, führt auch zu dessen Widerstand und dem Verteidigen des hypnotischen Zustands. Schließlich setzt die Überwindung der Hypnose voraus, die Manipulation durchschaut zu haben, sie zu erkennen und zu akzeptieren, zum Opfer dieser Manipulation geworden zu sein. Das wiederum ist – wie vorher schon gezeigt – aufgrund des fiktiven Selbstbildes nicht möglich, wenn das fiktive Ich komplett ausschließt, manipulierbar zu sein.

Vergiss also auch hier die Idee, jemanden zu überzeugen. Erspare Dir jedwede Diskussion und überlass diese Aufgabe der Geschichte und vor allem dem unweigerlichen Veränderungsprozess. Am Anfang einer Veränderung steht zunächst immer die Weigerung, die Veränderung überhaupt zu sehen und damit umzugehen. In dieser Phase sind wir gerade - wenn aber der Schock erst mal überwunden ist, öffnet sich der Geist für das Neue, was danach kommt. Insofern können wir uns alle entspannt zurücklehnen und uns selbst sagen: „Und bist Du nicht willig, so brauche ich Geduld".

Massenpsychose

Eine Psychose ist zunächst mal ein Sammelbegriff für allerhand unterschiedliche Störungen des Geistes mit unterschiedlichsten Symptomen. Kennzeichnend für alle Psychosen sind Wahn, Realitätsverlust und Ich-Störungen. Fernab von äußeren Einflüssen wie psychoaktive Substanzen oder Unfällen sind als innere Ursachen meist eine Flut von negativen Gefühlen zu nennen, und solche massiven negativen Gefühle haben wir gerade auch sehr deutlich im Zusammenhang mit der Hypnose gesehen. Ein solcher hyperemotionaler Zustand ist im Gehirn nicht zu ertragen. Die Hirnforscher[13] nennen ihn „Inkohärenz". Dauerhafte Inkohärenz verbraucht viel zu viel Energie im Gehirn, und wenn die gelernten Programme zur Bewältigung der inneren Krise keinen Erfolg versprechen, dann schraubt sich der Betroffene immer tiefer in den hyperemotionalen Zustand hinein. Ab einem bestimmten Punkt geht es allerdings nicht mehr tiefer, sondern es kommt zu einer kompletten Neuausrichtung der eigenen Erfahrungswelt. Jetzt werden Realität und Fiktion, Wahrheit und Wahn vermischt, sodass es zu einer Art psychotischer Einsicht kommt, mit der der Betroffene sich die wahrgenommenen Bedrohungen erklären kann, damit langsam wieder Kohärenz eintritt.

Im Fall der Corona-Situation sind das die Momente, in denen vermeintliche Experten auf den Plan treten und den Menschen vermitteln, dass Ursachen und Maßnahmen vollkommen geklärt seien. Da die vermeintlichen Erkenntnisse aber auf Täuschungen basieren, sind sie eben krankhaft (psychotisch). Ein Beispiel für ein Phänomen dieser Art waren auch die Hexenverbrennungen im Mittelalter, deren Auslöser die

---

13 Zu dem Thema ist es auch sehr erhellend, Gerald Hüthers „Wege aus der Angst" zu lesen.

unmittelbare Bedrohung durch die Pest war. Der dauerhafte Panikmodus durch die Angst vor der Pest führte zu den psychotischen Erkenntnissen, dass es wohl Hexen sein müssten, die Pest und Unglück bringen, und man deshalb alle Hexen auslöschen müsste.

Je schwächer ein Individuum in seiner Persönlichkeit ist, desto anfälliger ist die Person für solche Psychosen. Sie verliert zunehmend den Bezug zur Realität und verfängt sich in den Mechanismen der eigenen psychotischen Erkenntnis. Es kommt in Folge dessen zu abnormen Strategien der Angstbewältigung. Ist eine ganze Gesellschaft auf der individuellen Ebene in der jeweiligen Persönlichkeit eher schwach, greift dieses Phänomen um sich und nimmt auch ganze Massen[14] gefangen.

Dass unsere Gesellschaft auf der individuellen Ebene eher schwach ist, war bereits vor Corona an der hohen und stetig steigenden Zahl von psychischen Erkrankungen wie Depression und Burnout zu erkennen. Zusätzlich spielen auch der historische Kontext und die Kultur eines Landes eine wesentliche Rolle. Die Deutschen sind z.B. in der Welt bekannt für ihre durch und durch ängstliche Kultur – nirgends in der Welt werden so viele Versicherungen verkauft wie in Deutschland. Ausgangspunkt von Massenpsychosen sind meist die Herrschenden oder Eliten, die selbst in der Wahnvorstellung sind, sie wüssten besser als jeder andere, was es braucht, um eine Gesellschaft prosperieren zu lassen. Meist sind solche Eliten auch von einer bestimmten Ideologie besessen. Sie versuchen nun ihre Herrschaft zu legitimieren, indem Probleme geschaffen werden und Panik ausgelöst wird, für die diese Herrschen-

---

14 Ich empfehle zu dem Thema Massenpsychose unbedingt das kleine Youtube-Video von „After School" mit dem gleichnamigen Titel „Massenpsychose - Wie eine ganze Bevölkerung psychisch krank wird".

den sogleich als Retter in Erscheinung treten. Die Grundlagen für diese Abhängigkeit der Bevölkerung von Anderen zur Lösung ihrer Probleme werden bereits früh in der Kindheit angelegt: durch bestimmte Erziehungsmethoden und das Schulsystem. Selbstachtung, Selbstwert und vor allem Selbstwirksamkeit werden bereits früh unterbunden, bis die individuelle Persönlichkeit geistig möglichst vollständig gebrochen ist. Da dieser Zustand bei weiten Teilen der Bevölkerung vorherrscht, wird er von diesen auch als völlig „normal" angesehen. Der Geist einer Gesellschaft, der entstehen kann, wenn Menschen in ihrem natürlichen Zustand miteinander interagieren, wird zerstört. An dessen Stelle tritt ein System aus äußeren Zwängen und psychologischen Interventionen, die von den Beherrschten bedingungslos akzeptiert werden und die von den Herrschenden bestens erforscht sind. Nicht umsonst wurden die meisten psychologischen Forschungen der 50er und 60er Jahre vom amerikanischen Militär und von den Geheimdiensten gesponsert[15]. So schaffen es die Eliten, ihre eigenen wahnhaften Vorstellungen in die Köpfe der Massen zu implementieren, sodass diese auch noch dazu applaudieren.

Weiter ist für eine Massenpsychose wichtig, dass das Schüren von Angst in Wellen erfolgt, wobei in den Wellen eine kontinuierliche Steigerung der Angst zu verzeichnen ist. Die lokalen Höhepunkte der Angst werden immer wieder unterbrochen von Phasen der scheinbaren Ruhe, der die nächste Angstwelle folgt, die noch höhere Angstlevel produziert als die vorangegangene. Das ist auch in den letzten beiden Jahren

---

15 Milgram-Experiment, Stanford Prison Experiment, das Experiment zu Konformität von Asch und die Rattenexperimente von Skinner sind Zeugnisse davon. Die Eliten dieses Planeten spielen auf der Klaviatur der psychologischen Beeinflussung von Massen wie Horowitz auf einem Steinway.

zu beobachten: Der ersten Panikwelle im Frühjahr 2020 folgten ein paar Wochen der Ruhe und teilweise Aufhebung der Maßnahmen, bzw. die Kopplung derer an bestimmte willkürlich gesetzte Messwerte, bis es im Herbst mit der nächsten Runde durch Verschärfungen weiterging – diesmal grundsätzlicher, weitreichender und umfassender, wie z.B. die Novellierung des Infektionsschutzgesetzes im November 2020. Mit jeder weiteren Hochphase sinkt die Selbstwirksamkeit der Individuen und gleichzeitig sinkt die Bereitschaft zu menschlichen Qualitäten wie Mitgefühl oder Hilfsbereitschaft. Die Präsentation von Propaganda mit falschen Informationen, kombiniert mit absurden, vollkommen irrationalen Maßnahmen, vertieft die Psychose. Verwirrung und Absurdität sind sogar wesentliche Bestandteile der Strategie, denn je unlogischer die Maßnahmen und Aussagen, desto leichter wird die Bevölkerung jedwede noch so bizarre Anweisung ausführen und mitmachen.

Durch moderne Medien werden die Menschen auch zunehmend abhängig von der immerwährenden Flut von Informationen und äußeren Sinneseindrücken, sodass sie auch nicht mehr durch innere Einkehr oder die Begegnung mit der Natur den Weg aus der Psychose herausfinden. Die Sucht nach der nächsten Information, die als vermeintliche Angstbewältigung daherkommt, treibt die Menschen tiefer und tiefer in die Psychose hinein.

Ich schlage Dir zum Schluss dieses Kapitels ein kleines Gedankenexperiment vor: Begib Dich in Deiner Vorstellung in eine Psychiatrie, in die geschlossene Abteilung, da, wo Leute aufgehoben werden, die entweder für sich selbst und/oder für andere eine Gefahr sind. Dort schnappst Du Dir den erstbesten Patienten und versuchst ihm zu erklären, dass er geistesgestört ist. Leg ihm dazu 25 Argumente vor, die das zweifelsfrei beweisen. Ganz sicher wird er Deine Darstellung nicht akzeptieren – sein inneres System hat diverse Firewalls, mit denen er in seinem Wahn die Außenwelt entweder komplett oder im Sinne seiner Wahnvorstellungen umdeutet, sodass es für ihn wieder passt. Ganz schnell wirst Du selber auch zu einem Monster, das ihm nach dem Leben trachtet. Die Tatsache, dass Du ihn davon überzeugen willst, dass er geistig krank ist, ist sein Beweis dafür.

Massenformation

Massenpsychosen sind gar nicht so selten, wie viele Menschen glauben, und sie sind auch lange nicht so weitreichend, dass sie zwangsläufig in totalitären Strukturen enden. Massenpsychosen erklären vieles, aber es gibt dann noch die wenigen – eher singulären – Ereignisse in der Menschheitsgeschichte, die weit darüber hinausgehen: Dazu gehört die Nazizeit, die Stalinzeit in der Sowjetunion und die Kulturrevolution in China. Diese Form der Massenpsychose wird Massenformation genannt.

Massenformationen sind tiefer und weitreichender und sie bewirken, dass eine gesamte Bevölkerung im blinden Gehorsam einer Elite hinterherläuft, die sie todsicher ins Verderben führt. Zu diesem Thema hat der belgische Psychologieprofessor Matthias Desmet[16] von der Universität Gent geforscht und seine Erkenntnisse im Zusammenhang mit der Corona-Situation dem Publikum präsentiert. Da ich die Zusammenhänge der Massenpsychose bereits erklärt habe, reicht es aus meiner Sicht aus, wenn ich hier lediglich noch die Besonderheiten der Massenformation hervorhebe. Diese sind geknüpft an

---

16 Ich empfehle dazu sein Interview im Corona-Untersuchungsausschuss und das Interview im Rahmen der Künstleraktion „Allesaufdentisch".

vier Voraussetzungen, die erfüllt sein müssen, damit aus einer Massenpsychose eine Massenformation wird. Es handelt sich dabei um folgende Voraussetzungen:

- starke soziale Isolation

- Abwesenheit von Sinn im Leben

- unterschwellig brodelnde Ängste und Sorgen

- unterschwellig brodelnde Unzufriedenheit

Isolation ist als Phänomen in unserer Gesellschaft schon länger ein Problem. Immer mehr Menschen leben in Single-Haushalten, immer mehr Ehen werden geschieden und Partnerschaften gehen auseinander. Menschen vereinsamen auch zunehmend, das hat lange vor Corona angefangen. Die Bindungsfähigkeit lässt allgemein nach und an die Stelle von echten Beziehungen zu anderen Menschen kommen unechte Beziehungen über die sozialen Medien, die nur eine Illusion von Beziehung und Gemeinschaft suggerieren.

Diese Voraussetzung ist also schon mal erfüllt, damit eine Massenformation auftritt. Tiefe, echte und stabile Beziehungen in einer echten Gemeinschaft helfen Menschen auch in schwierigen Krisen als Ressource zur Problembewältigung. Genau diese Ressource ist bei vielen Menschen schon seit einiger Zeit nicht mehr vorhanden und wurde durch das „Social Distancing" verstärkt.

Aber gerade echte und verbindende Beziehungen sind für Menschen nicht nur überlebenswichtig, sondern sie sind auch eine der Hauptquellen für Resilienz gegen Angst machende Massenpropaganda.

Wenn es in den letzten 20 Jahren ein verbindendes Merkmal der westlichen Gesellschaften gibt, dann ist das die **Abwesenheit jeden Sinns im Leben**. Über die letzten 250 Jahre hat die sogenannte Wissenschaft die Religion ersetzt und ist an deren Stelle getreten. Eine rein auf Materialismus basierende Kultur ist entstanden, in der jede Suche nach Sinn oder nach Glück als esoterischer Unsinn abgewertet wurde. In einer Kultur der Wissenschaft gibt es auch keinen alles durchdringenden Geist mehr im Universum und der Tod bedeutet damit zwangsläufig das Ende von allem.

Wenn in eine solche sinnentleerte Gesellschaft nun eine derartig inszenierte Massenpanik trifft, dann ist deren Auswirkung um so stärker und begünstigt eine Massenformation enorm. 80% der arbeitenden Menschen sind mit ihrem Job unzufrieden, weil er völlig sinnlos ist. In dem Zusammenhang hat sich das Wort Bullshit-Jobs etabliert. Seit Jahren steigende Zahlen von Burnout künden auch davon, dass die psychisch bedingten Erkrankungen in Unternehmen durch die Decke gehen. Als Gegenbewegung dazu lässt sich die steigende Zahl von Menschen beobachten, die ihr Heil z.B. in fremden Religionen wie dem Buddhismus suchen.

Wie ich bereits angedeutet habe, gehören wir Deutschen zu den ängstlichsten Völkern der Welt. Im englischsprachigen Raum gibt es dafür einen feststehenden Ausdruck, der heißt **German Angst**. Hinzu kommt, dass in den vergangenen Jahren einige existenzielle Ängste hinzu gekommen sind, teilweise medial geschürt, wie z.B. Angst vor Klimaerwärmung, Angst vor Rechtsradikalen, Angst vor Terrorismus, wie auch eine systembedingte Angst vor sozialem Abstieg.

Eine Gesellschaft mit einer spirituellen Orientierung, die den Tod als natürlichen Bestandteil des Lebens betrachtet, kann ein vermeintlich tödliches Virus nicht so sehr ängstigen – das siehst Du z.B. in Indien. Nur da, wo bereits latent oder manifest Ängste vorherrschen, kann Angst und Panik vor Corona eine Wirkung entfalten, die das Potential zu einer Massenformation hat.

Eine Kultur des Gegeneinander, des Anhäufens von Statussymbolen, des Konsums mit all seinen Folgen wird niemals wirklich zufrieden machen und erzeugt eine dauerhafte **schwelende Unzufriedenheit** – und das gibt den Menschen den Rest. Unzählige Umfragen haben gezeigt, wie unzufrieden die Menschen bereits vor Corona mit ihrem Leben waren. Wir können also feststellen, dass alle Faktoren erfüllt sind und somit wahrscheinlich eine Massenformation stattfindet, die durchaus vergleichbar ist mit der NS-Zeit, obwohl das viele Menschen weit von sich weisen würden. Kein Wunder: Es würde ihre kognitive Dissonanz ins Unermessliche steigern, wenn sie sich eingestehen müssten, dass sie Teil einer inszenierten Krise sind, die Millionen von Menschenleben kostet, und sie selbst ein Mitläufer dieses Systems sind. Aber - kognitive Dissonanz? Werfen wir mal einen Blick darauf.

Kognitive Dissonanz

Wir haben uns im Zusammenhang mit Kommunikationsmythen schon Einstellungen und Überzeugungen angesehen und haben in Erinnerung, dass Überzeugungen emotional und tief im Gehirn verdrahtet sind. Wir haben auch schon den Begriff der Kohärenz kennengelernt. Kognitive Dissonanz ist nun eine besondere Form der Inkohärenz, wenn nämlich Informationen, die die intellektuelle Ebene betreffen, nicht zu den Überzeugungen passen, die auf der emotionalen Ebene für die Person relevant sind. Wenn also eine Information kommt, die gegen eine gespeicherte Überzeugung verstößt, entsteht im Gehirn ein Zustand der inneren Spannung, der kognitiven Dissonanz. Dissonanz heißt Missklang, kognitiv heißt gedanklich – ein gedanklicher Missklang, also: Es passt im Hirn nicht mehr.

Ein einfaches Alltagsbeispiel: Du hast gerade einen neuen Wagen gekauft, ein Elektrofahrzeug. Du hältst Dich für umweltbewusst und vernünftig und Du hast gelernt, dass ein E-Auto der Gipfel der Umweltfreundlichkeit ist. Glücklich und zufrieden mit Dir selbst steigst Du jeden Morgen in Deinen Tesla und fährst zur Arbeit. Überall wird Dir auch bestätigt, wie richtig Du damit liegst – der Staat schenkt Dir Geld beim Kaufpreis dazu, überall sind die Parkplätze für E-Autos privilegiert, im Fernsehen und im Alltag siehst Du auch überall mehr und mehr von den Dingern herumfahren. So verkehrt kann das gar nicht sein, denkst Du Dir also, wenn alle mitmachen. Nun kommt aber jemand und erzählt Dir, dass Du mit der Karre mehr Kilometer fahren musst, als das Ding überhaupt Haltbarkeit hat, damit sich die Differenz zwischen einem E-Auto und einem modernen Diesel tatsächlich rechnet. Dann erzählt derjenige Dir auch noch von Kinderarbeit in Schwellenländern, um z.B. Kobalt oder Lithium zu fördern, das in den Batterien verbaut wird - das willst Du sicher nicht wahrhaben und ignorierst die Informationen und kämpfst dagegen an. Es darf niemand Dein inneres Gleichgewicht durcheinanderbringen: Du als umweltbewusster, vernünftiger Autofahrer fährst ein umweltfreundliches und nachhaltiges Auto und bist deshalb zufrieden mit Dir selbst. Es kann nicht sein, ja, es darf nicht sein, dass hier am Selbstbild gekratzt wird und Du Dich hast verarschen lassen und dass an diesem Wunderwerk der Technik gekratzt wird.

Das ist kognitive Dissonanz. Das tut richtig weh. Genauso wie es undenkbar und unmöglich ist zu empfinden, dass der Lebenspartner, für den man sich entschieden hat, gewalttätig ist, oder die Regierung, die man gewählt hat, nicht etwa das Beste für die Bevölkerung will, sondern das glatte Gegenteil. Bei schwerwiegenden kognitiven Dissonanzen verhindern diese auch den möglichen Heilungsprozess, wenn sich Kinder nicht von ihren missbräuchlichen Eltern oder Frauen nicht von ihren gewalttätigen Partnern lösen können – fast wie beim Stockholm-Syndrom.

Kognitive Dissonanz drückt sich z.B. in Scham aus. Es ist die Unfähigkeit, damit zu leben, dass der Mensch getäuscht wurde oder sich getäuscht hat. Denn Scham ist das wohl furchtbarste Gefühl für Menschen, und die Angst vor Scham ist sogar größer als die Angst vor dem Tod. Daher führt sie unweigerlich zu Schamvermeidungsprogrammen im Hirn, und diese Schamvermeidungsprogramme sind vielfältig und vor allem mächtig. Aggression und vermeintlicher Gegenangriff sind z.B. solche Programme.

In der Corona-Situation haben wir es mit einer handfesten kognitiven Dissonanz zu tun. Der Staat oder die Regierung sind für viele Menschen auch ein Ersatz für die Eltern. Das wird besonders mit einem Blick auf die Denunzianten deutlich. Sie lösen ihre Probleme nicht wie ein Erwachsener, der zu den Betroffenen geht, um direkt mit ihnen zu reden, sondern sie suchen eine höhere Autorität um Hilfe an: „Hallo! Ist da die Polizei? Hier steht jemand vor dem Haus im Halteverbot. Können Sie mal vorbeikommen und den dazu bringen wegzufahren?" etc.

Solche Menschen haben eine ganze Kaskade von Annahmen über Autoritäten, die ihren Annahmen über die Eltern aufs Haar gleichen. Dazu gehört z.B.: „Unsere Regierung will immer nur unser Bestes", „Unserer Regierung liegt etwas an uns (sie liebt uns)", „Nachrichten wollen uns immer bestens informieren", „Nachrichten sind immer wahr", etc. Diese Überzeugungen sind, wie wir gelernt haben, emotional tief im Hirn verankert und an das identifizierte Selbstbild gekoppelt. Hier gilt also genauso: „Es kann nicht sein, was nicht sein darf". Es ist für diese Menschen schwer genug zu akzeptieren, dass ihre Regierung[17] schlichtweg himmelschreiend inkompetent oder vielleicht sogar einfach nur vollkommen verblödet ist. Es ist für diese Menschen aber unvorstellbar und vor allem undenkbar, dass eine Regierung auch ganz andere Pläne verfolgen könnte, wie z.B. ihre Macht und Kontrolle auszuweiten oder sogar dabei zu helfen, den ganzen Planeten unter die Kontrolle einer Elite zu bringen. Würden sie akzeptieren, dass die vermeintlichen Informationen in den öffentlich-rechtlichen Medien nicht korrekt sind, würde sofort ihr inneres Kartenhaus einstürzen, was wiederum Scham auslösen würde - und den Rest kennen wir. Es ist diesen Menschen nicht möglich, andere Informationen aufzunehmen als diejenigen, an die sie gewöhnt sind, weil die Schamverhinderungsprogramme diese wie der Türsteher oder eine Firewall gar nicht durchlassen.

Was in solchen Momenten meist passiert, sind verbale oder geistige Fluchtreaktionen. Diese können sein:

physische Flucht (weggehen)

- Flucht in den Kopf (intellektualisieren, allgemeine Diskussionen auf der Inhaltsebene)

- Fragen nach Motiven

- gespiegelte Gegenfragen

- Aggression/Gegenangriff

- Themenwechsel

17   Dazu empfehle ich den Film: Idiocracy

All diese Strategien bieten Chancen zur Kommunikation und sind im Grunde ein gutes Zeichen - nur nutzen die Wenigsten auf unserer Seite diese Momente. Die verschiedenen Strategien, die ich im dritten Teil darstellen werde, bieten Dir hoffentlich in Zukunft viele Möglichkeiten, diese Chancen zu nutzen.

Warum habe ich Dir jetzt all diese psychologischen Hintergründe der Corona-Situation erläutert? Zunächst, um Dir zu zeigen, warum es vollständig sinnlos ist, Diskussionen auf der Inhaltsebene zu führen. Du kannst mit geisteskranken Menschen keine Diskussionen mit Fokus auf die Sachebene führen, weil sie Wahnvorstellungen haben. Lass es einfach sein und konzentriere Dich auf die Ebenen oder Bereiche, in denen Du aus meiner Sicht noch etwas erreichen kannst. Das ist zum einen die Ebene der Beziehung, die Du zu den Menschen in Deiner Nähe hast. Bei den anderen, den Mitläufern und auch den Fanatikern, hilft zunächst einmal nichts.

Die Therapeutin Meredith Miller hat im Corona-Ausschuss Nr. 78 zu diesem Thema referiert und ihre Bilanz ist sehr ernüchternd. Sie sagt, dass es zunächst einmal nichts gibt, was dabei hilft, die kognitive Dissonanz zu durchbrechen – und das fühlt sich vermutlich an wie ein Tiefschlag. Doch gleichzeitig sagt sie auch, dass Menschen durch ein Schockerlebnis aus dieser Falle entkommen können. Daher können wir einfach auf den Schock durch den unweigerlichen Veränderungsprozess warten, den ich schon angesprochen habe - oder wir können die kognitive Dissonanz durch emotionale Konfrontation oder gezielte Provokation so weit steigern, dass es die Betroffenen fast wahnsinnig macht und sie aus der Wahnvorstellung rauswirft – das erläutere ich ausführlich im dritten Teil des Buches. Dazu musst Du aber mutig sein und üben, damit das erfolgreich funktioniert, und es braucht auf Deiner Seite noch ein paar wichtige Voraussetzungen zum erfolgreichen Miteinanderreden. Darum geht es im nächsten Teil.

II Voraussetzungen des Miteinander-Redens

II Voraussetzungen des Miteinander-Redens

Wir brauchen eine vollkommen neue Dialogkultur, um wertschätzend miteinander zu reden, denn leider ist wertschätzender Umgang den meisten Menschen völlig fremd. Ein Dialog ist kein Wettkampf und kein Duell - er beinhaltet keine Ebene, auf der Einer gewinnt und ein Anderer verliert, sondern der Dialog ist die sprachliche Form des echten Miteinanders. Selbst viele der von Maßnahmengegnern geschätzten Promis auf Youtube leben immer noch in einer Welt, in der sie glauben, miteinander zu reden wäre eine Art Wettkampf. So wird das nichts - auch auf „unserer Seite" müssen die meisten noch lernen, was Miteinander-Reden eigentlich bedeutet und wie das geht. Denn erst, wenn Du wirklich verstanden und verinnerlicht hast, was ein echter Dialog ist, kannst Du auch Gespräche führen, bei denen etwas tatsächlich Sinnvolles und Neues herauskommt.

7. Dialog ist kein Duell

Ich beobachte schon seit langer Zeit ein Phänomen in unserer vorherrschenden Dialogkultur - hierzulande und an einer Menge anderer Orte: Das Diskussionsduell. Für eine Menge Menschen scheint Miteinander Reden zu bedeuten, sich gegenseitig mit Argumenten vollzutexten und dann darauf zu hoffen, dass es am Ende so etwas wie einen Sieger gibt. Was für eine bizarre Vorstellung – und sie hat sich mit Corona auch noch verschärft.

Interessanterweise teilen aber sehr viele Menschen diese Vorstellung und glauben, es ginge in einem Dialog darum, Argumente gegeneinander zu diskutieren und dann irgendwann das eine entscheidende Argument zu bringen, das den Gegner fertig macht. Das ist dann der verbale KO-Schlag, den der andere nicht mehr erwidern kann. Dann ist die Diskussion quasi „gewonnen". Wirklich?

Wann hat denn überhaupt schon einmal jemand eine Diskussion gewonnen? Auch darüber gibt es wirklich absurde Vorstellungen. Z.B. glauben Menschen, dass derjenige gewonnen hat, der am meisten Applaus bekommt - Stefan Raab hat diese Art der Siegerermittlung mal eine Zeit lang versucht und nach der Talkshow dazu das Publikum befragt. Manche meinen auch, es habe derjenige gewonnen, der die besten Zoten gerissen und die meisten Lacher kassiert hat. Das sind dann Leute, die in Diskussionen selbst sehr pointenorientiert reden und versuchen, billige Lacher auf Kosten von anderen zu produzieren. Es gibt auch Menschen, die meinen, es habe derjenige gewonnen, der den anderen überzeugt. Das könnten wir genauer anschauen - aber auch hier werden wir uns schon kaum darüber einigen können, was „Überzeugen" eigentlich heißt. Bei Verkäufern ist diese Einteilung aber ziemlich einfach und lautet: Es gibt Kunden, die wollen auf keinen Fall etwas kaufen - die kannst Du nicht überzeugen. Es gibt Kunden, die wollen auf jeden Fall kaufen, die zu überzeugen ist keine Kunst – das kann jeder. Dann bleibt noch die Gruppe der Unentschlossenen und ein guter Verkäufer fokussiert sich auf genau diese. Können wir dieses Verkäufermodell vielleicht auf inhaltliche Diskussionen, z.B. um das Coronathema übertragen? Nur bedingt, denn bei Themen wie Corona ist die Gruppe der Unentschlossenen nur sehr klein. Das Thema ist durch mediale

Panik und Propaganda schon weitestgehend emotional besetzt – die Menschen wurden dadurch förmlich gezwungen, eine von beiden Seiten einzunehmen. Tatsächlich entscheidet sich das Hirn bei solchen Themen schon sehr früh für eine Perspektive und sucht ab diesem Zeitpunkt lediglich noch nach Bestätigung für die eigenen Vorannahmen. Das heißt auch, dass alles ausgeblendet wird, was dann nicht mehr ins schon fertige Bild passt.

Wer kann also von sich behaupten, dass er in den vergangenen 15 Monaten wirklich jemanden überzeugt hat? Ich meine: wirklich überzeugt und ganz im Sinne des Wortes, dass man sagen kann, man hat jemanden gedreht oder jemanden auf die andere Seite gezogen oder tatsächlich jemanden umgestimmt etc. Wer hatte es schon mal mit einem extremen Maßnahmenbefürworter (z.B. einem Zero-Covid-Anhänger) zu tun und hat diesen wirklich komplett davon überzeugt, dass die ganze Pandemie ein Schwindel ist? Wenn überhaupt, gibt es vermutlich nicht viele, die das von sich sagen können.

Es ist für mich daher immer wieder faszinierend, wie Menschen die Erkenntnisse aus 25 Jahren moderner Hirnforschung und moderner Psychologie einfach verdrängen, ignorieren und verleugnen. Denn im Grunde kann man sagen, hat auf diesem Planeten noch nie irgendein Argument auch nur einen einzigen Menschen überzeugt. Gut – das ist wohl etwas zugespitzt formuliert, aber so in etwa funktionieren das Gehirn und die Psyche. Das habe ich auch in den vorigen Kapiteln schon sehr ausführlich dargestellt.

Georg Lind (gestorben 2021) war ein außerordentlicher Professor für Psychologie an der Universität von Konstanz und hat sich mit den Themen Demokratie und Moralkompetenz beschäftigt. Ein Ergebnis seiner Studien ist, dass etwa 80%

unserer Bevölkerung keine ausreichende Moralkompetenz besitzen, um wirklich demokratiefähig zu sein. Seit der Corona-Situation erfreut sich die Arbeit von Prof. Georg Lind steigender Beliebtheit unter Maßnahmengegnern. Ich mag seine Arbeit, vor allem die Forschung um das, was er Moralkompetenz nennt. Ich sehe allerdings weniger einen Mangel an Moralkompetenz, sondern eher an elementaren Sozialkompetenzen wie Empathie, Konfliktfähigkeit, Kritikfähigkeit, Kommunikationsfähigkeit, etc. – aber sei's drum.

Ich hatte Anfang 2021 noch das Vergnügen, an einer Veranstaltung mit ihm teilzunehmen, bei der das Thema „Diskutieren" bearbeitet wurde. Dazu wurde zunächst eine Situation geschildert, in der jemand aus einem Dilemma heraus eine Entscheidung getroffen hatte. Die einzelnen Teilnehmer sollten zu dieser Entscheidung eine eigene Position beziehen und sich dabei einer Seite zuordnen: „Dafür", oder „Dagegen". Dann wurde zwischen diesen beiden Seiten eine halbe Stunde lang diskutiert – dazu wurden zwei einfache Regeln vorgegeben und am Ende wurde geprüft, ob sich dadurch etwas an der Verteilung von Dafür und Dagegen getan hatte. Soweit der theoretische Versuchsaufbau: In unserer Veranstaltung waren ca. 25 Personen, von denen 5 oder 6 für die Entscheidung gestimmt haben (es ging konkret um eine Richterentscheidung), 2 enthielten sich und die restlichen waren alle dagegen. Nach der Diskussion hatte sich tatsächlich etwas geändert: eine Unentschiedene war nun dafür und eine Person hatte die Seiten von Dafür zu Dagegen gewechselt.

Besser kann man wirklich nicht demonstrieren, wie sinnbefreit und nutzlos das reine Diskutieren ist. Denn dabei wird niemand überzeugt. Die Teilnehmerin, die tatsächlich die

Seiten gewechselt hatte, tat das aufgrund meiner sehr emotionalen Darstellung der Konsequenzen für den Betroffenen. Das hat mit einer echten Entscheidung und Überzeugung aber nichts zu tun. Ich fasse zusammen: Mehr als eine halbe Stunde Diskussion auf der Inhaltsebene, und am Ende hat ein Mensch seine Position verändert - und das nicht einmal durch ein Argument.

Viel interessanter ist diese ganze Übung, wenn man nicht das erbärmliche Ergebnis betrachtet, sondern, was diese Diskussion mit den Teilnehmern gemacht hat. Denn zunächst einmal haben die meisten tatsächlich geglaubt, sie würden sachlich miteinander reden, obwohl das vermeintliche Argument meist etwas war wie: „Wenn ich mir vorstelle, das würde meine Familie betreffen..." – das ist mal definitiv kein „sachliches" Argument! Niemand hat sachlich miteinander geredet, aber die Teilnehmer waren dennoch fest davon überzeugt.

Noch bezeichnender war, dass es auch plötzlich zu einem „wir gegen die" gekommen ist, ohne dass es die Teilnehmer überhaupt bemerkten. Von den 25 Teilnehmern waren tags zuvor 15 in einem Kommunikationsworkshop bei mir gewesen, in dem es um echten Dialog und Begegnung miteinander ging. In unserer Gruppe war dabei eine wunderbare, harmonische Stimmung entstanden und alle fühlten sich verbunden. Tags darauf im Diskussionsworkshop aber waren dieselben Leute überhaupt nicht mehr verbunden, sondern waren in der Diskussionsübung sogar kurz mal richtig sauer aufeinander – obwohl sie sich tags zuvor noch in den Armen gelegen hatten. Dieses Erfahrungsbeispiel zeigt ganz deutlich: Diskutieren verbindet nicht, sondern es spaltet. Diskutieren ist einfach nicht dafür gemacht, miteinander in Verbindung zu treten, sondern es bewirkt einen deutlichen Abstand voneinander.

Der Duden schreibt über die Bedeutung der Vorsilbe „Dis"
im Deutschen: „vorangestelltes Wortbildungselement in Zu-
sammensetzungen mit Fremdwörtern aus dem Lateinischen
in der Bedeutung: verneinend, negativ belegend". Was also
soll dabei herauskommen, wenn beim „dis-kutieren", das ver-
neinende, Negative bereits im Wort enthalten ist, das diesen
Prozess beschreibt? Denn was passiert eigentlich während
einer Diskussion? Zwei (oder mehr) Personen halten wech-
selweise Monologe, in denen sie nur ganz bedingt auf das eingehen, was der andere zuvor gesagt hat. In den meisten Fällen
hören die Diskutanten gar nicht wirklich zu, sondern feilen,
während der andere redet, bereits an ihren nächsten Mono-
logen, die bestenfalls Stichworte des Anderen aufnehmen.
Das ist die Art von Diskussionskultur, die wir kennen und die
wir praktizieren. Ein Wettstreit, den am Ende niemand gewinnen kann, obwohl hinterher fast alle überzeugt sind, sie seien
die Gewinner, zumindest moralisch. Niemand scheint zu bemerken, dass es bei diesem Vorgehen ausschließlich Verlierer
gibt. Solange noch immer so viele Menschen davon überzeugt
sind, dass Miteinander-reden bedeutet, gegen jemanden zu
diskutieren, und sie dabei das Ziel verfolgen, gegen den anderen zu gewinnen – solange werden wir keine neue Welt er-
schaffen, sondern nur die nächste Version der Hölle instal-
lieren. Wir werden andere Menschen weiterhin totquatschen,
volltexten und uns wundern, dass die anderen so frustriert
sind, weil sie sich einfach nicht gesehen fühlen. Wir werden
auch weiter versuchen, Pointen zu landen und billige Lacher
zu kassieren, und uns dabei selber vormachen, wir wären gute
Diskutanten.

8. Was macht einen echten Dialog aus?

Der Anfang eines echten Dialogs liegt zunächst in der eigenen inneren Haltung, in der die andere Person weder krank, noch geistesgestört, noch verblendet, noch blöd oder sonst was in dieser Richtung ist. Das ist allerdings ein Ding, das für viele schwer zu akzeptieren ist. <u>Aber alles andere ist keine Augenhöhe</u> - und ohne die Augenhöhe der jeweiligen Personen gibt es keinen Dialog. Auf Augenhöhe hat der Andere immer legitime Gründe, so zu denken, zu fühlen und zu handeln, wie er es tut, ohne dass ich ihn davon überzeugen muss, dass er falsch liegt.

Weiter hat ein echter Dialog nicht das Ziel, den anderen zu überzeugen, sondern er hat stattdessen das Ziel, Verbindung aufzunehmen, etwas über den anderen zu erfahren und ihn zu verstehen. Mitgefühl oder Empathie sind dabei extrem hilfreich.

Im konkreten Tun bedeutet das, im Dialog präsent zu sein, also fokussiert auf das Gegenüber. Das ist in der Regel auch körpersprachlich zu sehen durch Blickkontakt und Zugewandtheit. Darüber hinaus ist auch der eigene innere Dialog ausgeschaltet – also es findet eben kein Nachdenken statt über das, was Du gleich sagen wirst. Es geht beim echten Dialog ganz um den anderen, ganz so, als ob er gerade im Scheinwerferlicht steht. Am besten wird das Gesagte auch noch einmal reflektiert (zurückgespiegelt), um sich die Sicherheit abzuholen, den anderen auch wirklich verstanden zu haben. In einem echten Dialog werden viele Fragen gestellt. Da wo Sätze jedoch mit: „Ja, aber" beginnen, sind es keine Fragen und so gibt es auch keinen Dialog.

Ein echter Dialog kann auch gut damit leben, dass alle Parteien die Dinge vollkommen anders sehen und äußern. Es gibt keine Empörung und keine Pointen auf Kosten der anderen Partei - und ganz am Ende geht es auch nicht darum, dass einer gewinnt, sondern alle. Entweder gewinnen alle oder alle verlieren. Alles andere ist kein echter Dialog.

Haltung

Ich habe Anfangs schon erwähnt, dass die innere Haltung für das erfolgreiche Miteinander-Reden meiner Ansicht nach absolut wesentlich ist. Ich gehe sogar so weit zu sagen, dass die Haltung 80% der Kommunikation ausmacht. Lass mich Dir an dieser Stelle also ein paar Worte mitgeben dazu, wie Haltung entsteht und wie sie verändert wird. Laut Hirnforschung[18] entsteht die Haltung im Frontallappen des Gehirns, als Ergebnis davon, dass ähnliche bis gleiche Erfahrungen in einem jeweils ähnlichen oder gleichen Kontext gemacht werden. Wenn jemand also fortwährend von anderen abgelehnt wird, kann es sein, dass sich in seinem Hirn der Gedanke und die Haltung festsetzt, nicht liebenswert zu sein, und daher wird derjenige auch in anderen Menschen vornehmlich Gegner oder Feinde sehen.

Haltung entsteht darüber hinaus auch durch Übung – und damit kann sie verändert werden. Natürlich braucht es für eine Veränderung der eigenen Haltung eine deutliche Initialzündung, dadurch ist aber noch lange keine Haltung dauerhaft verändert.

Damit Du eine Idee davon bekommst, was ich mit Haltung meine und was Du zur Reflexion Deiner Haltung tun kannst, gibt es dieses Kapitel. Wenn meine folgenden Einladungen für Dich aber nur eine Aneinanderreihung von Techniken sind,

---

18 Nochmal ein Verweis auf Gerald Hüther zur Hirnforschung – wirklich tolle Vorträge.

dann wird das Ergebnis Deiner Kommunikation in Bezug auf Deine Haltung niemals echt sein - und das merken die anderen schnell. Also lade ich Dich ein, Deine innere Haltung zu reflektieren und gegebenenfalls zu verändern. Mach Dir bewusst, dass die Art von Kommunikation und Dialog, die ich Dir gerne näherbringen will, von der inneren Haltung lebt und eben nicht als Manipulationstechnik funktioniert, mit der Du jemanden dazu bringen kannst zu tun, was Du gerne hättest oder zu glauben, was Du erzählst.

Radikale Ehrlichkeit

Kennst Du die amerikanische Fernsehserie „Lie to me"? Die kam 2008 heraus. Falls nicht, lege ich sie Dir wärmstens ans Herz – Du kannst in drei Büchern über Körpersprache nicht so viel lernen wie in ein paar Folgen dieser Serie. Es geht dabei um eine Firma, in der vier Leute darauf spezialisiert und trainiert sind, kleinste Regungen der Körpersprache, vor allem die sogenannten Mikroausdrücke im Gesicht zu identifizieren und zu deuten, um daran zu erkennen, ob jemand lügt oder nicht. Die vier Mitarbeiter der Firma helfen Ermittlungsbehörden, wie der Polizei oder dem Geheimdienst, Verhöre durchzuführen. Der Hintergrund der Serie ist komplett authentisch und die zentrale Figur der Serie ist angelehnt an Paul Ekman – er ist Psychologieprofessor mit Spezialgebiet Mimik[19]. Auch wenn die Serie fiktiv ist, gibt es etliche Parallelen zum wirklichen Ekman und seinem Wirken.

Einer der Mitarbeiter ist für mich der heimliche Held der Serie, er heißt Loker und ist genauso gut im Lesen von Körpersprache wie die Hauptfigur. Aber er hat ein besonderes Motto und das resultiert aus der Konstellation, in der er ar-

---

19 Paul Ekman hat auch etliche Bücher geschrieben, die ich sehr empfehle.

beitet: Es gibt drei andere Leute im Team, die ebenfalls jede kleinste Regung registrieren und deuten können - das heißt also, er kann diesen drei Personen, mit denen er täglich zu tun hat, nichts vormachen. Also entschließt Loker sich, dass er es einfach gar nicht mehr versucht, irgendetwas zu verbergen oder zu verschleiern. Daraus resultiert eine Haltung, die er als „radikale Ehrlichkeit" bezeichnet. Diese Ehrlichkeit geht sogar so weit, dass er eine neue Mitarbeiterin mit den Worten: „Ich will Sex mit Dir" begrüßt. Warum auch nicht - er weiß genau, dass er bewusst mehr als genügend eindeutiger Signale aussendet, die sie wiederum erkennt und deuten kann. Wozu also lange herumeiern und so tun, als ob nichts wäre?! Die Tatsache, dass er das Offensichtliche in dieser Direktheit ausspricht, macht eine Reaktion viel leichter - sie kann einfach „Nein, danke" sagen und gut ist es.

Radikale Ehrlichkeit. Warum denn nicht? Hast Du Angst, dass Du aneckst? Wo ist das Problem? Hast Du Angst, Freunde zu verlieren? Wo ist in Wirklichkeit das Problem, zu jemandem zu sagen: „Ich habe ein Problem mit Dir"? Lass mich raten: Du willst immer noch nett sein, niemandem auf den Schlips treten, von allen gemocht werden, allen gefallen, etc. Aber wo ist das Problem, zu jemandem zu sagen: „Ich bin wütend", oder „Ich bin traurig", oder „Ich könnte kotzen"? Klar, Du riskierst, dass eine Menge Leute Dir dann sagen: „Wieso greifst Du mich an?". Wenn Du aber lernst zu unterscheiden, welche Gefühle zu Dir gehören und welche nicht, gibt es auch dann kein Problem. Du kannst bei radikaler Ehrlichkeit nur gewinnen. Du gewinnst all die Energie und Aufmerksamkeit, die Du vorher in die Aufrechterhaltung Deiner Fassaden gesteckt hast, für Deine wirklichen Anliegen – und da es für Dich um ein Vielfaches leichter wird, wird Dir das der Rest der Welt auch deutlich ansehen. Was das für Dich bedeuten kann, kannst Du Dir vielleicht jetzt noch nicht vorstellen.

Echte Ehrlichkeit setzt jedoch ein hohes Maß an Selbstreflexion voraus, ein hohes Maß an Präsenz und die Fähigkeit, jeweils auf sich selbst bezogen zu kommunizieren. Die Aussage: „Du Vollidiot, Du bist ja noch zu blöde, deine Schuhe zu binden" ist also gar nicht wirklich ehrlich. Es ist eine Projektion, eine Bewertung, eine Zuschreibung und einiges mehr, was vom Kern der Sache ablenkt: Derjenige, der das sagt, hat ein gehöriges Problem, das aber mit dieser Aussage verschleiert wird.

Mach Dir also vor allem klar, dass Fassaden in Wirklichkeit gar nicht funktionieren. Auch wenn viele Menschen nicht wirklich gut darin sind, Körpersprache zu identifizieren und zu deuten – ein kleines Gespür oder eine schwache Intuition haben die meisten Leute allemal. Du kannst sehr viel weniger verbergen, als Du vielleicht vermutest – und ich beobachte seit einigen Jahren, dass die Seismografen für Authentizität immer feiner werden und Viele zunehmend ein Gespür dafür entwickeln, was echt ist und was nicht. Dazu musst Du noch längst kein Experte für Körpersprache werden. Geh also, geh raus, stürze Dich ins Gewühl und mach vor allem Erfahrungen. Am wichtigsten sind die Erfahrungen mit Dir selbst.

Achtsamkeit – tägliche Übung

Mir geht es in Bezug auf Kommunikation um Selbstermächtigung, also nicht um Definitionen und Wortbedeutungen und schon gar nicht um Genderkram! Eine schöne Perspektive auf den Aspekt der Selbstermächtigung durch Sprache und Haltung findest Du im Talmud. Dort heißt es:

Achte auf Deine Gedanken, denn sie werden Worte.

Achte auf Deine Worte, denn sie werden Handlungen.
Achte auf Deine Handlungen, denn sie werden Gewohnheiten.
Achte auf Deine Gewohnheiten, denn sie werden Dein Charakter.
Achte auf Deinen Charakter, denn er wird Dein Schicksal.

Achtsamkeit kann Dir als tägliche Übung enorm dabei helfen, bei der Veränderungsarbeit an Deiner Haltung weiterzukommen. Die Hirnforscher haben schon vor vielen Jahren festgestellt, dass Meditation ein Hirn stark verändern kann – ja sogar dazu führt, dass sich das Gehirn selbst komplett umbaut. Wenn Du also auch Lust hast zu meditieren, dann tu es! Meditieren[20] ist sicher eine der genialsten „Erfindungen" - das alles braucht aber bewusste Entscheidungen und auch die entsprechende Zeit. Niemand von uns ist der Dalai Lama, und daher ist in unserem Leben auch kein Raum für vier bis sechs Stunden Meditation am Tag – aber das muss auch gar nicht sein. Es reichen ein paar Minuten am Tag und vor allem das wirkliche „Achtsam-mit-sich-selbst-Sein". Der nächste Schritt im Veränderungsprozess ist es dann zu lernen, dass es Höhen und Tiefen gibt, Phasen in High-Speed und Phasen, die Dir wie in Zeitlupe vorkommen. Wichtig ist, dass Du dranbleibst und es als Aufgabe betrachtest, täglich auf Dich selbst achtzugeben. Was Du denkst, was Du fühlst und wie Du handelst. Deine eigenen Muster und Gewohnheiten hast Du schon seit so langer Zeit und sie wurden täglich trainiert – was glaubst Du, wie lange es dauern wird, bis Du halbwegs Licht am Ende des Tunnels siehst, diese Dinge zu verändern? Veränderungen anzustoßen kann zwar recht schnell gehen, aber erwarte nicht, dass eine dauerhafte, nachhaltige Verän-

---

20 Es gibt tolle Möglichkeiten, Meditation zu erlernen. Auch hier kannst Du ohne Probleme bei YouTube anfangen, um auf die Suche zu gehen. Speziell für die Achtsamkeit gibt es natürlich auch Achtsamkeitsmeditationen.

derung innerhalb von drei Tagen über die Bühne geht. Im Sinne des Talmuds rate ich Dir also: Hör Dir selbst zu, wenn Du redest, schau Dir selbst zu, wenn Du handelst!

Bewertungen reduzieren

Wenn es auf diesem Planeten etwas gibt, das ursächlich hinter dem ganzen Wahnsinn steht, den Du Dir täglich in den Nachrichten anschauen darfst, dann sind es Bewertungen und Beurteilungen. Eine Bewertung bedeutet, den Dingen Eigenschaften zuzuordnen und sie mit den Worten „ist" oder „sind" geradezu in Stein zu meißeln.

Bewertungen schneiden Dich mental nicht nur von Dir selbst, sondern auch von Deinen Mitmenschen ab. Bewertungen lenken Deinen Fokus jeweils weg von dem, was tatsächlich ist, hin zu dem, was sein soll - und Deine Perspektive zielt durch die Bewertung in den meisten Fällen auch darauf, dass die Dinge eben nicht so sind, wie sie sein sollen. So konditionierst Du Dich selbst darauf, hauptsächlich Negatives zu sehen. Die Bewertungen verhindern dadurch auch, dass sich überhaupt andere Menschen wirklich tief mit Dir verbinden wollen - und damit leidet die Qualität Deiner Beziehungen.

Zu bewerten ist ein gelerntes Programm, das es zu reduzieren gilt. Auch dazu gehört Achtsamkeit und tägliche Übung. Natürlich wirst Du immer wieder bewerten – ich tue das auch. Aber es ist enorm wichtig, dass Du es Dir bewusst machst, und dann korrigiere Dich selbst! Übe es – täglich! Lerne die Dinge zu sehen, wie sie sind, ohne zu bewerten und sage Dir selbst immer wieder: „Es ist, wie es ist"!

Ich weiß, es gibt genügend Leute, die erzählen Dir, dass es neben den oben beschriebenen auch Bewertungen gibt, die Dir weniger schaden oder auch einfach nur Ausdruck sind von: „Gefällt mir" oder „Gefällt mir nicht". Ich kann dem sogar zustimmen. Nur wenn Du schon von Anfang an eine Hintertür einbaust, um immer wieder alte Programme und Gewohnheiten auspacken zu dürfen, dann wirst Du in den Situationen, in denen es wirklich wichtig wäre, kaum die neuen Programme zur Verfügung haben.

Dazu gibt es eine tolle Geschichte von einem König, der seine komplette Armee auf Schiffe verlud, um ein anderes Land zu erobern. Dort angekommen wartete der König zunächst, bis alle Mann von Bord waren - und dann ließ er die komplette Flotte verbrennen! Er ging davon aus, dass seine Leute deutlich motivierter kämpfen würden, jetzt da es kein Zurück mehr gab und sie keine Möglichkeit mehr hatten, flüchten zu können.

So sehe ich es auch mit der Bewertung. Verbrenn Deine Flotte! Mach es ganz oder gar nicht! Setz Dir das Ziel, Bewertung komplett sein zu lassen! Selbst wenn Du es dann nur schaffst, 50% Deiner Bewertungen zu vermeiden, hast Du schon 50% gewonnen. Was glaubst Du aber, wie Deine Quote sein wird, wenn Du Dir dieses Hintertürchen offenstehen lässt? Also mach es Dir zur Aufgabe, die Autobahn namens Bewertung langsam zuwuchern zu lassen, und baue den Feldweg des bewertungsfreien Beobachtens zu einer Straße aus - und dann schau mal, was dabei herauskommt!

Im „Jetzt" leben

Wir wollen also raus aus den gängigen Bewertungen, die auch eine erlernte Unterwürfigkeit erzeugen und hineinkommen in die Selbstbestimmung. Der normale Alltag der meisten Menschen spielt sich aber so ab, dass sie dauerhaft zwischen Gestern und Morgen hin- und herspringen – dummerweise genau die beiden Tage, an denen es überhaupt nichts zu verändern gibt. Menschen schauen auf Gestern, ärgern sich, sind traurig oder enttäuscht, und dann schauen sie in die Zukunft und haben Angst davor, dass das Gleiche wieder passiert. Dann handeln sie aus dieser Angst heraus, treffen dabei meist nachteilige Entscheidungen, über die sie sich danach wiederum ärgern, enttäuscht sind, etc. Es gibt aber nur diesen einen Moment: Jetzt - alles andere sind bloße Gedankenkonstrukte. „Gestern" ist eine Fiktion – das gibt es nicht mehr. Gestern hat zwar irgendwie stattgefunden und ist damit Geschichte, allerdings erinnern wir uns bewusst ja nur an einen winzigen Bruchteil dessen, was wirklich passiert ist. Erinnerungen verändern sich auch nicht, aber was wir erreichen können, ist, den Erinnerungen eine andere Bedeutung zu geben - und dazu stehen uns tatsächlich sehr hilfreiche Werkzeuge zur Verfügung. Das allerdings findet auch einzig und alleine im Jetzt statt.

„Morgen" ist eine noch größere Fiktion - denn Morgen gibt es noch nicht. Dein Leben spielt sich im Jetzt ab und niemand weiß wirklich, ob er dieses Morgen überhaupt erleben wird. Wenn Du Dich darauf konzentrierst, verschwinden viele andere Dinge schlagartig von der Bildfläche. Du ärgerst Dich über irgendetwas von gestern? Konzentriere Dich auf das, was jetzt gerade ist! Du atmest, Du spürst Deinen Herzschlag, Du bist am Leben. Und wenn es Dir jetzt auch noch gelingt, dieses ständige Geplapper in Deinem Hirn auszuschalten, dann bist Du vollkommen im Jetzt angekommen, und dann ist da Stille oder Ruhe oder Frieden oder wie immer Du das nennen magst. Nimm diesen Moment an und mach Dir klar, dass er das Einzige ist, was Du in diesem Leben je bekommen wirst: Das, was jetzt da ist!

Wenn Du vielleicht morgen zwei Millionen Euro im Lotto gewinnst, dann lass das Morgen, wenn es soweit ist, genau in dem Moment ein Geschenk sein. Aber stell Dir mal vor, Du wüsstest, dass Du nur noch eine Woche zu leben hast – das ist jetzt aber hart, nicht wahr? Wieso eigentlich? Irgendwann passiert es, dass jeder von uns sterben wird. Viel wichtiger ist doch die Frage: Wenn Du noch eine Woche zu leben hättest – was würdest Du tun? Fernsehen? Playstation zocken? Selfies machen? Einen Job, der keinen Spaß macht? Anderen Leuten gefallen? Erwartungen erfüllen? Sicher nicht – aber wieso tust Du es dann jetzt? Du hast faktisch keinerlei Ahnung, ob das mit der Woche nicht womöglich komplett real ist. Das Gute am sicheren Bewusstsein der eigenen Sterblichkeit ist, dass plötzlich ein Haufen Dinge, die uns vorher so unglaublich wichtig waren, so richtig scheißegal[21] werden.

Das ist wunderbar. Genau das ist eines der wesentlichen Instrumente, um ins Jetzt zu kommen. Sag einfach mal: „Scheiß drauf!" Damit werden die Dinge weniger wichtig – sie verlieren ihre Bedeutung. Alles, was uns wichtig ist, ist nämlich gleichzeitig auch die Quelle unseres Leids, weil wir uns wieder und wieder darüber aufregen, wenn die Dinge nicht so passieren, wie wir es gerne hätten. Wenn Du das aber loslassen kannst, dann sind nur noch ganz wenige Dinge wichtig, und vor allem entscheidest Du selbst darüber, was Dir wichtig ist, und nicht der Rest der Welt. Also sag einfach: „Scheiß drauf!" - es gibt ja auch noch andere Möglichkeiten für ein entsprechendes Mantra, aber wichtig wäre, dass es ein echt kraftvoller Satz ist, und dass er Dir ein Lächeln ins Gesicht zaubert.

---

21 John C. Parkin hat dieses phantastische Buch geschrieben mit Namen „Fuck it", und es gibt eine wundervolle deutsche Entsprechung für „Fuck it", die heißt „Scheiß drauf". Und jetzt sag Dir selbst einfach mal ein paar Mal hintereinander: „Scheiß drauf" und genieße die Entspannung, die danach durch Deinen Körper fließt!

Entspannst Du Dich jetzt? Schaffst Du es jetzt, Dich mehr und mehr darauf zu konzentrieren, was gerade Jetzt ist? Fühlst Du die Stille in Dir, die Ruhe und die Zufriedenheit? Atme einfach und lass es fließen! Egal, was kommt. Und was auch immer kommt – beobachte es, ohne es zu bewerten, und denk Dir dabei „Schau mal an – es denkt"! Amüsiere Dich darüber und freue Dich, was dieses komische Ego alles so veranstaltet, um Dich immer wieder aus dieser wundervollen Stille rauszuholen! Du darfst gerne denken, was Du willst. Du musst nur nicht alles glauben, was Du denkst.

Selbstermächtigung – wirklich frei sein

Damit habe ich Dir eigentlich schon eine Kurzzusammenfassung einiger wesentlicher Elemente der gewaltfreien Kommunikation[22] nach Marshal Rosenberg gegeben. Im nächsten Kapitel werde ich das noch ausführlich darstellen. Aber ich selbst beschäftige mich seit geraumer Zeit mit der Frage, ob es so etwas wie einen natürlichen Zustand als Mensch gibt: Einen Zustand, in dem all die Konditionierungen unserer Kindheit keine Rolle mehr spielen – einen Zustand, in dem der Rucksack der Sozialisation abgelegt werden kann - einen Zustand, in dem die wesentlichen Traumata aufgelöst sind und in dem wir Menschen unmittelbar mit dem Leben selbst verbunden sind.

Ich selbst bin mittlerweile davon überzeugt, dass es diesen Zustand gibt. Diese Überzeugung speist sich eher aus meinen eigenen Erfahrungen im Zuge der Persönlichkeitsentwicklung als aus wissenschaftlichen Studien oder großen Vordenkern.

---

22 Es gibt mittlerweile etliche Bücher zur gewaltfreien Kommunikation, sowie eine große Menge Videos auf YouTube. Ich lade Dich ein, Dich damit intensiv zu beschäftigen, weil es Dich auf dem Weg zur Selbstermächtigung ordentlich nach vorne katapultiert.

In der Spiritualität wird dieser Zustand als reines Sein beschrieben. Ich bin davon überzeugt, dass alle Menschen sich in diesem Zustand in ihrem Wesenskern gleichen und wir uns dann lediglich noch darin unterscheiden, welche Bedürfnisse bei uns gerade lebendig sind. In diesem Zustand bewerte ich auch nicht, sondern handle aus dem Herzen und im vollen Bewusstsein meiner eigenen und der Würde aller anderen. Ich handle im Einklang mit der Natur, bin authentisch und verbunden mit der Lebendigkeit, Daher ist es in diesem Zustand oder dieser Haltung auch leicht, liebevoll mit sich selbst und mit anderen umzugehen.

Wenn Du mich fragst – ein Mensch, der in dieser Haltung ist, der braucht niemanden, der ihm sagt, was er tun soll, weil dieser Mensch immer das tun wird, was dem Leben an sich dienlich ist. Ein solcher Mensch käme nicht auf die Idee, andere zu unterdrücken und zum Objekt zu machen, und ein solcher Mensch käme genau so wenig auf die Idee, sich selbst zum Objekt zu machen, indem er Anweisungen befolgt und der Herde hinterher rennt.

Niemand sagt aber, dass die Welt dabei nur ein Paradies wäre. Natürlich haben Menschen Konflikte. Die würden sie aber völlig anders lösen. Natürlich ist in einer Gesellschaft auch eine gewisse Organisation erforderlich, damit alle Bedürfnisse befriedigt werden können. Nur wäre dann <u>Selbstorganisation das tragende Prinzip</u> und nicht hierarchische Organisationsstrukturen. Menschen, die komplett in einer Haltung sind, bei der sie mit ihrer Würde verbunden sind, brauchen niemanden, der sie regiert und Regeln aufstellt.

Plato hat die Schwierigkeiten mit Regeln mal so ausgedrückt: Die „guten Leute" brauchen sie nicht, weil sie sich ohnehin so verhalten und die „schlechten Leute" würden sowieso immer einen Weg drumherum finden. Auch in unserer Sprache wird das sehr deutlich durch die beiden Worte „Halt-ung" und „Ver-halten". In beiden Ausdrücken geht es um Halt. Der Fehler ist aber, sich nur auf das Ver-Halten zu konzentrieren (das am Ende der Kette steht), anstatt auf die zugrundeliegende Halt-ung (die am Anfang steht). Wenn die Haltung stimmt, wird das Verhalten auch entsprechend sein. Umgekehrt macht ein bestimmtes Verhalten jedoch noch lange keine Haltung. Wenn das Kind in der Metzgerei ein Stück Wurst bekommt und die Mutter vorwurfsvoll fragt: „Wie sagt das brave Kind?" und das Kind leiert ein: „Dankeschön" heraus - dann stimmt zwar das Verhalten, aber die Haltung, die hinter dem „Danke" steckt, ist lediglich eine reine Pflichterfüllung. Will das ir-gendjemand?

9. Gewaltfreie Kommunikation (GfK)

Ich lerne und praktiziere gewaltfreie Kommunikation seit nunmehr 20 Jahren und habe in den letzten 10 Jahren etli-che Seminare und Workshops dazu abgehalten. Was wäre ich also für ein Kommunikationsheini und wie sollte ich hier von meiner eigenen Haltung sprechen, wenn ich das auslassen würde?! Denn wenn es etwas gibt, das mich selbst auf meinem eigenen Weg inspiriert und weitergebracht hat, dann ist es die Gewaltfreie Kommunikation nach Rosenberg – abgekürzt als GfK.

Marshal Rosenberg ist der „Erfinder" dieser Möglichkeit, eine Sprache zu sprechen, die nicht mehr beurteilt. Ich habe in den bisherigen Kapiteln des Buchs schon häufig Teile davon an-gedeutet, ohne sie jedoch immer zu benennen. Das liegt auch daran, dass ich inzwischen meine eigene Interpretation von

GfK habe – ich behaupte also nicht, dass ich DIE GfK[23] vermittle. Ich will Dir aber einen kleinen Einblick geben, damit Du eine genauere Vorstellung davon bekommst, worum es bei der GfK grundsätzlich geht. Ich konzentriere mich in der folgenden Darstellung also darauf, so nah wie möglich am Original zu bleiben. Dazu gibt es viele Aufzeichnungen von Rosenberg selbst, in denen er erläutert, wie er GfK verstanden haben will – aber natürlich kann ich selbst diese Worte verschieden auslegen.

GfK zu lernen, ist vergleichbar mit einer Fremdsprache - das lernst Du nicht mal eben so, indem Du ein Buch darüber liest, ein oder zwei Videos anschaust und vielleicht mal ein Seminar besuchst. GfK zu lernen und zu praktizieren ist eine lebenslange Aufgabe. Wenn Du Dich aber auf diesen Weg begeben willst - habe Geduld mit Dir und genieße die Veränderung, die Du dabei erlebst!

Die Grundannahmen der GfK

Die GfK beinhaltet zunächst zwei Aspekte: Das eine ist die innere Haltung und das andere ist ein sprachliches Modell mit vier Schritten – also so etwas wie eine Methode. Die Haltung der GfK wird in ein paar Axiomen – also folgenden Grundannahmen - formuliert:

- Menschen hungern nach Einfühlung (Mitgefühl) und Wertschätzung.

- Menschen tun freiwillig und gerne etwas, um dem anderen das Leben zu verschönern, weil sie an Verbindung interessiert sind.

---

23 Dies ist kein GfK-Buch, denn davon gibt es haufenweise (die meisten davon im Junferman-Verlag) und ich empfehle insbesondere die Bücher von Rosenberg selbst.

- Unsere Bedürfnisse sind die Motivation für unsere Handlungen.
- Hinter jeder „wölfischen" Aussage lässt sich das dahinter liegende Gefühl und Bedürfnis heraushören.
- Bedürfnisse sind universell. Alle Menschen haben dieselben Bedürfnisse.
- Jeder Mensch tut immer das Beste, was er kann, um seine Bedürfnisse zu befriedigen.

Diese grundlegenden Annahmen zu diskutieren, macht keinen Sinn, sondern wir nehmen die Aussagen zunächst einmal an und richten uns danach. Unsere Erfahrungen werden im Anschluss zeigen, ob die Axiome Sinn ergeben.

Das ist meiner Ansicht nach ein großer Vorteil der GfK: Sie macht mich unabhängig von Expertenmeinungen, denn ich bin selbst die Referenz – und durch Anwendung und Versuche kann ich selbst herausfinden, ob die Annahmen stimmen und die Methode funktioniert. Die moderne Psychologie und die Hirnforschung bestätigen diese Annahmen der GfK aber auch immer eindeutiger, falls Dir trotzdem eine Expertenmeinung wichtig ist.

Die GfK hat neben der Haltung ein ganz klares Ziel: Verbindung – die entsprechende innere Haltung ist die Voraussetzung, die es Dir überhaupt erst ermöglicht, mit anderen in Verbindung zu treten. In der GfK geht es fast ausschließlich um Verbindung und die Perspektive, dass es in der Kommunikation sinnvoll ist, zunächst die komplette Energie in das Schaffen von Verbindung zu stecken. Halte Dir aber in Erinnerung: Es geht auch dabei immer noch um Selbstbestimmung und/oder Selbstermächtigung! Aber Du wirst Selbstbestimmung nicht erreichen, ohne mit anderen in Kontakt zu treten, denn einige Menschen wirst Du vielleicht brauchen (und sei es nur für ein authentisches Feedback). Also ist es eine verdammt gute Idee, in einer Art zu kommunizieren, die Verbindung schafft.

Der wichtigste Teil zum Aufbau von Verbindung ist es, nicht mehr zu bewerten. Das ist im Sinne von moralischen Werturteilen gemeint, wie: „Das ist gut/schlecht", „Das ist moralisch/unmoralisch", etc. - wenn es also in der Kommunikation eine große Lernaufgabe gibt, dann die, mit dem Bewerten aufzuhören. Das hat eine ganz praktische Ebene: Wenn mich an irgendjemandem etwas stört und ich das einfach so raushaue, kann es sein, dass der andere einen Angriff heraushört oder den Versuch erlebt, ihn runterzumachen. Wenn ich allerdings erst Verbindung herstelle und dann von mir rede, wenn ich also sage, was mich stört – dann habe ich eine realistische Chance, gesehen zu werden.

Im Umgang mit Bewertungen habe ich schon im letzten Kapitel darauf hingewiesen: Es gibt etliche GfK Erfahrene und Trainer, die sagen, dass Bewertung gar kein Problem sei, solange dahinter einfach nur kein moralisches Werturteil steckt. Ich stimme ja auch zu, dass wir alle ständig zumindest bewerten, ob uns etwas gefällt oder nicht. Ich weiß z.B., dass ich in diesem Buch auch so einige Bewertungen geschrieben habe. Dessen bin ich mir bewusst und Du siehst dadurch - auch ich kriege es nicht hin, überhaupt keine Bewertungen mehr zu benutzen. Dennoch halte ich es nicht für sinnvoll, gleich zu Anfang ein Hintertürchen einzubauen auf dem steht: „Lebensdienliche Bewertung – kein Problem".

Das Modell

Die GfK verwendet das bereits erwähnte sprachliche Modell aus vier Schritten, um aus der oben beschriebenen Haltung heraus einen authentischen Selbstausdruck zu finden, der auch ohne Bewertungen noch immer eine entsprechende Klarheit transportiert.

Die vier Schritte sind:

- Beobachtung ohne Beurteilung
- Ausgelöstes Gefühl erkennen und benennen
- Bedürfnis erkennen
- Bitte formulieren

Ich werde Dir jetzt einen kleinen Einblick geben, wie die einzelnen Schritte im Detail funktionieren und was Du mit dem Modell machen kannst.

Beobachtung ohne Beurteilung

Hier geht es darum, Dich nur an das zu halten, was Du beobachten kannst. Hilfreich ist das Bild, sich vorzustellen, ein inneres Foto von etwas zu machen und dieses Foto jemandem zu beschreiben – dann sprichst Du nur von dem, was Du tatsächlich beobachten kannst. Das ist zunächst verdammt schwierig, weil Du nicht gewohnt bist zu beschreiben, ohne auch in Interpretationen zu verfallen. Sobald Du nämlich damit anfängst, dem Beobachteten bestimmte Eigenschaften zu geben oder Haltungen und Befindlichkeiten hineinzuinterpretieren, ist es keine reine Beobachtung mehr. Lass uns das gleich mit einem Beispiel verdeutlichen: Was siehst Du hier?

Siehst Du einen verzweifelt oder gestresst wirkenden Mann am Arbeitsplatz? Dann bist Du immer noch eifrig dabei zu interpretieren und zu bewerten, denn Du kannst in Wirklichkeit gar keine Gefühle von Verzweiflung oder Stress sehen – es sind Deine Interpretationen. Sogar der Arbeitsplatz ist schon interpretiert – die Szene könnte auch irgendwo anders stattfinden. Siehst Du hingegen eine Zeichnung von einem Typen, der den Kopf auf die Hand stützt, dessen eine Hand auf einem Handy oder ähnlichem liegt, der die Stirn gerunzelt hat, nach oben schaut und im Gesicht eine hellere Farbgebung der Zeichnung hat - dann bin ich mit Dir einverstanden und halte das für eine echte Beobachtung.

Bewertungen und Beurteilungen erkennst Du sehr leicht an der Verwendung von **Eigenschaftsworten** – also schön, nett, gemein, unverschämt, gerecht, fair, etc. Aber auch das scheinbare **Gedanken lesen** ist eine Beurteilung: „Du interessierst Dich nicht...", „Du willst mir sagen, dass...", „Du meinst wohl...". Aber Fakt ist: Wir können keine Gedanken lesen.

Also sind diese angeblichen Beschreibungen alles unsere eigenen Gedanken, unsere Interpretationen. Selbst wenn sie stimmen würden – das fördert trotzdem nicht die Verbindung zum Gegenüber. Auch Verallgemeinerung ist eine Bewertung – immer, nie, alle, keiner, jedes Mal, dauernd, häufig, oft, viel, etc. Sag mal zu jemandem: „Du kommst dauernd zu spät" – und dann kommt vielleicht die Erwiderung: „Du bist doch gar nicht dauernd dabei." Auch **Vergleiche** enthalten immer eine (mehr oder weniger) versteckte Bewertung: „Du bist ja schon wie Deine Mutter", „Du bist schlechter als XY", „Nimm Dir mal Rudi als Vorbild", etc.

Hier habe ich noch einige Beispiele für Bewertungen nach Kategorien mit entsprechenden Beispielsätzen:

Eigenschaftsworte

- Das ist unverschämt.
- Du bist faul.
- Ich bin zuverlässig.
- Klaus ist dumm etc.

Gedanken lesen

- Das machst Du nur, um mich zu verletzen.
- Du denkst überhaupt nicht nach.
- Du hörst mir nicht zu.
- Das interessiert Dich doch überhaupt nicht etc.

Verallgemeinerungen

- Immer kommst Du zu spät.
- Nie hörst Du mir zu.
- Überall liegen Deine Socken herum.

- Das sieht doch jeder so etc.

Vergleiche

- Du bist ja schon wie Deine Mutter.
- Meine Mutter konnte besser kochen.
- Der Schmitz ist ein viel besserer Verkäufer als Sie.
- Du kannst viel besser singen als Deine Schwester etc.

Besonders Vergleiche sind ein ganz perfides Herrschaftsinstrument, mit dem wir schon in frühester Kindheit in eine Konkurrenzhaltung gebracht werden. Es gibt einen Haufen Menschen, die Vergleichbarkeit (z.B. bei Leistungsbeurteilungen) für das Maß aller Dinge und fast für so etwas wie ein Naturgesetz halten. Aber schau mal auf eine Blumenwiese! Da stehen lauter Blumen, die alle blühen. Genetisch sind die meisten davon sogar identisch und trotzdem sehen alle anders aus. Brauchst Du wirklich einen Vergleich einzelner Blumen, um Dich an diesem Anblick zu erfreuen? Warum kommt jemand auf die Idee, die Blüten in ihrer Schönheit zu vergleichen und Noten dafür zu vergeben, um am Ende die Schönste zu prämieren? Ja, ich weiß – es gibt viele Leute, die genau das z.B. bei Blumenzuchtwettbewerben tun. Das halte ich aber eher für einen Beleg meiner Behauptung, dass manche Menschen in ihrem Geist von diesem Vergleichswahn völlig vergiftet sind. Sei's drum - in der GfK wird auf Vergleiche schlicht und einfach verzichtet.

Das ausgelöste Gefühl

Nachdem ich Dich jetzt erst mal eines gehörigen Teils Deiner Alltagssprache beraubt habe, wirst Du fragen: „Ja, wie soll ich mich denn ausdrücken, wenn mir etwas nicht gefällt?" Damit sind wir beim zweiten Teil des sprachlichen Modells, nämlich dem Gefühl. Was in solchen Momenten wirklich in Dir passiert ist, dass Du etwas siehst oder hörst und dann in Dir ein Gefühl ausgelöst wird. Rein neurologisch betrachtet wird in Deinem Säugetierhirn ein Areal im limbischen System stimuliert, und dann kommt ein als angenehm oder ein unangenehm empfundenes Gefühl, was zum Ausdruck bringt: „Gefällt mir" oder „Gefällt mir nicht". Das ist dann fast wie bei Facebook. Mit unseren gewohnten Beurteilungen verfälschen wir diesen Prozess aber eher, weil wir mit dem reinen Ergebnis gar nichts darüber aussagen, was wirklich in uns vorgeht. Wie soll also jemand anderes eine Chance haben zu erkennen, worum es uns tatsächlich geht und was wir wollen?!

Hier ist die Frage, welches Repertoire an Gefühlen Du hast und welche Fähigkeiten, darüber zu sprechen. Fangen wir doch gleich mal an zu üben. Wie fühlst Du Dich gerade? Hmm – Du bist jetzt womöglich geneigt, so etwas zu sagen wie: „Gut" oder „Schlecht" oder „Geht so"? Das sind alles keine Gefühle, sondern Bewertungen. Wenn Menschen eine mehr differenzierte Fähigkeit besitzen, ihre Gefühle zu bezeichnen, dann kommen vielleicht noch: „Spitze" oder „Super" und „Beschissen" hinzu. Das sind allerdings auch keine Gefühle, sondern nur weitere Bewertungen. Unsere Alltagssprache ist so verkümmert, dass eine Vielzahl von Leuten überhaupt nicht mehr in der Lage ist, ihre Gefühle zu benennen und eine Reihe von Menschen erkennt sogar in ihren Gefühlen kaum noch Unterschiede. Sie nehmen ihre Gefühle wahr wie einen Brei, den sie tatsächlich nicht anders bewerten können als mit eher gut oder mehr schlecht. Oft werden auch Pseudogefühle zur Beschreibung verwendet, das sind z.B. Wörter wie „verletzt" oder „gekränkt". Auch das sind keine wirklichen Gefühle, weil echte Gefühle immer spezifisch sind. Verletzt bist

Du, wenn Du Dir mit dem Messer in den Finger schneidest oder Dir mit dem Hammer auf den Daumen haust. Als Beschreibung für Gefühle werden solche Ausdrücke in der GfK tatsächlich „Pseudogefühle" genannt.

Du sagst mit Deinem Gefühl, ob Dir etwas gefällt, es Dein Leben bereichert oder eben nicht. Wenn Du also Freude empfindest und kundtust, dann wird Dir etwas vermutlich gefallen. Empfindest Du hingegen Wut, Trauer, Enttäuschung, etc. wird Dir etwas sehr wahrscheinlich nicht gefallen. Wenn Dir etwas nicht gefällt, bist Du vielleicht irritiert, enttäuscht, frustriert oder ängstlich. Wenn Dir was gefällt, fühlst Du Dich vielleicht erfreut, erleichtert, befreit oder etwas in der Richtung. Du siehst – es entsteht hier die wichtige Aufgabe, sich einen Wortschatz zuzulegen, der in der Lage ist, unsere Gefühlswelt auch nur annähernd abzubilden, damit ein anderer überhaupt die Chance hat, eine Verbindung aufzunehmen. Paul Ekman hat in seinem Werk „FACS" beschrieben, dass wir ca. 10.000 Gefühle haben – das ist eine enorme Menge. Es könnte hilfreich sein, sich dieses Schatzes bewusst zu werden. Auch das ist Teil der Selbstermächtigung: emotionale Bewusstheit für sich selber zu erreichen – und diese dann auch ausdrücken zu können. Allerdings sind Sätze, die beginnen mit: „Ich habe das Gefühl, dass..." eben kein Ausdruck von Gefühlen, sondern diese Sätze formulieren Annahmen, Eindrücke oder Meinungen etc.- also schlicht weitere Interpretationen.

Es ist aber recht leicht, den Ausdruck von Gefühlen bei Dir selbst zu erkennen, denn immer wenn Du auch sagen kannst: „Ich bin...", ist es wirklich ein Gefühl. Lass uns mal Beispiele testen:

- „Ich habe ein Gefühl von Traurigkeit" oder „Ich bin

traurig", beides funktioniert, also ist es ein Gefühl.

- „Ich habe das Gefühl, dass Du nicht zuhörst" oder „Ich bin, dass Du nicht zuhörst" - der zweite Satz ist ziemlicher Unsinn, es handelt sich also nicht um ein wirkliches Gefühl.

Bekommst Du einen Eindruck, wie es läuft? Prima. Als Unterstützung dabei, besser und differenzierter über Gefühle sprechen zu können, findest Du zwei Listen mit Begriffen für Gefühle im Anhang. Ich empfehle Dir, sie zu studieren und die Begriffe in Deine Alltagssprache zu integrieren.

Wenn Du bis jetzt auch nur die ersten beiden Schritte des Modells zusammenbringst, entstehen schon vollkommen neue Sätze:

- „Wenn ich höre, wie Du ‚Arschloch' zu mir sagst, bin ich traurig".

- „Wenn ich sehe, wie Du seit einer Stunde Computer spielst, bin ich ängstlich."

- „Ich warte hier schon seit zwanzig Minuten auf Dich. Ich bin ganz schön sauer." Usw.

Übrigens – ist Dir aufgefallen, dass ich an keiner Stelle geschrieben habe „das macht mich..." oder „du machst mich..."?

Bedürfnis

Das gehört schon zum dritten Schritt, denn wie wir sehen werden, kann jemand in uns ein Gefühl auslösen, aber nie verursachen. Daher ist es mir wichtig, kurz den Unterschied zwischen Auslöser und Ursache zu erläutern: Du sitzt im Auto und fährst über die Autobahn. Dein Fuß ist auf dem Gas und Du fährst mit 130km/h. Was ist hier die Ursache dafür, dass Du 130 fährst? Nein – nicht der Fuß auf dem Gaspedal – das ist nur der Auslöser. Die Ursache ist der Motor, die Räder und die Reifen. Wenn Du zuhause auf den Lichtschalter drückst, dann ist die Ursache für die Helligkeit der Strom, der durch die Leitung kommt. Dein Druck auf den Knopf ist der Auslöser. Verstehst Du das? Es braucht einen Auslöser oder auch Trigger, um das Licht anzuschalten. Die Ursache für das Licht ist jedoch viel grundsätzlicher. Eine sinnvolle Definition der Unterscheidung von Ursache und Auslöser ist aber wirklich schwer zu finden, daher müssen wir es hier bei Beispielen belassen, um es für Dich verständlich zu machen, dass niemand in Dir ein Gefühl verursachen, sondern lediglich auslösen kann.

Erinnere Dich an das Pärchen im Hotelzimmer, bei dem sie sagt, sie hätte gern so eine Stimmung im Alltag und er hat gehört: „Auszeiten im Hotel, die viel Geld kosten, sind nichts wert". Ihre Bemerkung hat vielleicht seine Wut ausgelöst - die Ursache dafür waren aber seine Gedanken, bzw. die Bedürfnisse dahinter. Denn die eigentliche Ursache für Gefühle sind immer die darunter liegenden Bedürfnisse. Es ist wirklich simpel: Wird ein Bedürfnis befriedigt, stellt sich ein angenehmes Gefühl ein.

Wird das Bedürfnis nicht befriedigt, stellt sich ein unangenehmes Gefühl ein. Ich will Dir das gleich mal mit Bedürfnissen und den zugehörigen Gefühlen auflisten:

Bedürfnis	Gefühl bei Befriedigung	Gefühl bei nicht Befriedigung
Nahrung	satt	hungrig
Sicherheit	sicher, geborgen	ängstlich
Kontakt	verbunden	einsam
Wertschätzung	erfreut	frustriert
Sinn	erfüllt	leer

Wenn also die eigentliche Ursache für unsere Gefühle in den Bedürfnissen liegt, dann ist der dritte Schritt – über die Bedürfnisse zu reden – der entscheidende Schritt in der Kommunikation, die eine echte Verbringung ermöglicht. Denn damit übernehmen wir zum einen die Verantwortung für unsere Gefühle und zum anderen erzählen wir von dem, um was es uns wirklich geht.

Ich werde zunächst den ersten Aspekt genauer beleuchten. Glaubst Du, irgendjemand hat Lust darauf, dass ihm jemand sagt: „Du machst mich wütend" oder „Du bist dafür verantwortlich, dass es mir beschissen geht?" – einen Anderen für die eigenen Gefühle verantwortlich zu machen, schafft genau das Gegenteil von Verbindung. Es trennt und löst beim Anderen garantiert Widerstand aus. Mal ehrlich – willst Du gesagt bekommen, dass Du die Verantwortung für die Gefühle einer anderen Person hast? Nicht wirklich, oder? Also ist es grundsätzlich verbindender, wenn wir die Verantwortung für unsere eigenen Gefühle selbst übernehmen, indem wir sie in Verbindung setzen zu unseren Bedürfnissen, die entweder gerade befriedigt sind oder eben nicht.

Der zweite Aspekt stellt aber den wesentlicheren Teil dieses Schrittes dar, denn hier sage ich etwas darüber aus, was ich eigentlich will. Auch hier ist es sinnvoll, den Aspekt von Bedürfnissen zunächst genauer anzuschauen.

Bedürfnisse sind zunächst sehr grundsätzlich und vor allem noch nicht konkret. Nimm zum Beispiel die Sachen, die unserem unmittelbaren Überleben dienen - ein besonders wichtiges Grundbedürfnis heißt Nahrung: Wir müssen uns ab und an was zwischen die Kiemen schieben, damit der Körper rein biologisch seinen Job macht. Der Antrieb kommt von außen in Form von etwas zum essen – und wenn ich Hunger habe, weiß ich, dass mein Bedürfnis nach Nahrung gerade nicht befriedigt ist. Viele Menschen verwechseln Bedürfnisse aber mit so einigem, was sicher keine Bedürfnisse sind.

Auch zu Bedürfnissen formuliert die GfK einige Grundannahmen:

- **Alle Menschen haben dieselben Bedürfnisse.** Menschen unterscheiden sich lediglich darin, wie weit in der jeweiligen Situation das Bedürfnis befriedigt ist und welche Bedürfnisse zu welchen Zeitpunkten ihnen jeweils wichtiger sind.

- **Jedes Verhalten ist durch ein Bedürfnis angetrieben** – kein Mensch tut etwas „nur so".

- **Bedürfnisse sind** im Zweifelsfall immer **autonom zu erfüllen.** Wenn die Befriedigung des Bedürfnisses vom Handeln anderer abhängt, dann ist es kein Bedürfnis, sondern eine Strategie.

- Bedürfnisse sind die wirklichen Handlungsantriebe. Sie sind das Ziel hinter dem Ziel. Eine Strategie ist nur ein möglicher Weg zum Ziel (zum Bedürfnis). Geld verdienen ist z.B. eine Strategie, um für Nahrung zu sorgen. **Viele Strategien sind Cocktails aus einzelnen Bedürfnissen.** Die Bedürfnisse sind bei allen Menschen gleich, aber die Strategien unterschiedlich.

- **Es gibt keine negativen Bedürfnisse** – dies bedeutet zweierlei: Zum einen gibt es kein „etwas nicht haben wollen", sondern es geht immer darum etwas anderes haben zu wollen, was für den Betreffenden jetzt wichtiger ist. Zum zweiten sind „Verletzen", „kaputt Machen" oder sogar „Töten" keine Bedürfnisse, sondern Handlungen.

Also bedeutet das, dass kein Mensch auf diesem Planeten irgendetwas tut, ohne damit ein eigenes Bedürfnis befriedigen zu wollen. Es geht daher im Sinne der GfK nicht um die Strategie, sondern immer um das Bedürfnis – oder anders gesagt: Menschen finden in Konflikten keine Lösungen, weil sie über Strategien streiten, anstatt über Bedürfnisse und deren Befriedigung zu verhandeln. Bei Strategien gibt es meist nur ein dafür oder dagegen, ein entweder/oder. Bei Bedürfnissen gibt es dagegen immer ein sowohl/als auch.

Ich habe im Kontext meines Berufes (Coaching, Training, Beratung) schon des Öfteren in Konflikten vermittelt und genau diese Erfahrung gemacht: Es gibt immer eine Lösung, solange es um die dahinter liegenden Bedürfnisse geht. Strategien gegeneinander zu diskutieren, vertieft dagegen meist den Konflikt. Meiner Überzeugung nach gibt es auch keine konkurrierenden Bedürfnisse, sondern nur konkurrierende Strategien. Bedürfnisse sind auch weder Handlungen noch Dinge! Essen ist kein Bedürfnis, sondern eine Handlung - das Bedürfnis heißt Nahrung. Ein Schnitzel, ein veganer Burger oder eine

Hühnersuppe sind unterschiedliche Strategien, um das Bedürfnis nach Nahrung zu befriedigen. Ein Auto ist auch ein Ding und kein Bedürfnis. Es stellt eine bestimmte Strategie dar, um die Bedürfnisse nach Mobilität, Leichtigkeit oder auch Schönheit zu befriedigen. Denn es ist auch wichtig zu wissen: verschiedene Menschen befriedigen mit demselben Ding ganz unterschiedliche Bedürfnisse. Wenn drei Leute ins Restaurant gehen, dann kann es sein, dass einer das Bedürfnis nach Nahrung befriedigen will, einer das Bedürfnis nach Genuss und einer das Bedürfnis nach Sozialkontakt und/oder Verbindung. Auch Geld ist noch viel weniger als alle anderen Dinge ein Bedürfnis, sondern vielmehr eine universelle Strategie, weil alle möglichen Dinge gekauft werden können, um gewisse Bedürfnisse zu befriedigen.

Auch zu den Bedürfnissen habe ich Dir eine Liste erstellt, die Du am Ende des Buches findest – Du darfst sie gerne verändern, ergänzen oder Sachen daraus streichen. Die fett gedruckten Worte sind Überschriften für Bedürfnisse und stimmen zum großen Teil mit den Hierarchiestufen von Maslow überein, da mir persönlich sein Modell am besten gefällt. Es gibt aber haufenweise Leute, die das mit den Bedürfnissen schon akademisch durchleuchtet haben, und im Kern sind die Modelle gar nicht so verschieden. Wichtig ist dabei meiner Ansicht nach der Fokus auf die Selbstermächtigung! Es braucht in Wirklichkeit niemanden, der Dir sagt, was ein Bedürfnis ist und was nicht und welches Wort Du dafür benutzen musst. Du entscheidest darüber, welches Bedürfnis Du mit welchen Worten benennst - nenn es auch gerne „Schnubbeldiwapp"! Entscheidend ist doch, ob Du damit in Verbindung kommst. Wenn ein Wort nicht dazu beiträgt, eine Verbindung herzustellen, was ist dann das akademisch ausgefeilteste Wort wert, selbst wenn sich ausgewiesene Experten darauf stützen?

Wenn wir das ganze GfK-Modell der vier Schritte auf eine Essenz eindampfen, dann ist das Bedürfnis das Wichtigste von allem. Ich kann die Beobachtung weglassen, ich kann das Gefühl weglassen und sogar die Bitte (von der wir gleich im Anschluss noch sprechen werden). Es reicht in manchen Situationen für eine gelungene Kommunikation und Verbindung vollkommen aus, einfach auszusprechen, worum es mir geht. Das kann so klingen: „Ey! Ich brauche erst mal Wertschätzung!" oder: „Ich brauche Nahrung - jetzt!" oder: „Ohne Austausch geht das bei mir gerade gar nicht!", etc.

An dieser Stelle schauen wir nochmal auf das Beispiel mit dem Pärchen im Hotelzimmer von vorhin. Er sagt in seinem Ärger zu ihr: „Blöde Kuh!" und sie antwortet in GfK: „Wenn ich höre, wie Du ‚Blöde Kuh' sagst, bin ich traurig und wütend, weil ich gerne Wertschätzung hätte."

Das klingt jetzt seltsam für Dich? Das kann sein und ist auch nicht ungewöhnlich. Du bist ja überhaupt nicht an diese Ausdrucksweise gewöhnt - mach Dir dazu folgendes klar: Du bist an eine Art zu reden gewöhnt, die voller Gewalt und Verachtung für andere Menschen ist - an eine Art zu reden, die überhaupt nicht dafür gemacht ist, sich mit anderen zu verbinden. Du bist an eine Sprache gewöhnt, die nichts anderes ist, als ein weiteres Herrschaftsinstrument.

Willst Du weiterhin daran festhalten? Ist die Art, wie Du zu kommunizieren gewöhnt bist, etwa so erfolgreich, dass Du Dich nicht auf etwas anderes einstellen willst? Vielleicht hast Du den Eindruck, dass sehr viel Aufwand damit verbunden ist, das zu lernen und zu praktizieren. Aber wie viel Zeit Deines Lebens hast Du schon verschwendet mit nutzlosen Auseinandersetzungen über irgendeine Belanglosigkeit, weil

Du keine Verbindung hinbekommen hast? Wie viel Zeit hast Du schon mit dem Aufklären von Missverständnissen verbracht, die mit einer anderen Art von Sprache gar nicht erst entstanden wären?

Bitte

Jetzt hast Du also zu jemandem etwas gesagt - nachdem etwas passiert ist, das Du beobachtet hast, sagst Du, wie es Dir damit geht und was Du in Hinsicht darauf gerne hättest. Aber was jetzt? Denn damit ist das eigentliche Bedürfnis ja noch nicht befriedigt. Darum geht es im nächsten und letzten der vier Schritte.

Ich spreche eine Einladung aus, die dazu beiträgt, dass mein Bedürfnis befriedigt wird - dazu dient die Bitte. Wenn zu mir jemand kommt und sagt nur: „Ey Du – ich bin gerade sauer, weil ich gerne Respekt hätte!", könnte ich auch zurückfragen: „Und jetzt?" – eine konkrete Bitte sorgt also dafür, dass ich dem anderen meine Befindlichkeit nicht nur wie einen nassen Waschlappen durchs Gesicht ziehe und ihn damit stehen lasse.

Auch zur Bitte gibt es zunächst einige grundsätzliche Dinge zu klären. Meine Erfahrung im Alltag ist, dass nur eine begrenzte Zahl von Menschen überhaupt in der Lage ist, eine tatsächliche Bitte auszusprechen. Das, was aber recht viele Leute meinen, wenn sie von Bitten sprechen, ist – salopp ausgedrückt – eine etwas nettere Art und Weise, Forderungen aufzustellen und/oder Zwang auszuüben. Wenn die Mutter zu ihrem Sohn sagt: „Bitte räum jetzt Dein Zimmer auf", dann ist das „Bitte" in dem Satz nur eine hohle Floskel, weil es nämlich gar nicht vorgesehen ist, dass er antwortet: „Nö – hab` gerade keinen Bock!"

Eine echte Bitte beinhaltet für den anderen immer die Möglichkeit „Nein" zu sagen, sonst ist es faktisch keine Bitte – und damit haben wir in dem vorigen Beispiel ein deutliches Indiz dafür, dass das keine Bitte war. In der GfK sind Bitten nicht dafür da, dass jemand dann einfach macht, was ich ihm sage. Wie übrigens die gesamte GfK nicht dafür da ist, einen netteren Weg zu finden, Leute dazu zu bringen, das zu tun, was ich will. Wenn das für Dich eine Enttäuschung ist, wird es Zeit, sich Gedanken zu machen: Warum kannst Du so schlecht mit einem „Nein" umgehen - und vor allem: Wie kommt es, dass Du bei Deiner Bedürfnisbefriedigung so brutal abhängig von jemand anderem bist und Dich ein „Nein" aus dem Gleichgewicht werfen kann?

Aber bleiben wir mal bei der Bitte. Ich habe von einem deutschen GfK-Trainer, den ich sehr schätze, den Satz gelernt: „Bitten sind ein Angebot, in Verbindung zueinander zu treten" – das haut rein. Weil es nämlich bedeutet, dass ich mir erst selbst klar werden muss, um was es mir wirklich geht, bevor ich anfange, um irgendwelche Dinge zu bitten. Vor allem, wenn ich eine Bitte äußere, die gar nicht so stark auf eine konkrete Handlung bezogen ist, um mein vordergründiges Bedürfnis zu befriedigen, sondern auch andere Bedürfnisse einschließt, die ebenfalls permanent aktiv sind, wie z.B. „Verbindung herstellen" oder „gesehen werden", dann komme ich ja ins Gespräch und dann gibt es irgendwann eine gemeinsame Lösung. Vielleicht nicht diejenige, die ich zuerst unmittelbar im Kopf hatte. Vielleicht hat mein Gesprächspartner ja eine bessere Idee, wie mein Bedürfnis befriedigt werden kann. Wie ich das hier genau meine, schauen wir uns mal im Einzelnen an:

In unserem Leben ist selten nur ein einzelnes Bedürfnis lebendig, also aktiv. Fast immer geht es um einen ganzen Cocktail aus Bedürfnissen. Unser Beispiel mit dem Restaurant zeigt das deutlich: Wenn Du mit Freunden in ein Restaurant gehst, dann sind dabei meist mehrere Deiner Bedürfnisse aktiv. Angefangen mit Nahrung, willst Du sicher auch Genuss erleben und zusätzlich willst Du Dich mit Deinen Freunden unterhalten, das heißt, Du suchst Verbindung. Vielleicht möchtest Du durch die Auswahl des Restaurants auch einen Beitrag für eine bessere Welt leisten und wählst deshalb ein Restaurant, in dem es nur Bio-Lebensmittel gibt. Ich könnte jetzt noch etliche weitere Bedürfnisse aufzählen, die allesamt gemeinsam in Bezug auf den Restaurantbesuch aktiv sein könnten. Wie Du siehst – das ist echt vielschichtig. Natürlich kann es sein, dass ein Bedürfnis stärker ist als etliche andere. Wenn Du das nicht im Auge behältst, kann es sein, dass Du mit der Strategie, das eine Bedürfnis zu befriedigen, gleichzeitig die Befriedigung eines anderen Bedürfnisses sabotierst, wie im folgenden Beispiel:

Da wäre die Mutter, die ihren 14-jährigen Sohn dazu gebracht hat, ihr zu helfen, die Gardinen aufzuhängen. Dabei steht er dann so dermaßen lustlos herum und zeigt, dass er angepisst ist, dass die Mutter auch selbst die Lust an der Sache verliert und doppelt so lange braucht, als wenn sie alles gleich alleine gemacht hätte. Das fühlt sich hinterher mies an und das Resultat ist in solchen Fällen oft so nachteilig, dass Du es auch hättest sein lassen können.

Es geht also bei der Bitte nicht darum, dass jemand Deine konkrete Bitte unmittelbar erfüllt, sondern darum, dass Du in Verbindung kommst, ins Gespräch darüber, was Du brauchst. Es geht darum, gemeinsam eine Lösung zu finden, und wie Ihr Euch gegenseitig darin unterstützen könnt, dass alle Bedürfnisse befriedigt werden.

Dazu unterscheide ich drei Arten von Bitten:

- Die Handlungsbitte: Tu was, wie z.B. Dein Zimmer aufräumen.
- Die Feedbackbitte: Sag mir, was Du von mir verstanden hast.
- Die Beziehungsbitte: Sag mir, wie es Dir damit geht.

Es muss also nicht immer und sofort eine konkrete Handlung erfolgen. Vielmehr können die Aufnahme von Verbindung und der Gesprächsfluss zu umfassenderen Lösungen beitragen, die im ersten Moment völlig fern waren. Ich deute hier mal einen solchen Dialog aus einer Paarsituation an, der das verdeutlicht. Die Situation ist absolut real und so passiert. Daher ist das Beispiel nicht nur theoretisch, sondern auch sehr praxisnah und erfolgreich:

Sie: „Räum jetzt bitte Deine Klamotten weg, die da schon drei Tage rumliegen! Und sag mir bitte, was Du gerade verstanden hast!"

Er: „Du hast mir einen Befehl erteilt, jetzt aufzuräumen und dass ich Dir auf die Nerven gehe!"

Sie: „Oh – wie gut, dass Du mir sagst, was Du verstanden hast. Das gibt mir die Gelegenheit, das klarer zu formulieren, weil das ganz sicher nicht das ist, was ich wollte. Erstens gehst Du mir überhaupt nicht auf die Nerven, schließlich liebe ich Dich. Und was die Klamotten betrifft – ich hätte es jetzt am Wochenende einfach gerne ordentlich und zum Wohlfühlen. Aber wenn die Klamotten rumliegen, habe ich das nicht. Wie geht es Dir damit, wenn ich Dir das sage?"

Er: „Ich will ja auch, dass Du Dich wohl fühlst. Und ich bin auch erleichtert, wenn ich höre, dass ich Dir nicht auf die Nerven gehe."

Sie: „Gut. Mir ist es auch wichtig, damit gesehen zu werden, dass ich es am Wochenende gerne gemütlich und harmonisch habe. Was machen wir denn jetzt mit der Situation?"

Er: „Ich weiß, dass ich die Klamotten schon seit drei Tagen habe liegen lassen. Ich habe sie jedes Mal vergessen. Frag mich bitte nicht, warum! Wenn es Dir wichtig ist, vor dem Wochenende Ordnung zu haben, räume ich die Klamotten auch gerne weg. Ich habe nur gerade was zu tun, bei dem ich gut vorankomme und will das nicht unterbrechen. Macht es Dir was aus, wenn ich die Klamotten nach dem Essen wegräume?"

Wie die Situation dann weitergeht, ist jetzt nicht mehr wichtig. Es könnte sein, dass er nach dem Essen aufräumt, es könnte auch sein, dass sie ihn unterstützen will und es selbst erledigt. Wichtig ist das, was in diesem Dialog zwischen den beiden passiert ist. Sie hatten Verbindung und Verbindung macht eine einfache Lösung möglich in einer Situation, die schnell zu einem handfesten Konflikt werden kann.

Darum formulieren wir Bitten, weil wir lieber in eine tiefere Verbindung miteinander wollen, statt nur ein konkretes Ergebnis zu erzielen. Das konkrete Ergebnis wird mit Verbindung auch viel wahrscheinlicher und ziemlich sicher auch noch von deutlich höherer Qualität sein.

Konzentriere Dich auf die Verbindung, auf den Prozess und dann lass Dich überraschen von dem Ergebnis, das dabei herauskommen kann!

Mach Dir klar, dass Du abhängig von Deiner Position natürlich andere dazu bringen kannst, etwas aus Angst, Pflicht, Schuld oder Scham zu tun! Aber das hat immer seinen Preis - und der ist so hoch, dass Du ihn sicher nicht bezahlen willst. Der Einsatz von Machtmitteln ist eigentlich schade – denn er zeigt, dass Du bei der Befriedigung Deiner Bedürfnisse abhängig bist, dass Du aus schierer Verzweiflung diese Mittel einsetzt. Wäre dann nicht genau deshalb und genau jetzt der Zeitpunkt, das in all seiner Grundsätzlichkeit zu ändern? Mach Dir Gedanken über die Qualität der Motivation, die Du Dir wünschst, wenn ein Anderer etwas für Dich tut!

Sei egoistisch!

Ich will zunächst mal festhalten, dass „egoistisch" auch eine Beurteilung ist, die wir zudem gar nicht brauchen. Wir nennen es trotzdem mal so - denn wenn wir das mit der Orientierung an den Bedürfnissen konsequent weiterspinnen, dann können wir gar nichts anderes sein als egoistisch.

Du läufst durch die Stadt und wirfst einem Bettler zwei Euro in die Mütze. War das jetzt unheimlich altruistisch? Wofür hast Du das denn getan? Damit Du Dich hinterher gut fühlst, denn da wir ja wissen, dass Bedürfnisse die Ursache von Gefühlen sind, hast Du mit dieser mildtätigen Gabe vermutlich nichts anderes getan, als Dein Bedürfnis nach „etwas Beitragen" zu befriedigen – aus dieser Perspektive also egoistisch.

Meine Einladung an Dich ist ganz grundsätzlich: Sei so egoistisch wie möglich! Aber mach Dir klar, dass Du viel mehr Bedürfnisse hast, als das eine, das da in einer konkreten Situation gerade am lautesten schreit. Beziehe wirklich alle Deine Bedürfnisse mit ein und dann handle so, dass auch wirklich alle dauerhaft befriedigt werden können! Ich wette, aus dieser Perspektive triffst Du dann in den allermeisten Fällen komplett andere Entscheidungen. Dazu ein Beispiel:

Stell Dir eine Siedlung in einem Vorort einer größeren Stadt vor, lauter Einfamilienhäuser mit Garten. Der neue Nachbar klingelt nebenan und fragt, ob er sich am Samstag den Rasenmäher ausleihen kann, weil er selbst noch keinen hat. Die freundliche Frau des Nachbarn antwortet: „Herzlich gern. Kommen Sie einfach Samstagnachmittag vorbei!" Auf dem Weg zurück nach Hause bemerkt der Neue im Vorbeigehen den SUV vor der Tür - mit den Aufklebern Lara und Henry, was wohl für ihre Kinder steht. Samstagmorgen fährt der neue Nachbar zum Supermarkt und sieht gleich am Eingang des Supermarktes einen Parkplatz. Er fährt hin, sieht zwar, dass da irgendwer mit zwei albernen Kinderaufklebern blinkt und den SUV rückwärts in die Lücke setzen will – aber er huscht schnell dazwischen, setzt vorwärts in die Lücke rein und geht einkaufen. Am Nachmittag will er wie besprochen den Rasenmäher ausleihen. Da öffnet ihm die Nachbarin mit den Worten: „Was war das denn heute Morgen?" Er steht verdutzt da und schaut, während sie fortfährt: „Das mit dem Parkplatz, den Sie mir vor der Nase weggeschnappt haben - wer sich so benimmt, dem leihen wir unseren Rasenmäher nicht!"

Oft zeigt sich halt erst hinterher, welche anderen wichtigen Bedürfnisse wir mit unserem Verhalten selbst sabotieren. War in diesem Fall der neue Nachbar egoistisch oder nur zutiefst kurzsichtig? Hätte der Neue auf dem Parkplatz etwas achtsamer den SUV der Nachbarn als solchen wahrgenommen und daran gedacht, dass er deren Rasenmäher ausleihen wollte – hätte er dann auch so gehandelt, schnell vor ihr in die Parklücke zu huschen? Dieser Aspekt betrifft ja auch erst mal nur den materiellen Teil, aber was auch noch eine Rolle spielt, ist die grundsätzliche Verbindung zu den Nachbarn. Denn das war mal alles andere als ein guter Start.

Vielleicht wird er das bemerken, wenn er etwas tut, was die Nachbarn stört, oder er wird sich wundern, warum er nicht zum Grillfest eingeladen wird, bei dem sonst die komplette Nachbarschaft anwesend ist.

Damit sind wir schon wieder ein Stück näher an der Selbstermächtigung. Du wirst nämlich mit dieser Perspektive auf Egoismus damit aufhören, Deine eigene Bedürfnisbefriedigung zu sabotieren, wenn Du immer nur auf die kurzfristigen Erfolge für Dein Ego schaust – denke besser langfristig, nicht kurzfristig!

In dieser Hinsicht ist das Thema „egoistisch sein" nur ein Einschub - wir sind mit den Bitten noch nicht ganz fertig. Es fehlen noch zwei weitere Aspekte, die für das Formulieren von Bitten wichtig sind. Zunächst einmal sollte sich eine Bitte auf das „hier und jetzt" beziehen und positiv formuliert sein. Mein grundsätzlicher Tipp zu allen Bitten: Formuliere Deine Bitten immer so, dass Du sagst, was Du willst und dass zumindest der Teil, der Dir besonders wichtig ist, im Jetzt befriedigt werden kann! Wenn jemand z.B. sagt: „Ich will, dass Du in Zukunft nicht mehr so schnell fährst", hat derjenige gleich zwei Probleme: Erstens wird die Befriedigung des Bedürfnisses in die Zukunft verschoben - und wer weiß, ob es dann überhaupt jemals befriedigt wird. Zweitens wird das Bedürfnis negativ formuliert, im Sinne von: „Ich will nicht..." – damit kommt beim Anderen überhaupt nicht an, was er genau tun kann. Derjenige könnte dann einfach anders schnell fahren und hätte damit trotzdem die Bitte erfüllt. So wie die Ausbilderin zu ihrem Azubi sagt: „Hör damit auf, auf dem Tisch zu trommeln", worüber wundert sie sich, wenn er dann auf dem Knie trommelt?

Aber zurück zu der Situation im Auto. Auch hier hilft es, sich wieder klar zu machen, dass verschiedene Bedürfnisse präsent sind. Worum geht es Ihr wohl, wenn sie im Auto sitzt und einen Kloß im Hals hat, wenn er mit 210 Sachen über die Autobahn fliegt? Ganz einfach: Sicherheit. Sie will Sicherheit und deshalb bittet sie ihn darum, langsamer zu fahren. Sinnvoll wäre es, wenn sie z.B. formuliert: „Ich bitte Dich, nicht schneller als 140 zu fahren." Wenn sie das auch in die Zukunft projiziert und sagt: „Ich will, dass Du in Zukunft nur noch 140 fährst", hat sie ein weiteres Bedürfnis benannt, um das es in der konkreten Situation der Bitte ebenfalls geht. In diesem Fall ist es wieder Sicherheit, aber sie will sich auch drauf verlassen können, dass er es in Zukunft so macht. Diese Sicherheit wird sie allerdings im Moment der Bitte niemals erreichen, wenn sie eine ausschließlich in die Zukunft gerichtete Bitte formuliert. Indem sie aber um die Bereitschaft bittet, bekommt sie die Sicherheit in dem Moment, da sie die Bitte äußert. Das klingt dann so: „Sag mir bitte, ob Du in Zukunft bereit bist, nicht schneller als 140 zu fahren!"

Nun noch ein letzter Aspekt zu den Bitten: Du kennst es vielleicht, wenn Dich Deine Freundin bittet: „Sei verständnisvoller!" oder wenn ein Kollege Dich bittet: „Sei kooperativer!"- das sind leider beides Bitten, die niemand erfüllen kann, weil es keine konkreten Bitten nach einer bestimmten Handlung sind. Es sind beides Bitten dahingehend, etwas zu sein – das ist nicht klar, sondern schwammig. Wer entscheidet im Anschluss an die Bitte darüber, ob die Bitte erfüllt wurde oder nicht? Wir ersparen uns dann solche Diskussionen wie:

„Seien Sie mal kooperativer!"

„Ich bin kooperativ."

„Nein, sind sie nicht."

„Doch."

Das kann unendliche Zeit so weitergehen, ohne dass dabei etwas Sinnvolles herauskommt und ein einziges Bedürfnis befriedigt wird. Also bitte darum, dass jemand etwas Konkretes tut und nicht, dass er etwas ist – denn das ist nicht gerade ein beziehungsförderliches Signal.

Bis hierher habe ich mich bemüht, bei der Vermittlung der gewaltfreien Kommunikation nah am Schöpfer Marshal Rosenberg zu bleiben. Im Folgenden will ich noch einige Aspekte hervorheben, die mir persönlich an der GfK besonders wichtig sind oder die ich zum Teil ergänzt habe, weil sie aus meiner Sicht wichtig sind.

Nie wieder Angriffe hören

Ich hatte es an einigen Stellen schon angesprochen, jemand sagt etwas und Du hörst einen Angriff. Erinnere Dich an das Beispiel mit dem Paar im Hotelzimmer oder den Typ im SUV, dem die Frau „Schwein" zugerufen hat. Ich biete Dir hier zwei Möglichkeiten an zu reagieren, ohne dass Du einen Angriff hören musst. Wenn Du hörst, wie jemand z.B. zu Dir sagt: „Du Vollpfosten!", hast Du meiner Ansicht nach vier Möglichkeiten damit umzugehen. Zwei davon wirken sich zerstörerisch aus, zwei davon heilend. Bei den beiden zerstörerischen Varianten wird jeweils einer der Beteiligten zum Objekt gemacht, was dann entweder bedeutet: „Nein, Du bist scheiße" oder „Ja, stimmt, ich bin scheiße". Das klingt zwar überspitzt, trifft aber den Kern. Du wirst vielleicht nicht gerade sagen: „Ich bin scheiße", aber zumindest denken: „Das war nicht OK von mir." Damit kommt das aber ziemlich auf dasselbe heraus – zugrunde liegt immer eine Beurteilung und damit ist jemand oder das, was er getan hat, nicht OK.

Ich biete Dir hier zwei alternative Möglichkeiten an, mit der alle Beteiligten einverstanden sind. Variante 1 ist ein authentischer Selbstausdruck, in dem Du einfach so etwas sagst wie: „Aua!" – oder in einer ausführlicheren Version im vier Schritte Modell der GfK - das ist erst einmal egal. Auf jeden Fall sagst Du damit dem anderen nicht, dass mit ihm etwas nicht stimmt, sondern Du sagst dem anderen, was mit Dir gerade nicht stimmt - denn das Gefühl, das da gerade ist, ist ja in Dir. Damit gibst Du dem anderen eine realistische Chance, Dich zu sehen. Welche Chance hast Du, dass der andere Dich sieht, wenn Du einfach entgegnest: „Selber Vollpfosten"? Du verstehst, was ich erklären möchte? Meine erste Variante kostet weit weniger Energie und ist viel erfolgversprechender. Du bleibst bei Dir und in Deiner emotionalen Kraft.

Variante 2 nennt sich Empathie und dabei schaltest Du alles, was jetzt in Dir vorgeht, erst mal ab und konzentrierst Dich mit all Deiner Energie auf Dein Gegenüber und was er/sie jetzt gerade fühlt und braucht. Das heißt, Du bietest dem anderen seine Gefühle und Bedürfnisse als Frage an. Die GfK-Praktizierenden im englischsprachigen Raum nennen das „empathic guessing", also empathisches Vermuten. Wenn Deine Vermutungen nicht zutreffen, kannst Du einen neuen Versuch starten, bis irgendwann Verständnis und Verbindung entstehen. Das klingt dann als Reaktion auf den Vollpfosten ungefähr so: „Bist Du sauer, weil Du gerne Respekt hättest?" Dann gibt es entweder ein: „Ja, genau" und der andere weiß, dass Du ihn verstehst (und zwar gefühlt) oder ein: „Nee, das ist es nicht" und in dem Fall setzt Du neu an. Manchmal hilft auch die Frage: „Worum geht es Dir?" Dann kannst Du neu ansetzen mit den Gefühlen und Bedürfnissen. Für den Anfang reicht es auch aus, wenn Du Dich auf eines der beiden beschränkst – Gefühl oder Bedürfnis. Vorrangig geht es darum, Verbindung herzustellen und sich zu verstehen. Das heißt – um bei dem Beispiel mit dem Vollpfosten zu bleiben – zu fragen: „Bist du sauer?" Die Bestätigung, die dann kommt, ist verbindend genug, um eine weitere Frage hinterher zu schieben.

GfK und Selbstermächtigung – sei nicht nett, sei echt!

Lass uns hier für einen Moment innehalten. Ich hoffe, Du hast Dich entschieden, welchen Unfug Du ab jetzt nicht mehr mitmachst. Ab jetzt probierst Du aus, wie Du das mit dem Interagieren selbstbestimmter hinbekommst, und vielleicht habe ich Dir ja auch Lust darauf gemacht, GfK näher kennenzulernen. Gerade in diesem Zusammenhang erinnere ich mich an ein paar Worte von Marshal Rosenberg, die sinngemäß lauten: „Depression ist der Preis, den wir als Erwachsene dafür bezahlen, dass wir als Kinder gelernt haben, brav zu sein". Im Kern hat er damit nichts anderes gesagt, als: Es geht im Leben nicht darum, nett zu sein!

Es geht eben nicht darum, so zu reden, dass Du niemandem auf den Schlips trittst. Wir hatten das bereits – Du trittst durch Reden sicher niemandem auf den Schlips. Aber es fühlt sich auf den Schlips getreten, wer sich auf den Schlips getreten fühlen will. So lange Du bei Dir bleibst und von Dir erzählst, hat sicher keiner ein Problem. Es geht aber genauso wenig darum, einfach nur nette Ausdrucksweisen zu finden, um dann doch noch immer wie ein Elefant im Porzellanladen durchs Leben zu rennen - das wäre einfach nur ein Elefant auf Ballerinas. Gemeint ist: Du brauchst nicht mehr brav zu sein! Aber denke daran, dass „authentisch sein" heißt, über sich selbst zu reden und nicht über einen anderen. Insofern: „Sei nicht nett, sei echt".

GfK und Corona

Ich will Dir an dieser Stelle aber auch noch etwas über meine veränderte Haltung zur GfK erzählen, denn die hat ganz unmittelbar mit Corona zu tun. Nach meiner Erfahrung hat sich wirklich Jeder – ohne Ausnahme – in dieser Corona-Situation in seiner Gänze gezeigt. Einige Menschen haben sich für mich auf eine sehr negative Art und Weise gezeigt und mir damit präsentiert, wie viel von ihnen in der Zeit vorher reine Fassade war. Dazu gehören einige namhafte Kabarettisten, die ich vorher sehr geschätzt hatte, aber auch die GfK-Community. Ich meine hier nicht die GfK selber, sondern die Leute, die sich GfK auf ihre Fahne geschrieben haben, die das leben, verbreiten oder auch lernen. Denn ich habe leider gefühlt 90% der GfK-Szene als treue Narrativ-Gläubige kennengelernt.

Im März, April und Mai wurde ich von gestandenen GfKlern (einige davon Trainer) auf Facebook beschimpft und sogar ein GfK-Trainer, von dem ich mal dachte, er wäre mein Freund, verlinkt mir in meine Facebook-Beiträge die Faktenchecker als Quelle und meint, ich solle mal nachdenken - tolle Wurst. Auch bei einem Persönlichkeitsentwicklungsseminar mit Pferden, das meine Frau und ich gemeinsam angeboten hatten, war eine Teilnehmerin dabei, die durch und durch narrativgläubig war und zudem geimpft. Da wir das nicht wussten, hatten die anderen Teilnehmer, meine Frau und ich uns ein bisschen über die Impfung lustig gemacht. Da kam dann heraus, dass sie den ganzen Kram glaubt und sich nach unseren Kommentaren total unwohl fühlt. Es hatte dann eine ganze Stunde empathischen Umgangs mit ihr gebraucht, bis wir mit dem Seminar überhaupt anfangen konnten. Während dieses Gesprächs meinte sie sogar, sie wolle nicht mit Rechten am Tisch sitzen. Das musst Du Dir auf der Zunge zergehen lassen: Jemand, der eine Jahresausbildung in GfK absolviert hat und selbst Übungen anleitet, will nicht mit vermeintlichen Rechten sprechen. Wenn ich sie hätte vertreiben wollen, hätte ich sicher bloß fragen müssen, ob sie das für angewandte GfK hält.

Ich frage mich aber wirklich, wie es kommt, dass etliche Leute jahrelang GfK lernen und deren wesentliche Elemente, wenn es drauf ankommt, doch nicht hinbekommen? Was läuft da schief?

Seitdem gebe ich jedenfalls keine GfK-Workshops mehr, weil sie aus meiner Sicht vom Wesentlichen ablenken, und die Haltung muss eben nicht nur im Kopf, sondern im Gefühl ankommen. Was die Leute aus der GfK-Community betrifft, habe ich eine mögliche Erklärung oder Interpretation für mich gefunden - Du kannst es als Angebot betrachten und, falls das bei Dir resoniert, dann passt's ja. Wenn nicht, ist es auch gut. Aus meiner Erfahrung kommen die meisten GfKler aus politischen Bewegungen, z.B. aus der Öko- und Friedensbewegung der Achtziger oder bei jungen Leuten hauptsächlich aus Vereinen wie Fridays for Future, Extinction Rebellion etc. Die meisten sind also im Grunde einem linken, grünen Spektrum zuzuordnen und diese politischen Prägungen, die tief emotional sind, sind einfach stabiler und älter und deutlich tiefer in ihrem Selbstbild verankert. Deshalb entspricht die GfK weniger der wirklichen Haltung, sondern stellt eher einen Überbau oder eine reine Methode dar.

Corona hat mir gezeigt, was davon wirklich echt ist, und vieles, was ich gesehen habe, ist eben nicht echt - Du darfst da jetzt auch alles Mögliche an Frust, Enttäuschung, etc. herauslesen, denn Einiges davon stimmt ja auch. Vielleicht kommen wir dazu auch mal ins Gespräch. Ich halte die GfK aber immer noch für einen hervorragenden Prozess, um mit anderen in Verbindung zu treten und um Konflikte zu lösen. Die Haltung hinter der GfK, die meines Erachtens notwendig ist, ist ohnehin nicht exklusiv für die GfK, sondern findet sich in nahezu jeder anderen spirituellen Schule auf diesem Planeten, wenn Du das, was da jeweils steht, nicht wörtlich, sondern einfach nur ernst nimmst - von den Buddhisten, über die Hindus, den Christen bis zu den Indianern oder Urwaldbewohnern. Da die Haltung grundsätzlich und eben auch in der GfK für mich 80% der Kommunikation ausmacht, bleiben für mich als reine GfK der beschriebene Prozess und die vier Schritte stehen – und die lege ich Dir auf jeden Fall ans Herz!

III Strategien des Miteinander-Redens

III Strategien des Miteinander-Redens

Wir haben uns mit den theoretischen Hintergründen beschäftigt – damit ist die notwendige Vorarbeit geleistet. Wir haben auch die Voraussetzungen zum tatsächlich *Miteinander*-Reden geklärt - jetzt geht's an die Praxis.

Ich will Dir hier verschiedene Ansätze zunächst erklären und sie dann musterhaft in Beispieldialogen vorführen. Die Beispieldialoge sind zum Teil sehr real, zum Teil fiktiv und zum Teil auch irgendwo dazwischen. Nimm sie als Angebot, wie es laufen könnte. Du kannst aber nur lernen, wenn Du es selber tust, wenn Du Deine eigenen Erfahrungen machst und vor allem, wenn Du aus Deinen Erfahrungen lernst. Dabei gibt's auch die eine oder andere blutige Nase – nimm's locker, das gehört einfach dazu.

Du wirst mit jedem Versuch besser werden und behalte in Erinnerung: Du kannst nur besser werden, wenn Du auch gegen bessere Gegner spielst. Also geh raus, stürz Dich ins Gewühl und spiel einfach mit den Situationen. Probier Dich aus!

Ich habe in diesem Kapitel solche Ansätze oder Strategien ausgewählt und dargestellt, von denen ich überzeugt bin, dass sie eine der Wirkungen erzielen, die wir uns wünschen. Aber nicht in jeder Situation ist die gleiche Vorgehensweise sinnvoll. Der Kontext spielt dabei immer eine sehr große Rolle. Genauso wichtig ist aber auch, mit wem Du es jeweils zu tun hast und was Dein persönlicher Stil ist. Du kannst z.B. für Dich einen empathischen Weg favorisieren. Mach Dir aber klar, dass es mindestens zwei Situationen gibt, in denen dieser Weg völlig nutzlos ist. Wenn Du auf einer Demo bist und da sind z.B. Leute von der Antifa, die krakeelen – bei denen hilft in dem Moment keine Empathie, weil diese Leute in speziell dieser Situation auf alles mögliche aus sind, nur nicht auf Verbindung. Da ist es viel eher sinnvoll, sich erst mal zu überlegen, was in dieser Situation überhaupt ein erreichbares Ziel sein könnte. Verbindung halte ich zumindest mitten in der Demo für ausgeschlossen. Aber das liegt natürlich an mir und du solltest das für Dich selber herausfinden. Genauso ist es auch in den Social-Media-Kanälen. Dort ist es einfach durch die Beschränktheit des Mediums unmöglich, eine echte Verbindung aufzubauen.

Worum es mir hier geht, ist, dass Du für verschiedene Situationen auch ein jeweils unterschiedliches Repertoire brauchst. Es gibt nicht die eine Strategie, die immer und überall gleich gut „funktioniert". Wenn Du in einer beliebigen Situation immer nur eine einzige Möglichkeit hast zu reagieren, dann hast Du auf jeden Fall schon ein echtes Problem, und zwar das mangelnde Repertoire. Schon allein eine zweite Möglichkeit im Repertoire steigert enorm Deine Möglichkeiten, Dein Ziel zu erreichen. Wenn Du aber eine Vielzahl von Möglichkeiten hast, dann kannst Du flexibel und der Situation entsprechend reagieren. Damit Du eben nicht reagierst, wie Maslow einmal gesagt haben soll: „Wenn Dein einziges Werkzeug ein Hammer ist, dann sieht für Dich jedes Problem aus wie ein Nagel".

10. Hidden Agenda

Der „Erfinder" der gewaltfreien Kommunikation, Marshal Rosenberg, hat einmal gesagt: „Wenn alle Bedürfnisse auf dem Tisch sind, ist jeder Konflikt in 20 Minuten gelöst". Das stimmt auch aus meiner Erfahrung. Ich habe schon einige Situationen mediiert, in denen tatsächlich nach ein paar Minuten alle Bedürfnisse auf dem Tisch waren - und danach war das Problem auch wirklich schnell gegessen. Nur hat Rosenberg die Bedingung ja eben auch formuliert „Wenn alle Bedürfnisse auf dem Tisch sind" – und wenn Du Dich um die Bedürfnisse nicht kümmerst, macht das einen großen Teil der Probleme aus.

Das Zurückhalten oder Verschweigen von bestimmten Bedürfnissen oder Motiven nennt sich Hidden Agenda. Es gibt zig Gründe, warum Menschen in Gesprächen bewusst oder unbewusst nicht alle Bedürfnisse offenbaren. Und es gibt zig weitere Gründe, einen Teil seiner Motive auch aktiv zu verbergen oder zu maskieren. Da gibt es Leute, die sich für bestimmte Bedürfnisse schämen und sie deshalb zurückhalten. Es gibt Leute, die Angst davor haben, bestimmte Motive zuzugeben, weil sie selbst merken, dass ihre Idee gerade ziemlich absurd ist. Es ist möglich, dass es jemandem gerade gar nicht bewusst ist, dass er ein bestimmtes Bedürfnis oder Motiv hat. Es ist möglich, dass Menschen Aspekte ihrer Bedürfnisse oder Motive nicht wahr haben wollen und, ja, es gibt dann auch Spione, U-Boote und Maulwürfe – womöglich sogar vom Verfassungsschutz, der Polizei, der Antifa, der Medien, die allesamt natürlich einen Teufel tun werden, irgendjemandem offen zu sagen, was sie eigentlich wollen.
Geh aber einfach grundsätzlich davon aus, dass manche An-

liegen genau durch diese Hidden Agendas scheitern. Du wirst dabei auch z.B. mit Empathie auf Granit beißen. Alle Angebote können scheitern, wenn eine Person nicht zugeben will, welche wahren Motive und Bedürfnisse sie hat.

Die wichtigste Strategie ist daher, Fragen zu stellen und dem anderen genau zuzuhören. Vielleicht ist auch eine Konfrontation sinnvoll, um den anderen so lange zu kitzeln, bis er irgendwann (bewusst oder unbewusst) mit seinen verdeckten Zielen herausrückt und sich zeigt. Denn danach weißt Du meistens sehr viel besser, woran Du bist, und Du kannst entsprechend reagieren und Dein weiteres Repertoire einsetzen.

11. Dein erster Gedanke

In den Workshops der vergangenen Monate habe ich immer wieder mit Teilnehmern daran gearbeitet, wie sie in konkreten Situationen auf bestimmte Handlungen reagieren können. Es sind meistens Situationen zur Maske oder Konfrontation mit Gegnern – und die meisten Leute laufen dann in dieselbe Falle. Sie sind schockiert oder überrascht, es fehlen ihnen die Worte, manchmal fällt ihnen auch erst mal gar nichts ein. Damit fallen sie zurück in alte Muster und werden somit zum Spielball des jeweils anderen. Gleichzeitig kommen Gefühle hoch, die für ein Gespräch grundsätzlich Gift sind, wie Wut, Hilflosigkeit, Aggression, Ärger, Trauer, etc.

Wenn ich dann frage: „Was war in der Situation Dein erster Gedanke" kommen als Antwort meistens solche Gedanken hoch:

„Dieses Arschloch!"

„Wie kann der nur, der sollte selber mal...."

„Hilfe! Ich würde am liebsten im Boden versinken!"
„Jetzt krieg ich Ärger" etc. pp.

Damit wird schnell klar, wo das Problem liegt: Der erste Gedanke ist fast immer eine Abwertung des anderen oder eine Abwertung von Dir selbst - und das Ganze ist meistens auch noch gepaart mit Angst.

Gedanken machen Gefühle, das ist eine Binsenweisheit. Wenn Du in einer Situation denkst „Oh je, das schaffe ich nicht", dann fühlst Du Dich beklommen und ängstlich. Wenn Du aber denkst: „Ich bin eine coole Socke, ich schaffe das", dann fühlst Du Dich eher befreit und voller Ressourcen. Dein erster Gedanke bestimmt damit die ganze Situation. Wenn Dein erster Gedanke eine Bewertung oder Abwertung ist, brauchst Du Dich über den weiteren Verlauf des Gesprächs nicht zu wundern. Denn Du wirst Deinen ersten Gedanken ja auch körpersprachlich zum Ausdruck bringen und der andere wird das sehen und ebenfalls entsprechend reagieren - wenn auch vermutlich nur unbewusst. Ich bin mir sicher, Du hast schon genügend solcher Situationen im Kopf, um mit mir ein kleines Experiment durchzuführen. Versetz Dich in eine solche Situation, in der Dich jemand mit der Maskenpflicht oder einem anderen Kram konfrontiert und Dich damit kalt erwischt hat.

Welches Gefühl stellt sich dabei bei Dir ein? Frust? Wut? Verachtung? Hass? Du warst unvorbereitet und Du hast sofort abgewertet? Wieso wunderst Du Dich über das destruktive Gespräch?

Aber jetzt lass uns mal eine Kleinigkeit ändern: Deinen ersten Gedanken. Stell Dir vor, Du spulst den Film der Situation auf den Anfang zurück: entspanne Dich und geh gedanklich in die Situation hinein - der andere spricht Dich an und Dein erster Gedanke ist jetzt: „Oh, der hat Angst". Was ändert sich dadurch in Deinem Gefühl? Schau nicht, was Du alles denkst, es geht um Dein Gefühl! Wie ändert sich Dein Gefühl, wenn Dein erster Gedanke ist „Oh, der hat Angst"? Genau – Du wirst viel eher entspannt sein und ruhig. Du wirst in Deinen Ressourcen bleiben und einen klaren Kopf behalten. Du bist einfach da.

Die erste Aufgabe für Dich ist also: Achte besonders in solchen Situationen darauf, was Du denkst. Dazu gehört auch Vorbereitung und Übung. Die Vorbereitung kannst Du leisten, indem Du immer wieder Situationen wie diese als Film in Deinem Kopf durchgehst. Der Einkauf im Supermarkt beginnt nicht in dem Moment, in dem Du den Supermarkt betrittst, sondern in dem Moment, in dem Du Dir zuhause die Schuhe bindest. Ab diesem Moment bist Du geistig bereits im Supermarkt. Stell Dir schon vorher Deine Ziele vor. Du bleibst ruhig, Du stellst Fragen, Du bist präsent, Du bist innerlich klar, Du weißt, wer Du bist, Du kennst die Gesetzeslage und andere Dinge, die Du in der Konfrontation mit anderen wissen musst, und jetzt spielst Du in Gedanken mit der Situation, bis Du im Supermarkt bist. Dort schaltest Du um auf volle Präsenz, bist nur im Jetzt und beobachtest, was passiert. Mach Deinen Einkauf oder was Du gerade tun willst, lächle freundlich, halte Blickkontakt und mach Dir immer wieder klar: Die Hälfte der Leute, die Dir begegnen, hat Angst. Niemand hat Macht über Dich. Das sind alles Menschen. Nimm sie, wie sie sind, bleib bei Dir und achte auf Deine Gedanken. Wenn Du in dieser Situation aber so etwas denkst wie: „Diese ganzen Maskenfressen – ich könnte rein hauen" bist Du nur zwei Millimeter von der emotionalen Katastrophe entfernt, dann wird sich Dein gesamtes Äußeres und Deine Körpersprache verändern und es wird Dich auch gleich jemand ansprechen - weil Du in dem Moment mit roter Leuchtschrift auf der Stirn stehen hast: „Sprich mich an"!

Also bleib lieber wach und präsent und mach einfach Dein Ding. Meistens wirst Du feststellen, dass Dich dann gar niemand anspricht.

12. Fragetechnik

Bevor wir im Folgenden über konkrete Strategien für den Dialog mit anderen reden, ist es zuerst nötig, ein paar Basisfähigkeiten zu erlangen. Denn ohne sie werden die weiteren Strategien nicht funktionieren. Zu diesen Basisfähigkeiten gehört zu allererst, gute Fragen zu stellen – und das ist sicher die größte Herausforderung, wenn Du im Bereich der Kommunikation wachsen willst. Fragetechnik ist dann einfach das geschickte Aneinanderreihen von guten Fragen. Hier gibt es kein Rezept, wie Du vorgehen kannst. Das ist eine Frage der Intuition, und Intuition ist nur möglich mit einer gehörigen Portion Erfahrung.

Wir Deutschen sind übrigens Weltmeister, wenn es um Fragen geht – allerdings im negativen Sinne, denn im internationalen Vergleich fragen wir Deutsche relativ wenig. Das zeigt sich besonders deutlich beim internationalen Vergleich von Verkäufern, bei dem die Deutschen meist miserabel abschneiden. Warum? Weil sie eben nur wenige bis keine Fragen stellen. Denn das macht einen guten Verkäufer aus: viele Fragen zu stellen. Die Verkäufer in Deutschland arbeiten dagegen noch immer gerne nach dem Motto: „Quatsch den Kunden einfach so lange voll, bis er resigniert und aus Verzweiflung kauft, weil er nicht die psychische Stärke hat, nein zu sagen".

Die Schwierigkeit, überhaupt gute Fragen zu stellen, hat ganz einfache Gründe – in unserem Land werden Kinder schon früh dazu erzogen, am Besten gar keine Fragen zu stellen. Wer als kleines Kind zu oft Fragen stellt (und Kinder tun das – wie sollen sie sonst die Welt erkunden), hört meist solche Sätze:

„Frag nicht so blöd."

„Das brauchst Du nicht zu wissen."

„Das verstehst Du noch nicht."

oder den absoluten Killer

„Das macht man so." (Was für eine Begründung!)

Kinder haben aber noch keine inneren Programme, mit denen sie erkennen können, dass die Eltern gerade maximale Hilflosigkeit signalisiert haben. Daher schieben sie die Verantwortung für das enttäuschende Erlebnis auf sich selbst und hören dann meist auch schnell auf, Fragen zu stellen. Wenn die Entwicklung in Kindheit und Jugend abgeschlossen ist, haben die Meisten auch gelernt, selbst abwehrend auf Fragen zu reagieren. Das wiederum hat verheerende Auswirkungen auf die Dialogkultur: Zum einen reagieren Menschen immer wieder echt allergisch darauf, wenn ihnen jemand wirklich gute Fragen stellt, und sie interpretieren auch häufig Angriffe hinein oder werden selbst aggressiv, wenn eine Frage so richtig ins Mark trifft. Die größte Schwierigkeit ist, dass viele Menschen einfach gar nicht wissen, was eine Frage überhaupt wirklich ist und wie Fragen eigentlich geht.

Im Schriftlichen erkennen wir eine Frage einfach daran, dass am Ende ein Fragezeichen steht. Im Mündlichen merkt man es daran, dass am Ende des Satzes die Stimme hoch geht – aber ist das davor wirklich immer eine echte Frage? Viele Menschen beginnen ihre vermeintlichen Fragen mit: „Ja, aber", nur ist das folgende dann ganz sicher keine Frage, son-

144

dern ein Gegenargument, selbst wenn irgendwo dahinter ein Fragezeichen auftauchen sollte. Das kannst Du besonders gut in den sozialen Medien beobachten, wenn Menschen ihre Gegenargumentiererei als Hinterfragen interpretieren - manch einer formuliert sogar Mutmaßungen und Unterstellungen als „etwas hinterfragen" und die Leute bemerken das meist selber nicht.

Deshalb will ich Dir hier ein paar allgemeine Hinweise geben, wie Du reagieren kannst, wenn Du selbst (nur scheinbar) gefragt wirst. Zunächst mal schau oder hör genau hin, ob das, was da an Dich herangetragen wird, überhaupt eine echte Frage ist. Das folgende Kapitel wird Dir bei dieser Überlegung sicher helfen. Grundsätzlich kann ich Dir aber schon hier sagen: So lange Dir jemand Fragen stellt, hinter denen Du neugieriges Interesse oder den Wunsch nach Verbindung spürst, antworte einfach. Diese Fragen haben einen legitimen Zweck und wichtig ist zunächst nur, dass Du dabei die Erkenntnisse aus dem Kapitel Kommunikationsmythen anwendest. Die wichtigste ist, dass der andere Dich niemals verbal angreifen kann und schon gar nicht mit einer echten Frage.

Echte Fragen mit eigenen Gegenfragen zu beantworten, ist ein taktisches Mittel, dass manch ein Trainer da draußen immer noch vermittelt. Ich halte davon nichts und warne sogar davor, denn es ist überhaupt nicht verbindend – es ist sogar eher traurig, wenn ein Gespräch, das eine echte Begegnung sein könnte, vielmehr von taktischen Überlegungen geleitet ist. Wenn Du aber wirklich auf eine Frage eines anderen deinerseits eine Frage hast, dann beantworte zuerst seine Frage und stell danach Deine. Du wirst sehen – jetzt kommt Ihr in einen Fluss, denn so verläuft ein wirklich gelingender Dialog: Jemand stellt eine Frage, Du beantwortest sie und stellst Deinerseits eine Frage. Der andere beantwortet diese und jetzt ist er wieder dran mit dem Fragen. So kannst Du Stunden mit dem anderen verbringen und ihr werdet sicher eine schöne Zeit miteinander haben.

Vorzüge von Fragen

Erfolgreiche Kommunikation ist für mich ein Präzisionswerkzeug und Fragen sind dabei das wichtigste Element. Das beliebte Muster, in Gesprächen seitenweise Argumente aneinanderzureihen, ist dagegen so vielversprechend, als ob Du mit einer Schrotflinte wahllos in den Wald schießt, in der Hoffnung, vielleicht ein Karnickel zu treffen. Die drei wichtigsten Vorzüge von Fragen sind daher:

1. Du kannst hundert gute Argumente haben, aber was nützen die, wenn keines davon für den anderen passt? Durch Fragen hast Du die Chance, etwas über Deinen Gesprächspartner zu lernen, das Du zuvor vielleicht noch nicht wusstest. Ein gutes Argument zum richtigen Zeitpunkt und im richtigen Kontext wirkt dann um ein Vielfaches mehr als die wahllos und zufällig aneinandergereihten Schrotkugeln mit 100 und mehr Argumenten.

Wenn Du dich zurückerinnerst an das Modell der vier Seiten einer Nachricht, dann weißt Du, dass der Gesprächspartner beim Reden auf der Ebene der Selbstkundgabe immer eine Menge Aussagen mitliefert. Er sagt etwas über seine Gefühle, seine Bedürfnisse, seine Glaubenssätze und seine Identität. Das alles kannst Du erfahren, wenn Du Fragen stellst und auch gut zuhörst. Auch erfolgreiche Unterhändler verbringen in Konfliktgesprächen oft die ganze erste Stunde damit, nur zuzuhören - und mitzuschreiben, was sie alles erfahren. Nicht umsonst.

2. Fragen signalisieren Interesse, und Interesse signalisiert Wertschätzung. Darüber brauche ich Dir gar nicht viel zu erzählen, das weißt Du selber. Wann sind Gespräche auch für Dich interessant und angenehm? Wann sind Gespräche in jedem Fall eine Bereicherung, auch wenn man sich nicht völlig einig ist?

Wenn Dir jemand zeigt, dass er sich tatsächlich und nicht nur oberflächlich für Dich interessiert,woran erkennst Du das? Daran, dass er Dir Fragen stellt und wirklich zuhört.[24]

3. Im Verkauf gilt der Satz „wer fragt, führt". Das stimmt, denn was denkt der andere in dem Moment, in dem Du argumentierst? Eben – Du weißt es nicht. Du hast aber eine hohe Wahrscheinlichkeit, dass der andere gerade im „ja, aber"-Modus ist und Gegenargumente sucht. Was oder worüber denkt der andere jedoch nach, wenn Du ihm eine Frage stellst? Genau – über eine Antwort.

Also wer entscheidet, worüber der andere nachdenkt? Genau: der, der die Frage stellt, bestimmt die Denkrichtung - Du steuerst und führst das Gespräch durch deine Fragen. Mit guten Fragen kannst du beim anderen Denkprozesse anstoßen, die tief wirken. Was ist aber gemeint mit „guten Fragen" und woran erkenne ich sie? Das ist recht einfach.

Eine gute Frage braucht z.B keine Erklärung und ist vor allem kurz. Sie kommt spitz und auf den Punkt und das braucht nicht viel Worte. Gute Fragen fragen nach Motiven und bringen die Gesprächspartner in Verbindung miteinander. Gute

---

24 Es gibt ein Buch/Hörbuch von Vera Birkenbihl über Fragetechnik, das hat mich seinerzeit sehr viel weitergebracht, es heißt „Fragen Sie sich zum Erfolg" und auch der Zusammenschnitt eines Fragetechnikworkshops mit ihr ist sehr empfehlenswert.

Fragen lassen dem anderen vor allem Raum zu antworten. Lass dem anderen Zeit zu antworten und unterbrich ihn nicht. Du merkst, dass Du zuhörst, wenn der andere deutlich mehr redet als Du. Gute Fragen sind auch präzise im Ziel und in der Wortwahl – und gute Fragen können verborgene Dinge offen legen oder verborgene Motive aufdecken oder entlarven. Stell auch immer nur eine Frage. Es ist eine Unart, wenn Leute gleich drei oder vier Fragen auf einmal stellen – so entwickelt sich kein Gespräch. Auch wenn Du selbst eine Aussage machst oder sogar eine Frage beantwortest, stell immer eine eigene Frage zum Schluss. Nur so bleibst Du in der Führung des Gesprächs. Sobald Du aufhörst, Fragen zu stellen, wird der andere Fragen stellen und dann ist Deine Gesprächsführung erst mal weg.

Formelle Unterscheidungen von Fragen

Welche Fragen gibt es und wofür sind sie gut.
Geschlossene Fragen kannst Du nur mit Ja oder Nein beantworten. Zum Beispiel „Bist Du mit dem Auto da?" - da wird nicht danach gefragt, wie die Reise war, sondern nur, ob Du mit dem Auto gekommen bist, und da gibt es eben nur zwei Möglichkeiten: Ja oder Nein.
Offene Fragen hingegen lassen dem anderen Raum zum erzählen. Diese Fragen beginnen meist mit W, also Worten wie: Wer, Was, Wie, Wozu, Wann, etc. Die Frageworte: Wieso, Weshalb, Warum sind zwar ähnlich, die solltest Du aber auslassen, weil diese Fragen den anderen förmlich zu einer Rechtfertigung zwingen und das willst Du sicher nicht. Diese Worte fragen auch nicht das, was Du wissen willst. Ersetze das Warum durch ein Wozu oder Wofür oder - wenn beide nicht passen - durch ein „Wie kommt's?" - so kommst Du zum Ziel.

Offene Fragen bringen Dir Information, geschlossene Fragen schnelle Entscheidungen oder Informationen, bei denen das Drumherum nicht so wichtig ist. Geschlossene Fragen können Dein Gegenüber aber auch manchmal einengen und andere in Schwierigkeiten bringen, wenn ein einfaches Ja oder Nein ohne eine Erklärung oder den Kontext die Antwort verzerrt. Das kennst Du vielleicht aus amerikanischen Anwaltssendungen, wenn Zeugen genötigt werden: „Antworten Sie nur mit Ja oder Nein". Wenn Du eine solche Situation provozieren willst, sind geschlossene Fragen aber super geeignet. Allerdings frage Dich vorher, ob Du das wirklich willst, denn erwarte nicht, dass Du nach so einer Frage noch eine echte Verbindung zum anderen hast.

Oft kommen sogenannte **Suggestivfragen** auch in Form von geschlossenen Fragen. Das sind Fragen, die dem Anderen eine Annahme unterstellen, die durch eine Antwort auf die Frage bestätigt wird. Um das Ding mit den Suggestivfragen auf den Punkt zu bringen, hier ein einfaches Beispiel: „Sagen Sie – schlagen Sie ihre Frau immer noch"?

Egal wie der Betreffende diese Frage beantwortet, er hat immer verloren, weil er zugibt, dass er seine Frau schlägt oder zumindest schon mindestens einmal geschlagen hat. Denn selbst wenn er „Nein" sagt, gibt er doch zu, dass er sie in der Vergangenheit geschlagen hat. Durch das U-Boot „immer noch", das unbemerkt unterm Radar mitkommt, wird die Vorannahme, dass er sie früher geschlagen hat, durch die Antwort als wahr akzeptiert. In der Essenz rate ich Dir also: Lass die Finger von Suggestivfragen und antworte nicht auf sie!

Das traurigste Bild zum Thema Fragenstellen liefern diejenigen ab, von denen die meisten annehmen würden, dass gerade sie das Thema Fragenstellen doch beherrschen müssten. Doch das Gegenteil ist der Fall. Es geht um Journalisten. Ich habe bis heute in keinem deutschen Medium – wirklich nicht in einem einzigen – Leute gesehen, die wirklich gute Fragen stellen.

Im Mainstream legen sich die Journalisten meist einen sogenannten **Fragetrichter** zurecht, in dem sie mehrere Suggestivfragen hintereinander stellen und immer enger fassen. Wenn der Interviewpartner dann immer brav darauf antwortet oder sich rechtfertigt, hat der Journalist ihn schnell an dem Punkt, dass er wirklich nicht mehr gut aussieht. Deshalb antworten die meisten befragten Profis auch oft gar nicht auf die eigentlichen Fragen, sondern erzählen einfach irgendetwas und bringen dabei nur so oft wie möglich ihre Kernbotschaft.

Rhetorische Fragen sind so ein Ding. Das sind Fragen, die beim anderen ein todsicheres Ja produzieren, wie z.B. „Wollen Sie glücklich sein"? - da sag mal jemand Nein. Rhetorische Fragen kannst Du manipulativ einsetzen, um Zustimmung zu sammeln oder den anderen in einen Gedanken hineinzusteuern. Die Anwendung in der Praxis ist dann aber doch eher selten. Am meisten Sinn ergeben rhetorische Fragen noch im Zusammenhang mit Social Media. Hier endet auch schon die klassische Fragetechnik und ab jetzt geht es eher in die Psychologie. Aus dem systemischen Coaching kenne ich einige Fragen, die auch sehr hilfreich sein können. Die wichtigste davon ist die **Wunderfrage** (es gibt noch ein Dutzend weiterer Namen, unter denen diese Frage bekannt ist). Die Wunderfrage blendet einfach alle Limitierungen aus und fragt nach der idealen Lösung, so als ob eine gute Fee käme und das gewünschte Ergebnis einfach so hinzaubert. Die Wunderfrage geht nicht in die Tiefe und es ist auch erst mal egal, ob die gewünschte Lösung realistisch ist. Der Weg von der idealen

Lösung zur optimalen Lösung ist nämlich meist recht kurz.

Ein Praxisbeispiel für eine Wunderfrage: Auf einer Demo meint jemand zu Dir: „Ihr müsst Euch viel deutlicher von den Rechten distanzieren!" - Du kannst jetzt mit der Wunderfrage entgegnen „Wenn Du die Macht hättest, es mit einem Schnipp so zu machen, wie Du es Dir vorstellst - wie würde das dann aussehen?"

Wenn Dein Gegenüber antwortet, wird er Dir seine Wunschvorstellung offenbaren und schon bist Du an ihm dran, denn er hat Dir damit eine Menge über sich selbst erzählt.

Weitere Wunderfragen:

„Wenn Du Dir vorstellst, das Problem wäre zu Deiner Zufriedenheit gelöst – wie würde das aussehen?"

„Mal angenommen, Du könntest mit einer Zeitmaschine zurückfahren. Was würdest Du anders machen?"

„Mal angenommen, Du wärst der Chef hier, was würdest Du tun?"

„Stell Dir vor, Du wärst Bundeskanzler. Was wäre Deine erste Entscheidung?" etc. pp.

Zur Wunderfrage gesellt sich die sogenannte **Skalenfrage**. Eine Skalenfrage stellst Du, wenn etwas eher schwer zu greifen ist und Du es anschaulich machen willst. Dann lässt Du den anderen die Antwort auf einer Skala von z.B. 1 bis 10 skalieren. Du kannst jemanden z.B. fragen: „Wie hoch ist Deine Angst, an Corona zu erkranken auf einer Skala von 1 bis 10?" - sagt der andere 3, dann weißt Du, seine Angst ist eher klein. Sagt der andere aber 8, sieht es anders aus - die Angst ist groß.

Ressourcenfragen sind gut dazu geeignet, die gedankliche Richtung zu steuern. Sie können sehr erfolgreich auch als Separator eingesetzt werden. Wenn z.B. in einer aufgeheizten Diskussion mit einem Familienmitglied plötzlich die Frage kommt: „Wann waren wir als Familie eigentlich das letzte Mal so richtig miteinander verbunden?". Damit ändert sich schlagartig die Richtung der Gedanken der anderen hin zu positiven Erlebnissen und damit auch immer zu den inneren Ressourcen. Du wirst es meist schon im Gesichtsausdruck sehen. Die Mimik hellt sich sichtbar auf.

Paradoxe Fragen erscheinen oberflächlich betrachtet unsinnig, doch genau das ist ihr Ziel: Sie übertreiben die Strategie Deines Gegenübers, indem sie Unsinn mit noch größerem Unsinn bekämpfen. Paradoxe Fragen zielen darauf ab, das Gegenteil von dem zu erreichen, was vordergründig das Ziel zu sein scheint. Doch durch die Beantwortung verrennt der andere sich selbst in dem, was er aktuell bereits tut.

Beispiele aus dem Alltag:

„Wie kannst Du Deinen Lernerfolg am effektivsten sabotieren?"

„Was musst Du tun, damit Du ganz sicher rausgeworfen wirst?"

Im Corona-Kontext:

„Was muss diese Regierung tun, damit sie wirklich jeder in diesem Land verachtet?"

„Was kannst Du als Geschäft tun, damit wirklich kein einziger Kunde mehr kommt?"

„Was kannst Du als Unternehmen tun, damit wirklich alle Mitarbeiter kündigen?"

„Wie viele friedliche Menschen wollen Sie noch verprügeln, bis Sie endlich geliebt werden?"

Aus der Kombination von Skalenfrage und Ressourcenfrage entsteht die sogenannte paradoxe Ressourcenfrage. Mit der kannst Du jemanden schlagartig die Perspektive wechseln lassen. Dazu lässt Du Dir erst die Problemebene (z.B. das unangenehme Gefühl) skalieren, und wenn Du die Antwort hast (die in 99% der Fälle nicht der unterste Wert 1 ist), dann fragst Du: „Warum ist es nicht noch schlimmer?". Im selben Moment aktiviert der andere seine Ressourcen und antwortet vielleicht: „Weil ich ein Immunsystem habe". Damit hast Du eine wunderbare Grundlage für ein Gespräch über das Immunsystem. Wenn er antwortet: „Weil ich geimpft bin", dann fragst Du: „Warum antwortest Du dann nicht mit 1?". Du siehst – eine gute Frage öffnet Dir die Tür für ganz verschiedene Richtungen, in die sich ein Gespräch entwickeln kann. Paradoxe Ressourcenfragen helfen auch sehr gut dabei, mit Ängsten und anderen Schwierigkeiten umzugehen. Wenn jemand z.B. Angst davor hat, bei der nächsten Demo mitzugehen, aus Angst, Opfer von Polizeigewalt zu sein. Du machst das Gleiche – Du fragst: „Wie groß ist Deine Angst von 1 bis 10", er sagt: „8" und Du fragst: „Warum nicht mehr?". Er antwortet: „So viele Polizisten können ja gar nicht da sein, dass sie uns allen Gewalt antun können, wir sind einfach zu viele", und schon steigt beim anderen womöglich die Zuversicht.

Zirkuläre Fragen laden den anderen ganz offen dazu ein, die Perspektive zu wechseln, z.B. kannst Du ihn dazu einzuladen, sich in Dich hineinzuversetzen oder in einen unbeteiligten Dritten: „Wie würden Sie sich fühlen, wenn Sie Ihren Job verlieren, weil sie nicht geimpft sind?", oder zu einem SPD-Mitglied (am besten älteres Baujahr): „Was würde wohl Willy Brandt sagen, wenn er Sie heute sehen würde?".

Meta-Modellieren

Jetzt gehen wir noch einen Schritt weiter und kümmern uns um Fragen, die tief in die Psychologie gehen – und die andere wirklich verrückt machen können. Wer sich damit ausführlich auseinandersetzen will, den lade ich ein, sich mit der NLP-Fragetechnik zu beschäftigen und dem sogenannten **Meta-Modellieren**. Ich werde hier nur einige ausgewählte Fragen aus diesem Bereich präsentieren und nicht darauf eingehen, welche Hintergründe und welche Systematik sie jeweils haben. Ich lade Dich ein, diese Strategien einfach mal auszuprobieren und damit zu experimentieren.

Genau

Wir beginnen mit einem winzigen Wort, das einen gewaltigen Unterschied machen kann und dieses Wort heißt „genau". Wenn Du eine offene Frage mit dem Wort „genau" versiehst, kannst Du etliches bewirken.
Beispiele:
Antifa: „Wir werden Euch alle impfen!"
Antwortfrage: „Wie genau wollt Ihr das denn machen?"
Montgomery: „Es wird keine Spaziergänge mehr geben!"
Antwortfrage: „Wie genau wollen Sie das beeinflussen?"
Ordnungsamt: „Wir werden Ihre Spaziergänge verhindern!"
Antwortfrage: „Was genau wollen Sie denn unternehmen?"
Basisvorstand: „Wir müssen den Schwarm mehr einbinden!"
Antwortfrage: „Wie genau stellt Ihr Euch das vor?"

Nachfragen

Das meiste von dem, was wirklich in uns passiert, wie wir denken und wie wir fühlen und handeln, bleibt verborgen in den Tiefenstrukturen unserer Psyche, und wenn wir sprechen, dann teilen wir immer nur einen Bruchteil dessen mit. Das Verborgene ist allerdings in den Sprachmustern erkennbar, nämlich da, wo die Sprache bestimmte Teile einfach weglässt, verallgemeinert oder verzerrt. Mit speziellen (Nach-) Fragen kannst Du diese fehlenden Anteile der Sprache wieder nach oben holen.

Dadurch hören sich die nächsten Fragen für Dich vielleicht nach Spitzfindigkeiten an, sie sind es aber nicht. Sie stechen wie ein Skalpell in die sprachliche Oberflächenstruktur des anderen und decken tief sitzende, verborgene Glaubenssätze auf.

Ich stelle die Beispiele wieder dialogisch dar:

A: „Man geht doch nicht ohne Maske einkaufen!"

B: „Wer ist dieser man?"

oder

A: „Ich kann doch nicht ohne Maske einkaufen!"

B: „Wer hindert Dich?"

Hier wird der andere wahrscheinlich mit irgendeiner Fremdbestimmung antworten, wie z.B. das Gesetz oder der Supermarktleiter. Das ist dann Ansatzpunkt für weitere Fragen. Auf jeden Fall führt es den anderen dahin, dass er erkennen kann, dass es gar kein „kann nicht" gibt, sondern eben nur ein „will nicht".

A: „Ich muss mich doch impfen lassen!"

B: „Was passiert, wenn Du es nicht tust?"

Muss bedeutet Zwang und keine Alternative. Die Frage zeigt dem anderen sofort, dass es durchaus eine Alternative gibt und er somit gar nicht wirklich muss.

Verallgemeinerungen überzeichnen

Verallgemeinerungen sind in unserer pointenorientierten Kommunikation sehr häufig. Sie sind aber auch leicht zu hinterfragen, indem die Verallgemeinerung überzeichnet wird - fast wie bei Satire und das kann sogar humorvoll sein:

A: „Ihr Demonstranten seid alle Rechts!"

B: „Also jeder einzelne von uns 1500 Leuten hier ist ein Rechter? Jeder einzelne?"

A. „Ja, jeder einzelne!"

B: „Kennen Sie jeden einzelnen?"

A: „Äh, nein, aber das brauche ich nicht. Ihr seid doch alle gleich!"

B: Also wir sind alle miteinander gleich? Jeder einzelne von uns ist absolut identisch mit jedem anderen hier?"

A: „Äähh...."

B: „Sehen die hier alle gleich aus?" Usw. usf.

Oder – ein anderes Beispiel:

A: „Unter den Maßnahmen muss doch niemand leiden!"

B: „Niemand? Von 83 Mio. Deutschen muss nicht einer leiden?"

A: „ja, äh, vielleicht nicht keiner, aber nicht so viele."

B: „Wie viele denn genau?" Etc. pp.

Ich will es jetzt bei der Theorie belassen. Im Folgenden zeige ich Dir noch in Form von Beispieldialogen zu bestimmten Themen verschiedene praktische Möglichkeiten, mit Fragen zum Kern vorzustoßen.

Fragetechnik in der Praxis

Im folgenden Beispieldialog zeige ich Dir zunächst, wie ein einfacher Frage-und-Antwort-Tanz aussehen kann. Ich werde den Dialog nicht kommentieren, sondern du kannst als Übung einfach mal selbst analysieren, ob Du einige der vorher erläuterten Muster wiedererkennst.

Wir befinden uns in einer Fußgängerzone im Rahmen eines Bürgerdialogs, der von einer Gruppe von Maßnahmenkritikern organisiert wurde. Wir haben wieder zwei Seiten: A ist ein Befürworter der Maßnahmen und liefert hier das Stichwort für den folgenden Dialog. B stellt ausschließlich Fragen.

A: „Ihr seid Schuld, wenn Menschen sterben müssen!"

B: „Was macht Sie da so sicher?"

A: „Das sagen die doch in den Nachrichten."

B: „Also in den Nachrichten wird gesagt, dass ich dafür verantwortlich bin, wenn Menschen sterben? Also z.B. wenn jetzt ein Verkehrsunfall irgendwo passiert, bei dem jemand stirbt, bin ich dafür verantwortlich?"

A: „Wollen Sie mich verarschen?"

B: „Wie kommen Sie darauf?"

A: „Das war doch klar, was ich gemeint habe."

B: „Für wen war das klar?"

A: „Für jeden."

B: „Kennen Sie jeden?"

A: „.....nein, das ist doch egal. Sie bringen Menschen um!"

B: „Wann, jetzt? Wen?"

A: „Die Leute alle hier."

B: „Wo? Ich sehe keine sterben."

A: „Die sterben ja auch nicht hier."

B: „Wo sterben die denn?"

A: „Ja zuhause, oder im Krankenhaus."

B: „Und ich bin dann dafür verantwortlich? Ohne mich würden zuhause und in Krankenhäusern keine Menschen sterben?"

A: „Ach hören Sie auf, mit Ihnen kann man doch nicht reden."

B: „Und wozu haben Sie mich dann angesprochen?"

A: „Weil Sie mit Ihrem Stand andere gefährden."

B: „Oh – wir dachten, es wäre sicher. Sind Sie vom TÜV?"

A: „Nein, doch nicht deshalb. Wegen Corona."

B: „Sie meinen, das ist eine gefährliche Krankheit? Wollen sie darüber reden?"

A: „Ja, was denn sonst."

B: „Woran merken Sie denn, wenn eine Krankheit gefährlich ist?"

A: „Na, wenn viele daran erkranken."

B: „Also z.B. Schnupfen ist eine gefährliche Krankheit?"

A: „Nein, das ist doch völlig harmlos, nein – eine Krankheit bei der die Leute ins Krankenhaus müssen."

B: „Auch wenn sie nur kurz im Krankenhaus sind und schnell wieder gesund sind?"

A: „Nein, also, äh, also wenn viele Menschen sterben."

B: „Ah – also an Corona sterben viele Leute?"

A: „Ja, gucken Sie denn keine Nachrichten?"

B: „Wie viele sind denn an Corona gestorben?"

A: „Ja, viele."

B: „Wie viele genau?"

A: „Das weiß ich jetzt nicht genau, aber es waren sehr viele."

B: „Kennen Sie das Robert-Koch-Institut?"

A: „Natürlich, die kommen doch jeden Abend in den Nachrichten."

B: „Ist das Robert-Koch-Institut seriös?"

A: „Natürlich. Das ist doch eine staatliche Stelle."

B: „In der Tat, das ist staatlich. Und was sagt denn das Robert-Koch-Institut, wie viele Leute gestorben sind?"

A: „Das weiß ich jetzt auch nicht."

B: „Interessiert es Sie?"

A: „Ja, wie wollen Sie das jetzt machen?"

B: „Ich habe hier ein Tablet. Damit können wir auf die Internetseite vom RKI gehen. Wollen wir dort mal schauen?"

A: „Von mir aus."

B sucht mit dem Tablet vor den Augen des anderen das RKI Dashboard und zeigt es ihm.

B: „Sehen Sie, da steht es: Ungefähr 100.000 Tote im Zusammenhang mit Corona. Und ist das jetzt viel?"

A: „Natürlich! 100.000 Leute – stellen Sie sich das mal vor."

B: „In welchem Zeitraum sind die 100.000 denn gestorben?"

A: „Ich weiß nicht, steht das da nicht?"

B: „Doch, das steht da. Wollen Sie es wissen?"

A: „Erzählen Sie schon."

B: „Da steht seit Anbeginn der Corona-Krise, und das sind jetzt 22 Monate. Also 100.000 Menschen in fast zwei Jahren. Wie viele Menschen sterben denn sonst im selben Zeitraum an anderen Ursachen?"

A: „Was weiß ich."

B: „Wollen Sie es wissen?"

A: „Wo wollen sie das denn schon wieder her haben?"

B: „Statistisches Bundesamt. Ist das seriös genug für Sie?"

A: „Ja ja, schon gut. Ist das dann wieder so ein Rumgetippere auf dem Ding da?"

B: „Ja, das ist es. Ich weiß es aber auswendig. Reicht Ihnen das fürs erste?"

A: „Dann erzählen Sie mal."

B: „Also ungefähr 1,5 Millionen Menschen". Sind jetzt 100.000

immer noch viel?"

A: „Ja, äh, nein,....immer noch 100.000 zu viel."

B: „Also hätten Sie gerne, dass niemand stirbt?"

A: „Ja, am liebsten."

B: „Halten Sie das für realistisch?"

A: „..........äh...."

B: „Sind wir doch mal ehrlich – es geht Ihnen darum, dass Sie Angst davor haben, an Corona zu erkranken, zu leiden und zu sterben."

A: „Natürlich, das hat doch jeder?"

B: „Sind Sie sicher? Kennen Sie jeden?"

A: „Naja, vielleicht so ein paar Verrückte wie Sie haben keine Angst."

B: „Also jeder, der keine Angst vor Corona hat, ist ein Verrückter?"

Und so weiter und so fort - wir sehen hier aber deutlich, dass A im Verlauf einige Informationen erhalten hat, die er wirklich aufnehmen kann und jetzt verarbeitet. Dieses Gespräch wird Person A bewusst oder unbewusst noch einige Zeit beschäftigen. Vor allem aber hat B viel über A erfahren und hat damit auch unzählige Möglichkeiten, das Gespräch weiter in sinnvolle Bahnen zu lenken. Es wäre zum Beispiel möglich, empathisch über Ängste vor Krankheit, Leid und Tod zu reden, was die beiden Personen in der Begegnung näher bringt und sicher eine Basis für Verbindung ist. Es ist aber auch möglich, den Weg der emotionalen Konfrontation zu gehen und zu fragen, ob A gerne hätte, dass alle eine solche Angst haben wie er - oder ob er anderen Menschen auch gezielt Angst machen möchte.

Motive suchen und Bedürfnisse identifizieren

Motive sind Gefühle, die aus unbefriedigten Bedürfnissen resulticrcn. Das bedeutet, wenn z.B. das Bedürfnis nach Sicherheit nicht befriedigt ist, resultiert daraus Angst. Ist das Bedürfnis nach Nahrung nicht befriedigt, resultiert daraus Hunger – in diesem Fall ist Hunger dann das Motiv. Die Suche nach einem Motiv bedeutet im Gespräch, Gefühle und zugehörige Bedürfnisse zu identifizieren, und dann das Bedürfnis, das befriedigt werden will, als Frage zurückzumelden.

Beispiel 1:

A. „Wo ist Ihre Maske?"

B: „Brauchen Sie mehr Sicherheit? Haben Sie Angst, sich anzustecken?"

A: „Nein, vor der Krankheit habe ich keine Angst. Aber es müssen sich doch alle an die Regeln halten."

B: „Ach so, also Sie meinen, wenn sich nicht alle an die Regeln halten, bricht Chaos aus?"

A: „Ja, genau."

B: „Also geht es Ihnen um die öffentliche Ordnung?"

A: „Sag ich doch."

B: „Aha, also es geht Ihnen um Sicherheit und Ordnung?"

A: „Genau."

B: „Also, Sie haben Angst vor Chaos, weil Sic gerne Sicherheit und Ordnung hätten?"

A: (nickt) „Mhhmm."

Damit haben wir sein Bedürfnis und sein Motiv. Das ist zwar noch keine Lösung oder Auflösung der Situation, aber ein guter Ansatzpunkt für den weiteren Verlauf des Gesprächs. Hier öffnen sich in dem von mir erläuterten Entscheidungsbaum (Kapitel 3) wieder ganz unterschiedliche Möglichkeiten der Verzweigung des Gesprächs, die Du nacheinander abarbeiten kannst.

Beispiel 2:

A: „Kannst Du denn nicht mal mit diesem ganzen Corona-Gespräch aufhören? Wir wollen hier alle ein friedliches Familienfest."

B: „Also das Familienfest wird unfriedlich, weil ich über Corona reden will?"

A: „Ja, Du merkst doch, wie das jedes mal läuft."

B: „Also Du hättest es gerne friedlich und harmonisch bei unserem Fest?"

A: „Ja, genau."

B: „Und wenn ich über Corona rede, bist Du verärgert, weil Du dann keinen Frieden und keine Harmonie hast?"

A: „Ja."

Du meinst, das war jetzt leicht und offensichtlich? Bist Du sicher? Wie oft ist Dir eine solche Gesprächsführung schon gelungen? Merkst Du, dass ich hier auch gerade die Fragetechnik auf Dich anwende? Möglicherweise war das Motiv im zweiten Beispiel banal, aber es öffnet die Tür, über das zu reden, was in dieser Familie oder für diese Person wirklich wichtig ist. Jetzt brauchst Du bloß noch dran zu bleiben und Du hast ein wunderbares Gespräch.

13. Der empathische Weg

Der empathische Weg bedeutet nichts Geringeres, als alles auszublenden oder auszuschalten, was Dich selbst in dem Moment betrifft. Dazu gehören ganz besonders Deine Gedanken und Deine eigenen Gefühle. Wenn Du empathisch reagierst, dann spielst Du selbst in dem Moment überhaupt keine Rolle. Dann ist der Scheinwerfer auf dem anderen und bleibt dort, bis sich der andere vollkommen verstanden und gesehen fühlt. Ob sich das eingestellt hat, entscheidet auch allein er und nicht Du, denn auch wenn Du sagst: „Ich versteh Dich", dann heißt das noch lange nicht, dass er sich auch verstanden fühlt. Das ist etwas völlig anderes. Einfach sagen: „Ich versteh Dich" kann jeder, aber dem anderen tatsächlich zeigen, so dass er es auch fühlen kann, ist etwas ganz anders.

Im Kapitel über Kommunikationsmythen habe ich das Modell der vier Seiten einer Nachricht vorgestellt. Hier geht es jetzt um einen spezifischen Teil dieses Modells, nämlich um die Ebene der Selbstkundgabe oder der Selbstoffenbarung - auf dieser Ebene sagt jeder immer auch etwas darüber aus, wie er sich fühlt und welche Bedürfnisse gerade aktiv oder lebendig sind. Nun ist es Deine Aufgabe, die Gefühle und Bedürfnisse des anderen zu erkennen und sie zurückzuspiegeln. Für den Anfang des Gesprächs hilft es sehr, die Worte des anderen annähernd zu wiederholen oder zumindest mit eigenen Worten nochmal wiederzugeben.

Ziel eines empathischen Dialoges ist, mit dem anderen in Verbindung zu treten. Nichts anderes! Vor allem verabschiede Dich vom Ziel, in einem solchen Dialog jemanden überzeugen zu können. Verabschiede Dich zunächst auch einmal davon, dass der andere Dich versteht. Er wird dazu vielleicht ganz am Ende bereit sein, wenn es gut läuft und wenn er sich vollständig gesehen fühlt – vielleicht aber auch nicht.

Wenn ich von jemandem Empathie will, dann macht das nur Sinn, wenn ich auch mit dem anderen empathisch umgehe. Einen empathischen Weg zu gehen bedeutet aber, ihn selber zu gehen und auch vorzuleben – es bedeutet sicher nicht, einen Soll-Zustand zu formulieren, etwas einzufordern oder wie die Empathiepolizei den Mangel an Empathie bei anderen zu beklagen oder anzuzeigen. Es bedeutet: Sehen kommt vor gesehen werden und verstehen kommt vor verstanden werden.

Im Anhang findest du eine Auflistung von Worten für Gefühle und Bedürfnisse, die Dir dabei helfen können, Dir auch ein sprachliches Repertoire zuzulegen, um besser über Gefühle und Bedürfnisse reden zu können.

Einer der Haupttreiber für Schwierigkeiten in Dialogen ist zu hohe Geschwindigkeit. Es ist unbedingt wichtig, sich für herausfordernde Gespräche Zeit zu nehmen und sich selbst ganz herunterzufahren. Atme tief in den Bauch und tritt innerlich so richtig auf die Bremse. Geschwindigkeit führt dazu, sich gegenseitig zu unterbrechen, und das ist grundsätzlich Gift für jedes Gespräch. Geschwindigkeit lässt auch Dein Herz schneller schlagen und Dein ganzer Organismus ist eher bereit, in einen Kampfmodus zu wechseln.

Es gibt Leute, die in solchen Situationen etwas machen, was die Psychologen „sich selbst dissoziieren" nennen. Das heißt, dass Du gedanklich einen Schritt zur Seite machst und Dich selbst mit Abstand betrachtest. Das bringt Dich zwar tatsächlich wieder herunter, aber Du kannst in einem dissoziierten Zustand auch nicht empathisch sein. Verbindung mit anderen ist nur im assoziierten Zustand möglich, nicht im dissozi-

164

ierten. Also ist es nötig, dass Du aus diesem zu Dir und zum anderen distanzierten (dissoziierten) Zustand schnell wieder raus und in die Verbindung zu Dir und zum anderen zurück gehst – Du weißt ja, darum geht es.

Auf einer Häuserwand irgendwo in den USA hing mal zu Zeiten des dritten Irakkrieges (2003) ein Transparent, auf dem stand „Democracy is best taught by example, not by war". Mit der Empathie ist es genauso. Wenn Du innerlich im Kampfmodus bist und verbal immer noch mit anderen Krieg führst, kannst Du unmöglich empathisch sein. In solchen Momenten ist es dringend erforderlich, dass Du Empathie für Dich selbst hast und erst einmal herausfindest, was Dir selber gerade fehlt - und wie Du das bekommst, bevor Du mit jemandem ins Gespräch gehst.

Das nächste Beispiel:

A: „Sie haben keine Maske auf!"

Wir beginnen damit, uns zu fragen, welche Gefühle der andere hat und welche Bedürfnisse. Das ist hier so richtig einfach und die entsprechende Fragetechnik wurde im vorherigen Abschnitt schon erläutert. Sein Gefühl ist Angst und sein Bedürfnis ist Sicherheit. Geh davon aus, dass es (erst mal) nur um diese beiden Aspekte geht. Ja, es könnte natürlich auch sein, dass da jemand Blockwart spielt und hauptsächlich Regeleinhaltung kontrollieren will – das werden wir herausfinden. Das Einfache ist aber, dass A auch dann exakt das gleiche Motiv hätte, nämlich immer noch Angst - nicht vor einer Krankheit, sondern davor, dass die Ordnung zusammenbricht, wenn sich die Leute nicht an die Regeln halten, und sein Bedürfnis ist dann auch das nach Sicherheit.

Also meldest Du genau diese beiden Bedürfnisse zurück.

B: „Sind Sie ängstlich wegen der Krankheit?

165

Brauchen Sie mehr Sicherheit?"

Es ist auch möglich, diese Rückmeldung anders auszudrücken. Ein Haufen Leute scheut davor zurück, Gefühle und Bedürfnisse so direkt anzusprechen. Gerade am Anfang fühlt sich das auch komisch an, weil ungewohnt. Du kannst also alternativ auch sagen: „Sie wollen sich nicht anstecken?" - das ist für Dich vermutlich für den Anfang alltagstauglicher. Die Variante mit den Gefühlen und Bedürfnissen ist aber präziser und verbindender und damit auch schneller.

Du kannst dann schon an der körperlichen Reaktion des Gegenübers erkennen, ob sich nach einer solchen Rückfrage etwas tut. Meist sind es kleine Entspannungssignale (z.B. tiefes Ausatmen). Jetzt ist es sinnvoll und wichtig, dem anderen nicht nur etwas anzubieten, sondern auch mit einer Frage die Führung im Gespräch zu behalten.

B: „Brauchen Sie mehr Abstand? Hilft es Ihnen, wenn ich einen Schritt zurück gehe?"

Die Reaktion beim anderen ist dann tatsächlich ein leichtes Seufzen und eine Entspannung von dem Teil des Gesichts, das auch außerhalb der Maske zu sehen ist.

A: „Ja, genau. Ich will mich ja nicht anstecken."

Das sind schon die ersten Anzeichen dafür, dass gerade ein ganz feines Band einer Verbindung entsteht. Jetzt hakt B nach.

B: „Hilft es Ihnen, wenn wir mehr Abstand halten?"

In dem Moment entspannt sich der andere richtig.

A: „Ja, das ist schon besser. Aber Sie müssen trotzdem eine Maske aufsetzen."

Das ist der entscheidende Moment, in dem es darum geht, nicht wieder reflexartig in die alten Muster zu verfallen, wieder zu argumentieren oder seine eigene Story in den Vordergrund zu stellen.

B bleibt dran und will die Beziehungsebene vertiefen.

B: „Also sie wollen sich schützen und darum soll ich eine Maske anziehen? Trifft es das?"

Du merkst – B stellt immer wieder eine Frage, aber wenn B aufhört zu fragen, wird A wieder fragen und übernimmt damit die Führung.

A: „Natürlich trifft es das. Dafür sind diese Masken doch da. Was für eine Frage."

Das passiert häufig. Das zarte Band der Verbindung droht zu reißen und jetzt ist der Moment gekommen, dass B zum ersten Mal sich selbst ins Spiel bringt. Das beinhaltet auch, A ein Signal zu geben, das aussagt: „Ja, ich helfe Dir, Dich zu schützen" und gleichzeitig dem anderen zu signalisieren, dass seine Strategie für mich nicht passt.

B: „Ich helfe gerne dabei, Sie zu schützen. Ich möchte aber einen Weg finden, Ihnen dabei zu helfen, ohne dass ich mir selbst schade. Wollen wir darüber reden?"

Du siehst, B hat jetzt auch angedeutet, dass es für ihn nur eine einvernehmliche Lösung gibt, er hat beide Anliegen in dem Moment miteinander verknüpft. Oberflächlich ist es ein Angebot nach dem Motto: Gib Du mir etwas und ich gebe Dir auch etwas. Vor allem aber zeigt B sich offen und gibt dem anderen eine Möglichkeit, auch ihn zu sehen und sein mögliches Leid oder seinen möglichen Schaden. Ich erinnere noch mal: Verstehen kommt vor verstanden werden. A fühlt sich zumindest zum Teil verstanden und ist jetzt möglicherweise auch offener, B zu verstehen. Weiter geht's:

A: „Wie meinen Sie das – sich selbst schaden. Wie schaden Sie sich denn mit der Maske?"

Vorsicht. A hat seine Aussage mit einer Frage kombiniert, das halten wir im Kopf. Natürlich beantwortet B die Frage von

A. Er will ja Verbindung - und Offenheit, Authentizität und Transparenz sind hilfreich beim Verbindung aufbauen.

B: „Ich habe chronisches Asthma. Ich darf die Maske nicht tragen, weil ich sonst riskiere, einen Anfall zu bekommen. Verstehen Sie, was ich deshalb mit Schaden meine?"

Je nachdem wie A drauf ist, wird er jetzt Verständnis haben, und dann ist das Ding einfach damit gegessen, dass beide vereinbaren, Abstand zu halten, und gut ist es. Aber es könnte auch sein, dass A gerade die Verbindung vermeiden will und ins Oberflächliche, Allgemeine flüchtet. Also lasse ich A hier mal sagen:

A: „Ich kenne Leute, die haben auch Asthma und die tragen trotzdem eine Maske."

A stellt keine Frage und lässt dadurch eine Möglichkeit für B weiter zu fragen. Natürlich gilt es hier wieder, die Gefühle und Bedürfnisse des anderen zu reflektieren, um tiefer in die Verbindung einzusteigen.

B: „Ah, Sie sind irritiert, weil sie einen so unterschiedlichen Umgang mit der selben Situation wahrnehmen?"

Hier ist die empathische Rückmeldung auch gleichzeitig die Frage selbst, weshalb B keine weitere Frage nachstellt.

A: „Natürlich bin ich das. Ich bin es gewohnt, dass sich die Leute zusammenreißen."

Hier ist es entscheidend, beim anderen die versteckte Annahme zu identifizieren, die gegeben sein muss, damit seine Aussage Sinn ergibt. Was ist diese Annahme? Die Annahme ist, dass Asthma bei allen gleich ist. Und genau diese Annahme wird nun hinterfragt. Wir halten dabei aber in Erinnerung: B hat eine leichte Verbindung zu A.

B: „Meinen Sie, dass Asthma bei allen Betroffenen immer gleich ist?"

Jetzt hat er ihn. A wendet seinen Blick für einen Sekundenbruchteil ab und schaut wieder zu B. A zeigt Scham.

A: „Nein, natürlich nicht."

B: „Können Sie sich vorstellen, dass mein Asthma vielleicht schwerer ist als das der Leute, die Sie kennen?"

In diesem Moment entspannt sich A wieder ein wenig.

A: „Ja, natürlich kann ich mir das vorstellen."

B: „Prima. Können Sie denn jetzt damit leben, dass ich mir definitiv selbst schade, wenn ich diese Maske aufsetze? Ich mache gerne mit, Sie zu schützen. Wie kriegen wir das denn hin?"

A: „Vielleicht hilft es ja wirklich, wenn wir einfach mehr Abstand zueinander halten."

B: „Ok. (Dabei macht B einen halben Schritt nach hinten) Und wenn ich Ihnen zu nahe komme, sagen Sie es mir bitte einfach. Ist das für Sie in Ordnung?"

A: „Ja, so machen wir das. Vielen Dank für Ihre Rücksicht."

B: „Vielen Dank für Ihr Verständnis."

Beide gehen ihrer Wege. B wird jedes Mal, wenn er A wieder über den Weg läuft kurz anhalten, um den Abstand zu signalisieren und er wird dabei lächeln. A wird vermutlich auch lächeln und ganz sicher hat A gerade eine sehr wichtige und emotionale Erfahrung mit jemandem gemacht, die ihn sicher mehr beeindruckt als 723 Argumente.

Vertiefung

Soweit dieser kleine kommentierte Dialog im Supermarkt. Jetzt ist es Zeit, dass Du Dich selbst ausprobierst. Zur Vertiefung gebe ich Dir noch einen weiteren Musterdialog mit einem anderen Hintergrund. Dieses Mal werde ich die einzelnen Schritte nicht kommentieren, sondern einfach nur den Dialog darstellen und vielleicht ist es für Dich eine gute Übung, alle angewendeten bisherigen Inhalte zu identifizieren und kenntlich zu machen.

Wir sind am Rand einer Demonstration. Dort stehen ein paar Omas gegen Rechts. A ist so eine „Oma" und B ein Demoteilnehmer, der gerade dort vorbei geht und von einer der Omas angesprochen wird.

A: „Wie könnt Ihr nur mit Rechten demonstrieren?"

B: „Machen Ihnen die Rechten Sorgen?"

A: „Ja, natürlich! Ihnen denn nicht?"

B: „Hmm, befürchten Sie, dass die wieder mehr Einfluss bekommen?"

A: „Ja, natürlich. Das wäre doch furchtbar."

B: „Geht es Ihnen darum, dass Sie eine Gefahr für Ihre Freiheit in denen sehen? Also geht es um Ihre Freiheit?"

A: „Ja, wir wollen doch nicht wieder in einer Diktatur leben!"

B: „Ja, das hatten wir bereits und das war ja auch furchtbar. Und Sie mit Ihrer Lebenserfahrung sind damit ja auch noch viel näher in Kontakt. Ist es Ihnen deshalb so wichtig, dass Ihre Warnungen ernst genommen werden?"

A: „Ja, genau. Unsere Generation hat ja den Wiederaufbau noch erlebt und bei uns ist auch die Erinnerung an diese Gräuelzeit noch lebendig. Wollen Sie das denn etwa?"

B: „Mitnichten. Ich glaube nicht, dass sich in diesem Land mehr als ein paar hundert Leute finden, die das wirklich wieder haben wollen. Glauben Sie mir, dass mich und all diese Leute hier exakt die selbe Angst hier auf die Straße treibt? Auch wir haben alle Angst, wieder in einer totalitären Diktatur zu landen. Können Sie sich das vorstellen?"

A: „Aber wir leben doch nicht in einer Diktatur?"

B: „Also das heißt, sie bemerken in Ihrem Alltag keinerlei Einschränkungen?"

A: „Doch, schon, aber das ist ja nur vorübergehend. Wenn wir uns alle an die Maßnahmen halten, ist es ja auch bald vorbei."

B: „Also für Sie ist wichtig, dass sich alle konform verhalten, damit so wieder Normalität einkehrt?"

A: „Ja, es müssen sich doch alle an die Regeln halten, damit das endet."

B: „Können Sie sich vorstellen, dass es viele Menschen gibt, die seit zwei Jahren in ihrer Freiheit massiv eingeschränkt sind? Und können Sie sich vorstellen, dass es viele Leute gibt, die unter den Maßnahmen massiv leiden bis hin zu schweren Krankheiten?"

A: „Ja, aber wir haben doch eine Pandemie. Wir müssen doch die Menschen schützen."

B: „Ja, in dieser Situation ist es schwer abzuwägen, was jetzt das Richtige ist. Ich verstehe, dass es Ihnen darum geht, Leben zu retten und vor allem unsere Freiheit zu schützen. Stimmt das?"

A: „Ja, genau. Leben retten und Freiheit beschützen."

B: „Ich möchte mal zu dem Ausgangsthema zurückkommen. Halten Sie mich für einen Rechten?"

A: „Naja, Sie vielleicht nicht."

B: „Glauben Sie mir, wenn ich Ihnen sage, dass ich echte Rechte selber auch nicht mag?"

A: „Ja, warum nicht."

B: „Wie viele echte Rechte sehen Sie hier denn gerade?"

A: „Naja, ich weiß nicht, wie viele es sind."

B: „Woran erkennen Sie denn die Rechten?"

A: „Hmmm, die kann man ja nicht mehr erkennen."

B: „Früher war das einfacher, als die noch Springerstiefel und Bomberjacke getragen haben."

Beide lachen.

B: „Was macht Sie denn so sicher, dass hier Rechte mitlaufen?"

A: „Na, das steht doch in der Zeitung."

B: „Aber die Zeitung kann viel schreiben. Jetzt mal im Ernst – was meinen Sie denn, wie viele Rechte hier wirklich sind? Sehen diese Leute da aus wie Rechte?"

A: „Eigentlich nicht....." Usw. usf.

Jetzt darfst Du Dir selber vorstellen, wie es weitergehen könnte. Das Tor für eine echte Begegnung ist in diesem Gespräch auf jeden Fall weit offen, weil B eine Beziehung eingegangen ist, neugierig gefragt hat, das Gespräch geführt hat und vor allem empathisch und verständnisvoll agiert hat. Auf der Basis dieser Verbindung ist ein weiteres Gespräch möglich geworden.

Wie Du gesehen hast, ist eine Verbindung zum anderen die Voraussetzung dafür, dass auf der Inhaltsebene überhaupt irgendetwas ankommt. Diese Verbindung ist nicht so statisch und eindimensional wie ein Licht, das entweder an oder aus ist. Stell Dir diese Verbindung eher vor wie ein Band zwischen Euch, das mal dicker, mal dünner, mal kürzer, mal länger werden kann – je nachdem, wie sich die Verbindung im Gespräch festigt oder verliert. Der Stand der Beziehung im Gespräch verbessert sich grundsätzlich, je mehr Zustimmung der andere Dir gibt. Dazu muss er sein „Ja" nicht mal explizit aussprechen. Es reicht völlig, wenn er nur nickt oder sich die

Zustimmung auch nur denkt. Deshalb ist eines Deiner Nebenziele in solchen Gesprächen, so viel Zustimmung wie möglich zu erhalten. Jedes „Ja" bringt Dich dem anderen näher und die Anzahl der Zustimmungen ist auch ein Indikator dafür, wie weit Deine Beziehung zum anderen gerade ist.

Früher wurde in Verkaufstrainings den Teilnehmern beigebracht, diesen Zusammenhang manipulativ zu benutzen und den anderen durch viele rhetorische Fragen zum Kaufen zu bringen. Das ist hier aber nicht gemeint. Was ich Dir mitgebe, klingt zwar auch nach Manipulation - und natürlich kannst Du das Etablieren und Fördern einer Beziehung auch streng genommen als Manipulation verstehen. Aber das Ziel des Ganzen ist eine Beziehung auf Augenhöhe – und eben nicht, dem anderen etwas zu verkaufen, was er gar nicht will. Deine empathischen Rückmeldungen produzieren beim anderen fast zwangsläufig Zustimmung und führen auch dazu, dass der andere sich von Dir verstanden und gesehen fühlt. Betrachte die Zustimmung im Gespräch also einfach als Deinen Gradmesser für die Beziehung oder als eine Art Konto, auf das Ihr beide während des Gesprächs einzahlt. Jedes „Ja", das Du erhältst, wird auf diesem Konto gut geschrieben und bringt Dich dem anderen näher.

14. Glaubenssätze

Bereits in den Dialogen über die Motive war schon ein Schritt angedeutet, der jetzt wichtig wird, nämlich das Identifizieren von Glaubenssätzen. Glaubenssätze habe ich auch schon im Modell der vier Seiten einer Nachricht angesprochen, aber sie zu erkennen und zu hinterfragen, ist die Königsdisziplin der Fragetechnik. Es erfordert viel Übung, damit Du es wirklich beherrschst, wenn Du es brauchst. Ein prima Übungsgelände ist dazu der Konsum von Talkshows. Schau Dir eine beliebige Talkshow an und identifiziere erst mal nur die Glaubenssätze, die dort meist ganz unbewusst durch den Raum fliegen. Wie erkennst Du Glaubenssätze? Mach Dir zunächst klar, dass wir in dem, was wir sagen, und vor allem in dem, wie wir es sagen, immer unsere jeweiligen Glaubenssätze mitliefern. Alles, was jemand denkt, basiert unbewusst auf der Gültigkeit seiner Glaubenssätze.

Glaubenssätze sind unausgesprochene Annahmen, die wahr sein müssen, damit die dazugehörige Aussage überhaupt einen Sinn ergibt, und sie haben meist die Struktur von Ursache und Wirkung. Das soll heißen, zwischen einer Ursache und einer Wirkung wird ein ursächlicher Zusammenhang hergestellt oder unterstellt. Schlüsselworte sind: „Weil", „wenn... dann", „wegen" und ähnliche Formulierungen. Gelingt es Dir im Gespräch, einen Glaubenssatz nicht nur zu hinterfragen, sondern durch entsprechende Fragen sogar als unzutreffend zu beweisen, zerlegt sich das ganze Kartenhaus, das darauf aufbaut, mal eben von selbst.

Als Beispiel nehme ich den Satz aus dem schon bekannten Dialog über die Maske. Da sagt A:

„..Aber es müssen sich doch alle an die Regeln halten.."

In diesem einen Satz springen uns gleich mehrere Glaubenssätze ins Gesicht. Annahmen, die erfüllt sein müssen, damit der Satz Sinn ergibt:

- Regeln sind für alle und es gibt keine Ausnahmen.

- Die Verwendung des Wortes „Müssen" bedeutet Zwang und damit auch, dass es keine Alternative gibt.

- Wenn sich nicht alle an die Regeln halten, gibt es keine öffentliche Ordnung mehr.

Der dritte Glaubenssatz ist zunächst ein wenig Spekulation, deshalb hat B gezielt nachgefragt: „Ach so, also Sie meinen, wenn sich nicht alle an die Regeln halten, bricht Chaos aus?" - A bejaht das und damit ist dieser Glaubenssatz auch bestätigt. Es ist eine eigene Kunst, Glaubenssätze zu erkennen, deren Wahrscheinlichkeit einzuschätzen und diese dann dem anderen als Frage anzubieten. Wird der Glaubenssatz bestätigt, dann kann man sich in der Gesprächsführung auf dieses Thema konzentrieren, sollte der andere verneinen, geht die Suche nach den tatsächlichen Glaubenssätzen weiter.

Der bestätigte dritte Glaubenssatz: „Wenn sich nicht alle an die Regeln halten, gibt es keine öffentliche Ordnung mehr" wiederum öffnet den Raum für weitere Glaubenssätze, die auch noch hinter dieser Annahme stehen - nämlich Glaubenssätze über den Menschen im Allgemeinen und den Betreffenden selber (also A).

Einer davon ist z.B.:

- Wenn Menschen keine Regeln haben, hauen und stechen sie sich.

Da dieser Satz eine Verallgemeinerung über den Menschen an sich ist, schließt er denjenigen, der das glaubt, immer zwingend mit ein, sodass der verallgemeinerte Glaubenssatz auf die Ebene der Identität des Gegenübers verweist:

- Wenn ich keine Regeln und Vorschriften habe, haue und steche ich.

Dieser letzte Satz wäre dann der Knackpunkt eines möglichen Gesprächs. Dieses Auf und Ab in den verschiedenen Ebenen (Motiv, Glaubenssätze, Identität) nennt sich im Coaching „Chunking up" und „chunking down". Die Ausdrücke an sich sind nicht wichtig, aber wichtig ist – je tiefer Du in diese Ebenen hineinkommst, desto wirksamer ist die Intervention und desto leichter ist es, die Glaubenssätze zu zerstreuen.

Für dieses Beispiel bedeutet das: überlege Dir, ob der Satz: „Wenn Menschen keine Regeln haben..." immer noch Sinn ergibt, für den Fall dass der Satz: „Wenn ich keine Regeln habe..." nicht zutrifft. Überlege Dir nun auch, ob der Satz: „Wenn sich nicht alle an die Regeln halten..." überhaupt zutreffen kann, wenn der Satz: „Wenn Menschen keine Regeln haben..." nicht stimmt.

Denn wenn z.B. jemand nicht glauben würde, dass Menschen sich gegenseitig hauen und stechen, sobald es keine Regeln gibt - ja dann ergäbe der Satz, dass sich jeder an die Regeln halten muss, eben überhaupt keinen tatsächlichen Sinn mehr.

Übungsbeispiele

Ich werde Dir jetzt einige Aussagen auflisten und lade Dich ein, die dahinterliegenden Glaubenssätze zu identifizieren. Eine gute Übung ist auch, so viele weitere Glaubenssätze wie nur möglich abzuleiten, die unbedingt mit diesen Beispielsätzen verbunden sein müssen, damit der Glaubenssatz selbst Sinn ergibt. Du erkennst im Verlauf dieser Übung sehr schnell, dass hinter Glaubenssätzen meist ganze Glaubenssysteme stehen, in denen unterschiedliche Glaubenssätze auf

eine komplexe Art und Weise miteinander vernetzt sind.
Hier die Beispielsätze:

- „Diese Maßnahmen dürfen nie hinterfragt werden."
- „Ich bin für eine allgemeine Impfpflicht."
- „Die Pandemie endet erst, wenn alle geimpft sind."
- „Demonstranten sind Coronaleugner und Rechte."
- „Bis nächstes Frühjahr sind alle Ungeimpften gestorben."
- „Was ist denn mit Bergamo?"

Am Ende des Buches gibt es eine Auflösung, welche Glaubenssätze ich hinter diesen Aussagen erkenne, vielleicht findest Du zusätzlich auch noch andere.

Verallgemeinerungen bearbeiten

Nachdem Du im Gespräch die jeweiligen Glaubenssätze identifiziert hast, ist der nächste Schritt, z.B. mögliche Ausnahmen von den zugrunde liegenden Verallgemeinerungen zu finden. Dann ist es meist nicht mehr schwer, den Glaubenssatz mittels ein paar Fragen als unzutreffend (oder zumindest als nicht verallgemeinerbar) zu entlarven.

Ich zeige Dir jetzt, wie der Dialog oben weiter gehen könnte, wenn Du in einzelne Glaubenssätze hineingehst und mit gezielten Fragen weitermachst:

A: „Nein, vor der Krankheit habe ich keine Angst. Aber es müssen sich doch alle an die Regeln halten."

B: „Ach so, also Sie meinen, wenn sich nicht alle an die Regeln halten, bricht Chaos aus?"

A: „Ja, genau."

B: „Also Sie haben noch nie erlebt, dass es keine Regeln gibt und es trotzdem kein Chaos gibt?"

A: „Nein."

B: „Wirklich? Z.B. an einem Samstagvormittag in einer großen Fußgängerzone? Gibt es da Regeln? Gibt es da Chaos?"

A: „Äh, da gibt es doch schon Regeln."

B: „Welche? Rechts vor Links? Ampeln?"

A: „Ja, äh, nein, aber es gibt doch die Regel, dass alle aufpassen müssen, dass sie sich nicht gegenseitig umrennen."

B: „Ist das wirklich eine Regel, oder machen das die Leute einfach von selbst? Wo steht diese Regel denn?"

A: „Ja, aber es gibt doch Regeln im Straßenverkehr."

B: „Für Fußgänger? In Fußgängerzonen? Andere Frage: Sind Sie selbst so drauf, dass Sie, wenn es keine Regeln gibt, andere hauen und stechen?"

A: „Ja, nein, natürlich nicht."

B: „Und wieso glauben Sie, dass die anderen so drauf sind?"

A: „Ja, ich sehe das doch täglich."

B: „Was sehen Sie? Hauen und Stechen?"

A: „Genau."

B: „Und machen die das, weil es keine Regeln gibt? Gibt es dort, wo die sind, keine Regeln?"

A: „Ja, doch..."

B: „Also es gibt Leute, die verhalten sich kooperativ, aber nicht wegen der Regel, sondern weil die einfach so drauf sind. Und es gibt Leute, die hauen und stechen, obwohl es Regeln gibt. Was bewirken die Regeln denn dann wirklich?"

A: „Eigentlich nix."

B: „Und braucht es dann wirklich noch Regeln, damit kein Chaos ausbricht?"

Den anderen Dialog auf der Familienfeier kann man in Bezug auf mögliche Glaubenssätze so durchspielen:

A: „Kannst Du denn nicht mal mit diesem ganzen Corona-Gespräch aufhören? Wir wollen hier ein friedliches Familienfest."

B: „Also das Familienfest wird unfriedlich, weil ich über Corona reden will?"

A: „Ja, Du merkst doch, wie das jedes mal läuft."

B: „Also Du meinst, immer, wenn etwas kontrovers diskutiert wird, dann stört das den Familienfrieden?"

A: „Genau."

B: „Also gibt es nur Familienfrieden, wenn sich alle einig sind?"

A: „Ja, genau."

B: „Du hast also noch nie erlebt, dass wir in der Familie kontrovers diskutiert haben und es trotzdem friedlich und harmonisch geblieben ist?"

A: „Äh, ja, vielleicht doch."

B: „Wann war das?"

A: „Vor zwei Jahren. Da ging es um die Flüchtlinge. Das war kontrovers und trotzdem friedlich."

B: „Woran lag es, wo war der Unterschied?"

A: „Da hat keiner herumgeschrien."

B: „Also, wenn es lauter wird, ist das automatisch Unfrieden?"

A: „Nicht unbedingt."

B: „Wo ist der Unterschied zu Corona-Diskussionen?"

A: „Da wird es immer gleich aggressiv und persönlich."

B: „Also wenn es laut wird und zudem aggressiv und persönlich, dann ist das für Dich Unfrieden?"

A: „Ja, genau."

B: „Was könnte denn jeder für sich tun, damit es friedlich bleibt trotz Corona?"

A: „Wenn sich jeder zusammenreißt und ruhig bleibt."

B: „Also wenn jeder einfach gelassen und ruhig bleibt, kann es klappen?"

A: „Ja."

B: „Kriegst Du das denn hin?"

A: „Ich reg mich halt immer so auf, wenn Du diese Sachen erzählst."

B: „Also, was kannst Du sonst machen, damit Du Dich nicht aufregst?"

Identifikationen

Ich reduziere hier im Praxisteil die Frage der Identität oder vielmehr die Frage der Identifikation darauf, ob jemand vor seinem inneren Auge eher groß und stark ist oder ob er sich eher klein und hilflos erlebt. Diese beiden einfachen Aspekte sind völlig ausreichend für die Fragetechnik, um die es hier geht. Identifikationen lassen sich besonders leicht erkennen, wenn solche Sätze fallen wie „Ich bin.....", oder „Wir sind....".

- „Aber es müssen sich doch alle an die Regeln halten."

Wir haben bereits die Motive und die Glaubenssätze in dieser Aussage identifiziert. Jetzt steht die Frage im Vordergrund, wer denn diese Annahmen tätigt. Also in einer Frage: Wie muss jemand sein - oder noch besser: Wer muss denn jemand sein, damit dieser Satz zutreffend ist und Sinn ergibt?

Ich schlage folgende Identifikationen vor und vielleicht fallen Dir noch weitere auf:

- Ich bin klein und hilflos.

- Ich bin ein Mitläufer.

- Ich bin ein guter Staatsbürger.

Auch hier will ich die beiden Beispieldialoge der vorherigen Abschnitte weiterführen:

A: „Nein, vor der Krankheit habe ich keine Angst. Aber es müssen sich doch alle an die Regeln halten."

B: „Ach so, also Sie meinen, wenn sich nicht alle an die Regeln halten bricht Chaos aus?"

A: „Genau."

B: „Also Sie brauchen Führung und klare Ansagen, damit Sie wissen, was Sie zu tun haben?"

A: „Die braucht doch jeder."

B: „Meinen Sie, jeder ist wie Sie?"

A: „Vermutlich nicht."

B: „Aber Sie brauchen klare Anweisungen?"

A: „Ja, schon."

B: „Schon immer? Dürfen Sie nie selber entscheiden, was Sie tun und lassen?"

A: „Ja, schon."

B: „Aber Sie haben gute Erfahrungen gemacht, wenn Sie folgsam waren?"

A: „Natürlich."

B: „Wem gegenüber?"

A: „Na, zuerst mal meinen Eltern gegenüber. Auf seine Eltern muss man ja hören."

B: „Und Sie haben immer auf Ihre Eltern gehört?"

Wären wir jetzt in einem Coaching-Kontext, wäre das ein wirklich sehr interessantes Gespräch. Überlege Dir selber, wie das Gespräch ab hier für Dich weiter gehen könnte.

Oder der Dialog in der Familie:

B: „Und wenn ich über Corona rede, bist Du verärgert, weil Du dann keinen Frieden und keine Harmonie hast?"

A: „Ja."

B: „Dann fühlst Du Dich hilflos?"

A: „Genau."

B: „Dann fühlst Du Dich klein und ohnmächtig?"

A: „Ja, genau."

B: „Und dann kannst Du nicht mehr die fürsorgliche große Schwester sein, die Du so gerne bist?"

A: „Eben. Dann ärgere ich mich so richtig und könnte innerlich heulen."

Auch hier haben wir wieder einen Ansatzpunkt für ein wunderbares Gespräch. Spiele auch diesen Dialog aus Deiner Perspektive in Deinem Kopf durch und probier auch gerne unterschiedliche Szenarien durch, je nachdem, wie Dein Gesprächspartner auf Deine Angebote in Form von Fragen zu den jeweiligen Identifikationen reagiert.

Auch im Bereich der Identifikationen kann es außerordentlich hilfreich sein, Talkshows zu analysieren und die Protagonisten einmal in Bezug auf diese Ebene zu betrachten. Also lass es krachen und trainiere diese überaus wichtigen Fähigkeiten.

Sleight of mouth

Sleight-of-mouth-Techniken sind Kommunikationsstrategien aus dem NLP und gehören für mich zum Standardrepertoire. Sie haben eine sehr tiefe Wirkung, sind in allen möglichen Zusammenhängen praxiserprobt und daher für unsere Absichten sehr gut geeignet. Sleight of mouth heißt übersetzt „Mundfertigkeit" und ist eine Anlehnung an das Wort Fingerfertigkeit, das man bei Handwerkern oder Musikern verwendet, die tatsächlich eine Fingerfertigkeit haben, die die der meisten anderen Menschen bei Weitem übersteigt. Genauso wie Handwerker eine bestimmte Fingerfertigkeit brauchen, um kunstvolle Handwerksarbeit zu vollführen, brauchen wir Mundfertigkeit, um in diesen Zeiten erfolgreich mit anderen zu kommunizieren. Robert Dilts, der „Erfinder" der verschiedenen Muster von Mundfertigkeit hat dafür die Strategien verschiedenster „großer" Kommunikatoren untersucht (Sokrates, Marcus Antonius, Jesus, Milton Erickson und Richard Bandler) und explizit erlernbar gemacht. Es kann sein, dass jemand intuitiv schon die eine oder andere Technik praktiziert. Das ist jedoch etwas vollkommen anderes, als diese Muster bewusst abrufbereit zu haben, um in unterschiedlichen Situationen flexibel und passgenau reagieren zu können. Insofern empfehle ich jedem, sich mit den folgenden Mustern zu beschäftigen.

Es ist in unserem Zusammenhang nicht nötig, alle zu kennen und ich stelle auch nur eine Auswahl dar. Aber Sleight of Mouth Patterns werden sehr erfolgreich eingesetzt, um Glaubenssätze zu verändern und um in Gesprächen schlagfertig zu reagieren. Glaubenssätze sind in der Regel nicht logisch widerlegbar und auch grundsätzlich sehr stabil gegenüber direktem Widerspruch. Sleight-of-Mouth-Muster verneinen daher nicht einfach die Aussagen, sondern agieren subtiler, oft eingebettet in Fragen und eignen sich insbesondere im Einsatz gegen „wenn-dann" Glaubenssätze. Ähnlich dem Tai Chi in der Kampfkunst nehmen sie die Energie des Glaubenssatzes auf und leiten diese in eine andere Richtung.

Beispiele:

- „Weil sich nicht alle an die Maßnahmen halten, endet die Pandemie nie."

- „Wegen der Ungeimpften sind die Krankenhäuser überlastet."

- „Wenn alle geimpft sind, dann haben wir unser normales Leben zurück."

Hier gebe ich Dir zunächst eine Übersicht über 8 besonders wirksame Sleight-of-Mouth-Muster – manche davon habe ich auch schon in den bisherigen Beispielen verwendet:

Sleight-of-Mouth-Muster	Erklärung	Beispiel: „Wenn man sich impfen lässt, schützt man andere"
Umdefinition	Ersetze mindestens ein Wort durch ein anderes, das etwas Ähnliches bedeutet, wodurch der Satz(teil) eine andere Bedeutung erhält.	Dass ich mir nicht selbst schaden will zeigt, dass ich Dich nicht schützen will?
Konsequenz	Fordere den Glaubenssatz heraus, indem du die Konsequenz der Aussage formulierst.	„Also wenn wir alle geimpft sind, verschwindet Covid19 irgendwann?"
Spezifizieren	Spezifiziere. Was genau? Die Verallgemeinerung durch den Glaubenssatz wird aufgelöst.	„Wie oft müssen wir uns denn impfen lassen, damit alle geschützt sind?"
Verallgemeinern	Verallgemeinere den Glaubenssatz. Die Beziehung der Glaubenssatzteile wird aufgelöst.	„Also Du meinst, alle Menschen, die sich nicht impfen lassen, sind allen anderen gegenüber gleichgültig?"

Gegenbeispiel	Formuliere zum Glaubenssatz ein Gegenbeispiel, eine Ausnahme der Regel.	„Also wenn jemand geimpft ist und positiv getestet wird, verbreitet er das Virus nicht?"
Wertehierarchie	Verändere die Aussage auf ein höheres Kriterium hin und der ursprüngliche Glaubenssatz erhält eine geringere Bedeutung.	„Alle schützen ist ja eine gute Idee. Ist das immer noch eine gute Idee, wenn dabei alle ihre Freiheit verlieren?"
Realitätscheck	Hinterfrage die Herkunft des Glaubenssatzes.	„Wie kommst Du zu dieser Annahme? Woher weißt Du das? Was macht Dich so sicher?"
Veränderter Kontext	Verändere die Relation und/oder den Rahmen, in dem die Aussage steht, z.b. den Zeitraum oder die Anzahl von Menschen oder die Perspektive.	„Etwa 100.000 Tote im Zusammenhang mit Corona bis heute und in Deutschland sind im selben Zeitraum 1,5 Millionen Menschen an allem möglichen Anderen gestorben."

Der folgende Dialog ist ein Beispiel von Richard Bandler[25] (dem „Erfinder" von NLP), um die kunstvolle und spielerische Anwendung der Sleight-of-Mouth-Muster zu zeigen. In diesem Dialog bekommst Du einen wunderbaren Einblick,

---

25 Du findest das Beispiel im Original bei R. Bandler: „Veränderung des subjektiven Erlebens", S.42f

wie humorvoll und mit welcher Leichtigkeit das vonstatten gehen kann. Der Ich-Erzähler im Beispiel ist Richard Bandler selbst.

Ein Vater zerrte seine Tochter buchstäblich im Polizeigriff in meine Praxis, schubste sie in den Sessel und knurrte:

„Setz' dich!"

„Stimmt irgendetwas nicht?", fragte ich.

„Dieses Mädchen ist eine kleine Hure!"

„Ich brauche keine Hure; warum haben Sie sie hergebracht?"

„Nein, nein! So habe ich das nicht gemeint -"

„Wer ist dieses Mädchen?"

„Meine Tochter."

„Sie haben aus Ihrer Tochter eine Hure gemacht?!!!!!"

„Nein, nein! Sie verstehen mich falsch!"

„Und dann haben Sie sie hierher zu mir gebracht! Wie widerlich!"

„Nein, nein, nein! Sie verstehen alles falsch."

„Nun, dann erklären Sie mir das mal."

„Ich befürchte einfach, dass ihr allerlei schreckliche Dinge passieren werden."

„Nun, wenn Sie ihr dieses Gewerbe beibringen, ist das auch gerechtfertigt!"

„Nein, nein, sehen Sie, das ist so -"

„Nun, was wollen Sie denn von mir? Was möchten Sie denn?"

Dann begann er all das zu beschreiben, was er wollte. Als er fertig war, sagte ich: „Sie haben sie im Polizeigriff hergebracht und sie herumgestoßen. So behandelt man Prostituierte; das bringen Sie ihr bei!"

„Ja, ich möchte sie zwingen............... "

„Ah, ‚Zwang' - ihr also beibringen, dass Männer Frauen dadurch kontrollieren, dass sie sie herum schubsen, herumkommandieren, körperliche Gewalt anwenden und sie damit zwingen, Dinge gegen ihren Willen zu tun. So machen die Zuhälter das. Das einzige, was noch übrig bleibt, ist, Geld dafür zu verlangen."

„Nein, das tue ich doch gar nicht. Sie hat mit ihrem Freund geschlafen. „

„Hat sie Geld von ihm verlangt?"

„Nein. „

„Liebt sie ihn?"

„Dafür ist sie zu jung."

„Hat sie Sie nicht geliebt, als sie noch ein kleines Mädchen war?".... In ihm steigt ein Bild hoch, wie es damals war, als sie noch ein kleines Mädchen war und auf Papas Knie saß. Mit diesem Bild können Sie alte grantige Männer fast immer kriegen.

„Ich möchte Sie etwas fragen. Schauen Sie Ihre Tochter an. Möchten Sie nicht, dass sie Liebe empfinden und sexuelles Erleben genießen kann? Die moralischen Vorstellungen der Welt haben sich geändert, und Sie müssen das nicht befürworten. Aber wie würde es Ihnen gefallen, wenn Ihre Tochter nur die Art von Umgang mit Männern erlernen würde, die Sie demonstriert haben, als Sie sie hierher brachten? Und wenn sie warten würde, bis sie fünfundzwanzig ist und dann einen Mann heiratet, der sie schlägt, sie herumschubst, sie missbraucht und sie zwingt, Dinge gegen ihren Willen zu tun?"

„Aber sie könnte einen Fehler machen, und das wird ihr wehtun."

„Das ist möglich. In zwei Jahren könnte dieser Junge sie wie eine heiße Kartoffel fallen lassen und sich aus dem Staub machen. Und wenn sie dann traurig und einsam ist, dann hat sie niemanden, an den sie sich wenden kann, denn Sie werden ihr zutiefst verhasst sein. Wenn sie zu Ihnen käme, würden Sie nur sagen: ‚Das habe ich dir ja gesagt!'. Auch wenn sie es in dieser Zeit fertigbringt auszugehen und auch jemanden anderen zu finden und eine wirkliche Beziehung aufzubauen, wird sie trotzdem nie zu Ihnen kommen und Ihnen ihre Kinder - Ihre Enkelkinder - zeigen. Denn sie wird sich erinnern, was Sie mit ihr gemacht haben, und sie wird nicht wollen, dass ihre Kinder das lernen... Ist es nicht wichtiger, dass sie lernt, liebevolle Beziehungen zu haben? Oder soll sie lernen, die Moralvorstellungen von irgendeinem Kerl zu übernehmen, der sie herumschubsen kann? So machen es nämlich die Zuhälter."

Ich finde, das ist ein sehr eindrückliches Beispiel für die Anwendung von Sleight-of-mouth-Techniken – und nun schauen wir uns einmal beispielhaft an, wie eine solche Gesprächsführung im Kontext von Corona aussehen kann:

A: „Wo ist Ihre Maske?"

B: „Wieso fragen Sie? Brauchen Sie eine?"

A: „Ich hab doch selber eine, aber Sie nicht."

B: „Stimmt. Wollen Sie, dass wir alle gleichermaßen lustig aussehen, mit der Maske?"

A: „Nein, es geht darum, dass wir uns schützen."

B: „Sie wollen mich schützen? Wovor? Sind Sie krank?"

A: „Ja, äh, nein – Sie verstehen das falsch."

B: „Dann erklären Sie es mir bitte."

A: „Es geht darum, dass Sie mich schützen."

B: „Ich soll Sie schützen? Wovor? Ich bin nicht krank."

A: „Ja, aber das weiß ich ja nicht. Sie könnten ja erkrankt sein."

B: „Also für Sie ist jeder Fremde erst mal eine Bedrohung und ein potenzieller Virenverbreiter?"

A: „So hab ich das jetzt auch nicht gemeint, Sie drehen mir ja jedes Wort im Mund herum."

B: „Also, wenn jemand eine Maske trägt, fühlen Sie sich geschützt?"

A: „Ja, so ist es."

B: „Und wenn dann alle eine Maske anhaben, haben Sie keine Angst mehr?"

A: „Ja, nein, also... sie wollen mich einfach nicht verstehen."

B: „Dann erklären Sie es mir doch bitte so, dass ich es verstehen kann."

A: „Es gibt eine gefährliche Pandemie, und wenn wir nicht aufpassen und uns gegenseitig schützen, müssen wir alle sterben. Die Regierung und die Experten haben gesagt, dass die Masken schützen, und deshalb müssen wir alle Masken tragen."

B: „Jetzt schauen Sie sich das doch mal an: Aus lauter Angst vor einer Krankheit müssen gesunde Menschen im Supermarkt eine Maske tragen, als Schutz vor einer Krankheit, die wir beide nicht haben. Die Regierung und die Experten haben uns dazu gebracht, uns dermaßen zu misstrauen, dass wir permanent in Angst leben und nicht mehr auf andere Menschen treffen wollen. Und diese Angst und dieses Misstrauen verhindert ja nicht den Tod, denn der ist sicher, sondern das Leben. Oder meinen Sie, dass dieses Spiel mit der Angst zu Ende ist, wenn Corona wirklich mal vorbei ist? Gibt es dann keine Angst mehr? Haben Sie dann keine Angst mehr? Jetzt betrachten Sie jeden anderen Menschen erst mal als eine Bedrohung. Wie soll das denn weiter gehen, wenn Corona vorbei ist? Wie wollen Sie denn danach jemals wieder mit anderen Menschen in ein entspanntes Verhältnis kommen, wenn sie jetzt vor jedem anderen Menschen Angst haben? Jetzt stellen Sie sich mal vor, wir alle würden einfach unser normales Leben weiterführen und würden diese Angst nicht mehr mitmachen. Ist es nicht viel wichtiger, als Menschen wieder Freude und Spaß zu erleben und vor allem unsere Freiheit zu genießen, als ängstlich alles mitzumachen, von Maske über Abstand bis zur Impfung und so zum Spielball von Leuten zu werden, denen es vor allem um sich selbst geht. Wollen Sie das wirklich?"

In einem Therapie- oder Coaching-Kontext sind Sleight-of-mouth-Muster in jedem Fall ungemein wirkungsvoll, aber dabei ist auch eine stabile Beziehung zwischen den Beteiligten gegeben. Die sehr provokativen Fragen können ansonsten auch zu ziemlichem Widerstand führen. Besteht aber eine stabile und tragfähige Beziehung, kann dieser provokative Ansatz sehr viel Veränderungspotential und sogar Leichtigkeit in den Prozess bringen. Im Alltag und noch dazu bei Fremden können diese Muster dagegen schnell zu Abwehr bis hin zu Wut und Aggression führen. Wenn Dir das klar ist und Du das trotzdem riskieren willst und auch ein Scheitern aushalten kannst, werden diese Muster dennoch ihre Wirkung entfalten, weil sie beim anderen im Unterbewusstsein einen Prozess anstoßen.

Diese Art des Gesprächs sorgt nämlich dafür, dass die Fragen beim anderen ankommen – selbst wenn er sich dem weiteren Gespräch entzieht. Wenn das Hirn einmal eine Frage aufgenommen hat, dann will es eine Antwort und gibt keine Ruhe, bis die Frage beantwortet ist. Auch wenn der Betreffende das Gespräch oder die Fragen auf der bewussten Ebene schon längst vergessen hat - das Ganze arbeitet im Unterbewusstsein weiter. Ein Samen des Zweifels ist in diesem Moment gesät und wird früher oder später aufgehen.

In den meisten Fällen wird der andere aber bei einem solchen

Gespräch irgendwann wahlweise die Flucht ergreifen, weil er die Konfrontation nicht aushält, oder er ruft vielleicht auch den Filialleiter oder die Polizei, weil er sich belästigt fühlt. Dann ist das eben so. Es gibt aber einen wesentlichen Unterschied: Bisher hast Du Dich vielleicht beschissen gefühlt, wenn Du auf Deine fehlende Maske angesprochen wurdest. In Zukunft aber kannst Du mit solchen Situationen spielen und Du wirst Dich nach einer Weile vielleicht sogar schon auf die nächste Begegnung dieser Art freuen, um Deine Fähigkeiten weiter zu trainieren. Vor allem aber wirst Du Dich danach gut fühlen, weil Du eine coole Socke geblieben bist, und der andere fühlt sich vermutlich eher schlecht.

Das ist zwar nicht das Ziel, aber was soll's. Selbstverteidigung in Bezug auf Kommunikation bedeutet nicht, dass der andere nicht auch mal ein wenig angekratzt wird.

Bankrotterklärung der eigenen Strategie

Besonders in Firmen gibt es häufig das Phänomen, dass Mitarbeiter eine Veränderung von Prozessen, Strukturen oder Projekten nicht wollen, weil sie sich im Bestehenden gemütlich eingerichtet haben und ihre Komfortzone nicht gerne verlassen wollen. Auch wenn eine Veränderung sinnvoll wäre, haben diese Leute eine perfide Strategie, dafür zu sorgen, dass es möglichst keine Änderungen gibt. Genauso verhalten diese Mitarbeiter sich auch, wenn sie in Projekten Ideen einbringen sollen und dabei ihre eigene Idee unbedingt durchdrücken wollen, obwohl sie womöglich gar keine Entscheidungsbefugnis haben. Die Strategie ist ihnen oft gar nicht bewusst, als solche aber dennoch deutlich erkennbar – denn sie folgt einem immer gleichen Muster: Diese Mitarbeiter werden jede andere Lösung als ihre eigene bis ins Kleinste zerreden und

dabei vor allem die Nachteile der alternativen Strategien beleuchten und in den Vordergrund stellen. Bei all dem werden
sie aber trotzdem kein Wort über die Sinnhaftigkeit oder
Praktikabilität der eigenen Lösung verlieren. Sie werden die
alternativen Strategien so lange zerreden und zerpflücken, bis
als Ergebnis nicht mehr übrig bleibt als: „So lange hier keiner
eine bessere Lösung anbieten kann, ist meine Lösung noch
immer die beste". Sie werden sogar dann an dieser Meinung
festhalten, wenn ihre eigene Lösung absurd, bizarr oder vom
Ende des Universums ist. Deshalb ist es auch so wichtig, nicht
auf diese Strategie hereinzufallen.

Der beste Ansatz dazu ist: Du drehst das Spiel einfach um
- das heißt, Du machst selbst zunächst überhaupt keinen
eignen Vorschlag, sondern zerpflückst die Lösung des anderen so lange, bis Dein Gegenüber selbst der eigenen Lösung
den Bankrott erklärt. Erst danach kommst Du mit Deinen
Vorschlägen! Wenn der andere die dann auch nach seinem
üblichen Schema zerreden will, hast Du zumindest schon mal
in Deiner Hand, dass er selbst keinerlei produktiven Beitrag
zur Lösung hatte und sein Vorschlag ja schon geprüft und ab-
gewählt ist. Es kann schwierig werden, diese Strategie durchzuführen, wenn der andere Dich immer wieder dazu auffor-
dert, selbst einen Lösungsvorschlag zu machen, während Du
ihm seine Lösung auseinandernimmst. An dieser Stelle ist es
dann sehr wichtig, dass Du zwar signalisierst, dass Du eine
Lösung hast, aber auch klarmachst, dass Du diese erst einbringen wirst, wenn ihr mit seiner Lösung fertig seid.

Auch hierbei ist es wichtig, eine gewisse Beharrlichkeit an den
Tag zu legen und das Ziel im Auge zu behalten. Es gilt als Leit-
motiv: Nur wer seiner eigenen Lösung gegenüber den Bankrott erklärt hat, wird offen dafür sein, sich überhaupt anderen

Lösungen zuzuwenden. Also ist es Dein Job, genau dafür zu sorgen.

Auch für diese Strategie habe ich wieder ein Beispiel aus der Praxis. Ich nehme mal als Überschrift das Thema der Wirksamkeit der Maßnahmen. In den vergangenen Monaten haben Maßnahmenkritiker in Diskussionen immer wieder das Vorgehen von Schweden in die Diskussion gebracht. Das ist allerdings eine Steilvorlage für Maßnahmenbefürworter, denn sie kennen sich sehr häufig gut damit aus, den schwedischen Weg mit allerhand verdrehten Zahlen und Statistiken zu zerreden. Den schwedischen Weg zu besprechen, ist also erst dann in der Diskussion sinnvoll, wenn zuvor völlig klar gestellt wurde, dass der deutsche Weg gescheitert ist.

Halte auch in Erinnerung, was wir in den vorangegangenen Kapiteln gelernt haben über Beziehung im Gespräch. Das folgende Gespräch wird nur dann so beispielhaft ablaufen können, wenn B vorher durch entsprechende Wertschätzung, durch Interesse etc., in die Beziehung investiert hat. Wir gehen hier also davon aus, dass das alles bereits passiert ist, und steigen an der Stelle ein, wenn A sich zu den Maßnahmen positioniert:

A: „Ich befürworte die Maßnahmen der Regierung.“

B: „Also Du bist für Maskenpflicht und Lockdowns?“

A: „Ja, wenn die Regierung das so sagt, wird es wohl sinnvoll sein.“

B: „Also die Regierung hat sich noch nie geirrt?“

A: „Doch, schon....aber hier sicher nicht.“

B: „Was macht Dich da so sicher?“

A: „Diesmal haben die doch gute Experten und Berater.“

B: „Woher willst Du das wissen?“

A: „Das sagen uns doch die Nachrichten.“

B: „Und die haben sich auch noch nie geirrt?"

A: „Doch, schon..... was willst Du denn machen? Hast Du bessere Vorschläge?"

Erster Versuch abzulenken und B dazu zu bringen Ideen einzubringen. Keine Chance!

B: „Langsam – erst mal schauen wir, wie erfolgreich das ist, was unsere Regierung macht. Also helfen die Lockdowns?"

A: „Wohl schon, sonst würden die das doch nicht machen."

B: „Sind denn die Fallzahlen in der Zeit zurückgegangen, in denen die Lockdowns waren?"

A: „Ja sicher, in den Lockdowns waren die Zahlen niedriger."

B: „Und hast Du mal geschaut, ob die Zahlen nicht vorher schon niedriger waren?"

A: „Nein."

B: „Und wenn ich Dir jetzt sage, dass bei jedem Lockdown die Fälle schon Wochen vorher im Sinken waren?"

A: „Woher willst Du das denn wissen?"

B: „Vom Robert-Koch-Institut. Das kennst Du doch, oder? Ist das für Dich seriös genug? Wollen wir mal bei denen auf der offiziellen Homepage gucken? Wir haben doch Smartphones. Das sehen wir in einer Minute. Wollen wir schauen?"

A: „Ja, ok. Nicht nötig, ich glaub das erst mal. Ich kann es ja dann zuhause nachprüfen."

B: „Ok, also ist es akzeptiert, dass die Lockdowns unnötig waren?"

A: „Ok, aber was willst Du denn sonst machen? Hast Du ‚ne bessere Lösung gegen die Pandemie?"

Zweiter Fluchtversuch, wieder als Frage nach einer anderen

Lösung. Doch es ist immer noch zu früh für eine Alternative. Erst erklärt der andere den Bankrott und dann kommt Dein Lösungsvorschlag.

B: „Ich habe schon andere Vorschläge, aber eins nach dem anderen. Erst schauen wir, ob das, was wir hier bei uns haben, wirklich sinnvoll ist, und danach schauen wir, ob es nicht auch besser geht. Also hatten oder haben Lockdowns irgendeinen positiven Effekt?"

A: „Naja, so wie's aussieht, nicht."

B: „Also die Lockdowns waren komplett sinnlos?"

A: „Ja, von mir aus. Aber was willst Du sonst machen?"

Dritter Fluchtversuch. B bleibt weiter dran.

B: „Lockdowns sind aus der Erfahrung sinnlos und da ist ein Punkt dahinter. Sind wir uns soweit einig?"

A: „Ja, ok."

Da ist die Bankrotterklärung. Zwar zögerlich und unsicher, aber sie ist da. Damit ist diese Tür aber zunächst nur im Begriff, sich zu schließen, und B wird nun auch noch dafür sorgen, dass sie endgültig geschlossen wird.

B: „Hast Du Dich schon mal gefragt, welche Schäden die Lockdowns verursacht haben?"

A: „Ja, es gab schon auch Schaden, aber es gab ja auch Soforthilfen."

B: „Meinst Du, der Schaden war ausschließlich wirtschaftlich oder materiell?"

A: „Ja, äh, nein. Aber wie willst Du das denn feststellen? Wo sollen denn da noch Schäden gewesen sein?"

B: „Menschen, die sich nicht mehr getraut haben, zum Arzt oder ins Krankenhaus zu gehen, und alleine zuhause gestorben sind? Selbstmorde? Privatinsolvenzen? Verschobene, lebensnotwendige Operationen? Das gesellschaftliche Klima? All die Kinder, die nicht zur Schule durften und ihre Freunde nicht sehen durften? Die damit überforderten Eltern, die den Job der Lehrer machen sollten? Die ganze Angst, die damit verursacht wurde? Der Druck, den die Leute aushalten mussten? Sind das alles keine massiven Schäden?"

A: „Ja, doch."

B: „Also Lockdowns hatten keinen Nutzen, aber einen immensen Schaden – und Du willst immer noch an Lockdowns festhalten?"

A: „Nein...."

Wir stellen uns jetzt vor, dass dasselbe Muster oder die selbe Strategie auch auf die Maske anzuwenden ist und hier zum Tragen kommt. B kann im Gespräch A mittels Fragen dazu führen, dass er auch die Sinnlosigkeit einer Maskenpflicht zugibt. Danach geht das Gespräch in dieser Weise weiter:

B: „Also wir sind uns einig: Lockdowns schaden mehr als sie nützen und Masken schaden auch mehr als sie nützen. Ist das damit abgehakt?"

A: „Ja, ok. Aber was willst Du denn sonst machen?"

Vierter Versuch, das Gespräch auf das ihm bekannte Terrain zu lenken, und es wäre immer noch nicht sinnvoll, jetzt schon das schwedische Modell einzubringen, denn das will ausreichend vorbereitet werden. Dazu ist es nötig, zunächst ein paar Kriterien für die Betrachtung eines Vergleichs von Schweden und Deutschland einzuführen. Wenn Maßnahmenbefürworter über Schweden reden, dann reproduzieren sie meist die Darstellungen aus dem Mainstream. Es ist daher hilfreich, diese vermeintlichen Argumente zu kennen.

Der Mainstream sagt, der schwedische Weg wäre gescheitert.

Diese Aussage ist aber nur haltbar, solange der schwedische Weg eben nicht (!) mit dem deutschen verglichen wird. Wenn also klare Vergleichskriterien etabliert und akzeptiert sind, dann kann diese Darstellung leicht widerlegt werden.

B: „Wenn wir eine alternative Lösung brauchen, dann müssten wir vielleicht mal einen Vergleich unterschiedlicher Vorgehensweisen betrachten, die es schon gibt. Also ein Land mit einer ähnlichen Struktur wie Deutschland, das eine andere Vorgehensweise hatte und das nicht mehr Fälle oder Tote hatte. Wie siehst Du das?"

A: „Ah, Du willst auf Schweden hinaus?"

Jetzt darauf einzugehen ist, genau der eine Schritt zu früh. Erst müssen die Kriterien etabliert und vom anderen akzeptiert werden.

B: „Mach doch mal langsam. Lass uns doch erst mal schauen, woran wir so einen Vergleich festmachen müssten, sonst vergleichen wir ja Äpfel mit Birnen. Einverstanden?"

A: „Ja, ok."

B: „Also wir brauchen ein modernes westliches Land mit einer ähnlichen Bevölkerungsstruktur, mit großen Städten, aber auch dünn besiedelten ländlichen Gebieten, wobei ungefähr ein Drittel der Bevölkerung in großen Städten lebt. Ein Land mit einer Demokratie und mit einem funktionierenden Rechtssystem, also keine Diktatur. Wir brauchen ein Land, das in seinen Maßnahmen und den Auswirkungen auch eine ausreichende Transparenz hat. Wenn wir ein solches Land finden und dort andere Maßnahmen waren und es gab dort prozentual nicht mehr Fälle und nicht mehr Tote - ist das dann eine akzeptable andere Lösung?"

A: „Ja, ok. Also doch Schweden."

B: „Ja, natürlich Schweden. Schweden erfüllt alle Anforderungen, die wir eben festgeschrieben haben. Akzeptiert?"

A: „Aber Schweden hat doch viel weniger Einwohner."

B: „Kann man Länder mit unterschiedlicher Einwohnerzahl nie miteinander vergleichen?"

A: „Doch, schon. Wenn sie ansonsten ähnlich sind, kann man ja prozentual vergleichen."

B: „Dass Schweden und Deutschland ähnlich sind, hatten wir eben. Demografisch, Einwohnerverteilung, Kultur, Regierungsform – alles sehr ähnlich. Es gibt große Städte und weiträumige ländliche Gebiete. Können wir die beiden also prozentual vergleichen?"

A: „Ja, ok."

B: „Was weißt Du denn über die Coronazahlen in Schweden?"

A: „Die haben auch eine Menge falsch gemacht."

Ein Anflug von Rückzug auf bekanntes Terrain und in die Komfortzone der eigenen Lösung. Für B ist es jetzt wichtig, die Zügel wieder anzuziehen und A zurückzuholen in den Bankrott der deutschen Lösung.

B: „Wir haben eben abgemacht, dass wir nicht die perfekte Lösung ohne jeglichen Schaden brauchen, sondern nur eine Lösung, die besser ist als unsere in Deutschland. Unsere Lösung mit Lockdown und Maskenpflicht ist ja eindeutig gescheitert. Darin waren wir uns einig. Sind wir das noch?"

A: „Ja, ok."

B: „Gut. Also kennst Du die Zahlen aus Schweden?"

A: „Ich weiß nur, dass sie in den Nachrichten immer gesagt haben, dass der schwedische Weg gescheitert ist."

B: „Also Du kennst die Zahlen gar nicht?"

A: „Nicht wirklich."

B: „Wenn ich Dir sage, dass ich die Zahlen kenne, glaubst Du mir das dann?"

A: „Fürs erste ja. Ich kann es ja hinterher prüfen, wie bei den RKI-Zahlen. Aber wehe, ich finde raus, deine Zahlen stimmen nicht, dann unterhalten wir uns noch mal."

B: „Ok, abgemacht. Also die Zahlen in Schweden sind so, dass sie prozentual in 2020 tatsächlich ein kleines bisschen schlechter als unsere aussahen. Das lag aber nur im Bereich von zwei Stellen hinterm Komma. Das haben die Schweden analysiert und den Fehler, den sie gemacht haben, zugegeben. 2021 sind die Zahlen aber in Deutschland ein richtiges Desaster und in Schweden läuft alles wieder halbwegs normal. Schweden hatte in dieser Zeit kaum Fälle. Was sagst Du, wenn Du das hörst?"

A: „Das kann ich mir kaum vorstellen. Warum wird das dann in den Nachrichten ganz anders berichtet?"

Hier kommt der Trick mit dem für den anderen nicht denkbaren Motiv. Das werde ich nach diesem Beispiel ausführen.

B: „Das wiederum ist eine ganz andere Frage. Lass uns mal dabei bleiben, ob der schwedische Weg auch ein Weg für uns gewesen wäre. Hatten denn die Schweden auch diese ganzen Schäden aus den Lockdowns?"

A: „Wohl kaum."

B: „Also das heißt, bei dem Vergleich Deutschland und Schweden – wer hat es besser gemacht?"

Das war's. A wurde durch Fragen und vor allem Beharrlichkeit in der Strategie sanft dazu gebracht sich selbst zu überzeugen, dass die alternative Lösung von Schweden im Vergleich tatsächlich besser ist. Und das Ergebnis ist hier auch nachhaltiger, weil A sich durch die Fragen von B selbst überzeugt hat. Das wirkt bei ihm auch noch lange nach und wird sich spätestens das nächste Mal zeigen, wenn er selbst mit jemand darüber redet. Es wird ihm nicht mehr so leicht möglich sein, an der deutschen Lösung festzuhalten, weil er selbst ihr gegenüber den Bankrott erklärt hat - das kann er auch nicht mehr verdrängen.

Erst die Tat, dann das Motiv

Eine Sonderform der oben genannten Strategie, sämtliche möglichen Alternativvorschläge zu zerreden, ist die, das Motiv zu bezweifeln und damit den gesamten Sachverhalt vermeintlich zu zerstören. Wir haben ja bereits gelernt, Glaubenssätze zu erkennen und zu hinterfragen. Das Motiv zu bezweifeln, ist ein Trick, mit dem jemand gegen alle Zweifel an seinen zentralen Glaubenssätzen festhalten kann - etwa, dass die Regierung niemals der Bevölkerung etwas Schädliches antun würde und schon mal ganz sicher nicht mit Vorsatz. Dieser Kniff kommt häufig an genau dem Punkt, wenn Du glaubst, Du bist endlich mit Deinen Argumenten zur Tat selber durchgedrungen und die Fakten dazu sind akzeptiert.

Die Strategie, das Motiv zu bezweifeln und damit die ganze Sache vom Tisch zu wischen, wird von der anderen Seite gerne bei jeglicher Verschwörungsgeschichte angewandt – ganz im Sinn von „weil nicht sein kann, was nicht sein darf". Dazu hier kurz das Beispiel von 9/11. Du bist z.B. damit durchgedrungen, dass WTC 7 gesprengt wurde und es kein Gegenargument mehr gibt. Sogar die Vorstellung, dass die Twin Towers als Folge von Flugzeugeinschlägen zusammengestürzt sind, wackelt dann langsam. Aber nun kommt der entscheidende Moment, in dem der Andere fragt: „Warum sollten die das denn machen?" Sobald Du auf diese Frage eingehst, bewegst Du Dich weg von den Fakten hin zu Spekulationen - und die sind nun einmal immer leicht zu knacken. Was der andere an dieser Stelle macht, ist geschickt: Aus Ermangelung eines Motivs, das er sich vorstellen kann oder das in die Welt seiner Glaubenssysteme und Überzeugungen passt, stellt er das ganze Ding grundsätzlich in Frage, selbst wenn die Fakten klar sind. Auch im Fall von Corona kommt dieses Muster sehr häufig vor, besonders wenn derjenige Dich als Verschwörungstheoretiker bezeichnen möchte - womit übrigens jedes weitere Gespräch komplett sinnlos ist.

Ich will dazu keinen eigenen Dialog darstellen, sondern lediglich ein kurzes Beispiel, in dem es um den Umgang mit dieser Strategie geht. Hier hilft z.B. das Arbeiten mit Metaphern ganz gut. Denn wenn Du dem anderen sein Leugnen des Motivs auf einer abstrakten Ebene näher bringst, wird er Deine Position vermutlich ablehnen. Wenn Du es aber mit einer Metapher oder Analogie erläuterst, kann es sein, dass er darauf eingehen kann.

Wie machen wir das also? Hier ein Coronabeispiel: Du bist mit jemandem in der Diskussion, einige Fakten wurden bereits besprochen. Der andere hat bereits geschluckt, dass die Zahlen keine gefährliche Pandemie hergeben. Jetzt kommt der Moment der Motivablenkung.

A: „Warum sollten die das denn machen? Wer würde denn so was machen?"

B: „Langsam! Erst die Tat, dann das Motiv. Nicht umgekehrt. In der Kriminologie muss es ja auch erst eine Tat geben, bevor sich jemand Gedanken um ein Motiv macht. Guckst Du Krimis oder liest Du Krimis?"

A: „Naja, nicht so unbedingt."

B: „Aber Du hast schon mal welche gesehen?"

A: „Ja, klar."

B: „Also gut. Stell Dir vor, der Kommissar kommt an einen Tatort. Da liegt die blutüberströmte Leiche einer Frau und auf dem Sofa sitzt ihr Ehemann, auch voller Blut und hat ein blutiges Messer in der Hand. Er sagt: „Ich kann mir das nicht erklären. Wer hätte das tun sollen? Alle haben meine Frau geliebt. Sie hatte keine Feinde. Ich kann mir nicht vorstellen, wer das getan haben sollte". Sagt dann der Kommissar: „Ach so, dann gibt es ja wohl keine Tat. Dann kann ich ja wieder nach Hause gehen" - geht der Kommissar dann nach Hause?"

A: „Nein, natürlich nicht."

B: „Also verstehst Du, was ich meine, wenn ich sage: erst die Tat, dann das Motiv?"

A: „Ja, ok."

B: „Zurück zu den Fakten: Geben die Zahlen her, dass das alles Schwindel ist?"

A: „Ja, schon, aber..."

B: „Ist es ein Schwindel?"

A: „Ja, wenn ich drüber nachdenke, schon."

B: „Dann können wir uns jetzt Gedanken um das Motiv machen. Wer könnte denn an dieser Situation ein Interesse haben?".

Ab hier kannst Du zum Beispiel den Dialog von eben zur Bankrotterklärung der eigenen Lösung nehmen (oder Dialoge aus dem Bereich der Fragetechnik), um das Gespräch zu Ende zu spinnen.

15. Die emotionale Konfrontation

Du erinnerst Dich noch an das Ding mit der kognitiven Dissonanz? Ich will Dir dazu auf jeden Fall in Erinnerung rufen, dass kognitive Dissonanz für den Betroffenen ein fürchterlicher Zustand ist. Die Mechanismen des „Wegmachens" können sein: Flucht in die Inhaltsebene, physische Flucht, Wut und Aggression als Ausgleichshandlung für den erlittenen

Schmerz, Verdrängung durch Relativierung und die Strategie, den Gesprächspartner klein zu reden. Wenn Menschen mit einer bestimmten Vorstellung identifiziert und davon emotional geprägt sind, löst die Präsentation von gegenteiligen Informationen bei ihnen unerträglichen Stress und Schmerzen aus, und sie kämpfen daher tatsächlich um ihr Leben, wenn sie dieses Thema diskutieren. Sie verteidigen nicht einen Standpunkt, sondern sie verteidigen ihr Selbstbild, als ob sie sterben müssten, wenn es in Frage gestellt wird. Um genau diese kognitive Dissonanz geht es mir – aber die meisten Menschen erkennen diesen Moment beim Anderen nicht, wenn sie in Gesprächen an einen solchen Punkt kommen. Wenn ihr Gegenüber eine mächtige kognitive Dissonanz erlebt, geben sie zu schnell auf und lassen zu schnell locker.

Hier setzt die Strategie der emotionalen Konfrontation an und an diesem Punkt der Gesprächsführung wird es wichtig sein, die Gesprächspartner nicht mehr flüchten zu lassen. Es geht an diesem Punkt im Gespräch nur noch darum, den anderen mit seiner eigenen Menschlichkeit zu konfrontieren und dabei auch sämtliche möglichen Beziehungsaspekte mit in die Runde zu werfen. Wenn sich jemand physisch entzieht, indem er geht – bitte. Ich kann niemanden zwingen, mit mir zu reden - und ich will es auch gar nicht. Aber wenn jemand mit mir im Gespräch bleibt, lasse ich ihn nicht in intellektuelle, allgemeine oder politische Diskurse flüchten, sondern konfrontiere ihn ruhig und gelassen mit sich selbst und lasse ihn einfach nicht von diesem Haken, bis ich merke, dass er das Gefühl der Dissonanz an sich heran lässt.

Ein Beispiel: Du diskutierst mit einem Freund oder Bekannten, der Dir sagt, dass er für eine Impfpflicht ist. Verzichte als erstes auf das gesamte intellektuelle Diskutieren über das Für oder Wider einer Impfpflicht, über irgendwelche Zahlen und Fakten zur Impfung und zu Covid selbst. Sehr viel sinnvoller ist es, den anderen mit seiner Haltung und seinem Verhalten zu konfrontieren, indem Du ihn fragst: „Also Du willst, dass mich irgendwann zwei Polizisten oder Soldaten in Handschellen abführen und zum nächsten Impfzentrum fahren, wo mir dann mit Gewalt eine Spritze in den Arm gejagt wird?"

Lass den anderen an dieser Stelle nicht in Argumente flüchten, sondern frage so lange nach, bis Du eine Antwort auf diese absolut zentrale Frage hast.

„Willst Du das?", geht es weiter „Willst Du das wirklich?" - schau Deinem Gegenüber dabei in die Augen. Du wirst eine Reaktion bekommen, das müssen nicht einmal Worte sein, und wenn dein Gegenüber dann wieder flüchten will in das Terrain: „Es muss ja keine physische Gewalt sein", dann lass ihn nicht vom Haken.

- „Also Du willst, dass ich faktisch meinen Beruf nicht mehr ausüben darf und ich auch noch hohe Strafen bezahlen muss und wirtschaftlich ruiniert werde? Ist es das, was Du willst?"

- „Also du willst, dass ich aus lauter Angst vor Gewalt oder wirtschaftlichem Bankrott etwas tue, was ich auf gar keinen Fall will?"

- „Du willst, dass ich mich psychisch so kaputt machen lasse, bis ich selber zum Impfzentrum gehe?"

- „Du willst, dass ich systematisch aus allem öffentlichen Leben ausgeschlossen werde und zum absolut Unberührbaren werde und eine Depression bekomme und mich dann lieber impfen lasse, als mich weiter schneiden zu lassen?"

Halte die Leute genau an diesem Haken, denn jetzt beginnt möglicherweise ein Wunder. Du konfrontierst Deinen Gesprächspartner gerade damit, dass sein offensichtliches Verhalten und seine Haltung nicht nur seinem Selbstbild nicht entspricht, sondern dem absolut und brutal widerspricht! Die kognitive Dissonanz wird in einer solchen Situation beinahe unerträglich, aber halte die Spannung genau an dieser Stelle fest. Auf diese Weise steigert sich die kognitive Dissonanz und eskaliert - bis derjenige kurz vor dem Wahnsinn ist und die eigene Scham ihn wünschen lässt, sofort in ein tiefes Loch im Boden zu versinken. Du kannst diese Scham im Gesicht Deines Gegenübers erkennen - und wenn Du sie siehst, dann bohre sogar noch weiter und frage immer wieder: „Ist es das, was Du willst? Ist es das, was Du mir wirklich antun willst?"

Hier ist es wichtig, die Leute in die persönliche Verantwortung zu holen, sodass sie nicht in ein „Ich kann ja nix dafür" flüchten können. Denn niemand will selbst der KZ-Wächter sein, und genau das zeigst Du auf: Dass dein Gegenüber in diesem Punkt sich genau wie einer verhält - und du lässt nicht zu, dass ein unsichtbarer Dritter für dieses Handeln verantwortlich gemacht wird.

Die kognitive Dissonanz muss auf diese Weise eskalieren, bis – im übertragenen Sinn - die Synapsen im Schädel auseinanderplatzen, denn nur dann gibt es eine Chance, dass diese Menschen aufwachen. Viellcicht nicht gleich im selben Moment, aber glaube mir – was Du in einem solchen Gespräch ausgelöst hast, bohrt in der Person weiter, auch wenn Du schon längst nicht mehr dabei bist. Derjenige muss nur abends im Bett liegen und ein wenig grübeln, den Rest erledigt sein Unterbewusstsein.

Es geht bei der emotionalen Konfrontation aber nicht darum

anzugreifen oder zuzuschlagen – weder physisch, noch verbal! Konfrontation heißt hier ganz einfach nur: nicht weichen. Haltet ihnen den Spiegel vor, konfrontiert sie - Feuer mit Feuer bekämpfen – Schluss mit lustig. Aber niemand sagt, dass das auf aggressive Art und Weise erfolgen muss. Das kann im besten Fall sogar in aller Ruhe und Gelassenheit erfolgen. Wichtig ist dabei lediglich die Klarheit und die Entschlossenheit, nicht locker zu lassen.

Stell Dir das alles vor wie verbale Selbstverteidigung. Hast Du schon mal einem Aikido-Meister zugeschaut? Der greift selber nicht an, aber er weicht auch nicht zurück, sondern lediglich aus. Sei bei der emotionalen Konfrontation wie ein solcher Aikido-Meister. Der ist ruhig, gelassen, entspannt, fokussiert, zentriert und vollkommen präsent - und er ist vor allem klar und entschlossen. Wenn ein Aikido-Meister einem Schlag ausweicht und die Energie des Gegners umlenkt, dann kann es sein, dass der Angreifer zwei Meter durch den Raum segelt, in einer Ecke landet und sich dort sogar richtig weh tut. Bedauerlich - aber der Meister ist nicht dafür verantwortlich. Vielmehr wird offensichtlich, dass die Strategie des Meisters sehr viel erfolgreicher ist als die eines kopflosen Angreifers.

Ich finde, es wird Zeit, dass wir uns in dieser Art selbst verteidigen und dabei auch nach Möglichkeit die anderen aufwecken.

Wie kann das konkret aussehen?

1. Diskutiere nicht über Inhalte!

2. Geh komplett auf die emotionale Ebene und zeige Deinem Gegenüber die Konsequenzen seines Verhaltens!

Holt die Leute aus ihrer Komfortzone. Zeigt ihnen, wer sie

sind mit diesem Verhalten. Haltet ihnen den Spiegel vor die Nase und fragt sie, was für emotionale Monster sie geworden sind. Seid dabei aber selber ruhig und gelassen, wie der Aikido-Meister, und erwartet auch die Reaktion des Gegenübers nicht im selben Moment.

Wenn Du draußen auf der Straße mit Fremden ins Gespräch kommst und eine gewisse Verbindung aufbauen konntest, dann kannst Du z.B. leicht eine emotionale Konfrontation auslösen, indem du fragst, ob sie gerne hätten, dass die Ungeimpften in Lager kommen oder, ob sie heutzutage gerne Polizist wären, oder ob sie gerne hätten, dass alle, die nicht hierher passen, verschwinden sollen. Aber halte dabei auf jeden Fall Deine eigenen Emotionen und Gefühle zurück, bis sie vielleicht zugeben, dass sie Lager wollen oder nur auf Anweisung handeln. An diesem Punkt kannst Du dann zum Beispiel sagen: „Ja! Das hat in Deutschland ja auch schon mal richtig gut funktioniert". Das kann dann meist so stehen bleiben und wirkt sicher nach.

Es ist für Befürworter der Maßnahmen recht leicht zu sagen: „Ich bin für eine Impfpflicht" oder „Ich bin für 2G". Das ist abstrakt und schön weit weg. Es ist aber etwas ganz anderes, jemandem direkt ins Gesicht zu sagen: „Ja, ich will, dass Du mit Zwang geimpft wirst" oder „Ja, ich will, dass Du Deinen Job verlierst und wirtschaftlich ruiniert wirst". Diese Situation ist meiner Ansicht nach ein Krieg und er ist persönlich für jeden von uns - also ziehen wir ihn thematisch doch auch dorthin, nämlich zu uns persönlich.

„Hallo! Ich stehe jetzt hier vor Dir und dieser ganze Scheiß betrifft mich gerade persönlich bis ins Mark! Hallo! Bist Du da! Ist noch irgendetwas Menschliches in Dir?"

Die Gelegenheiten zu solchen Konfrontationen können auch

sehr klein sein, beim täglichen Einkauf der Lebensmittel oder, wenn man keine warmen Winterschuhe für die Kinder bekommt. Behalte in Erinnerung, dass Propaganda einzig durch Wiederholung ihre Kraft erhält, und genauso kann auch die emotionale Konfrontation durch Wiederholung ihre Wirkung entfalten. Niemand ist gerne ein emotionaler Krüppel oder ein emotionales Monster. Wenn die Leute oft genug gehört haben, wie stark sie andere direkt ausgrenzen, benachteiligen und in vielfältiger Weise schlecht behandeln, wird auch das seine Wirkung hinterlassen, vor allem in den dunklen Momenten dieser Leute, wenn sie allein und mit sich selber konfrontiert sind. Nimm die Personen, mit denen du zu tun hast, aus der Masse der scheinbar solidarischen Befürworter der Maßnahmen heraus und zeig ihnen, was diese vermeintliche Gemeinschaft den anderen, die nicht dazu gehören, antut.

Zugehörigkeit ist zwar ein wichtiges Bedürfnis, aber es endet sofort, wenn die Gemeinschaft, zu der sich Dein Gegenüber zugehörig fühlt, offensichtlich eine Gemeinschaft des Grauens ist. Nach dem Krieg wollte auch niemand mehr der SS, der SA oder der NSDAP zugehörig und damit persönlich für deren Taten verantwortlich sein. Hier zeigt sich: Wer sich in intellektuelle Diskurse flüchten kann, hat keinen persönlichen Bezug. Wer aber selber Mitglied einer Schlägerbande oder sogar der Mafia ist, hat sofort einen persönlichen Bezug. Die Situation mit 2G oder Impfpflicht ist auch persönlich. Also zeigen wir den Befürwortern dieser Maßnahmen, wie persönlich das für uns ist, und machen es mit der Strategie der emotionalen Konfrontation ebenso für sie persönlich.

Erwarte aber nicht, dass Du mit dieser Technik alle Menschen erreichst. Das Spektrum von psychischen Abwehrmechanismen ist wirklich sehr groß. Sei Dir aber auch gewiss, dass Du mithilfe der emotionalen Konfrontation einen gehörigen Teil der Leute erreichen kannst – nämlich den Teil der Leute, die sich irgendwo doch noch einen Rest Herz bewahrt haben, den dieses System nicht töten konnte - und sei Dir auch gewiss, dass dieser Teil sehr viel größer ist, als Du glaubst.

Ich will die emotionale Konfrontation auch wieder mit einem Beispieldialog vertiefen, den ich kommentiere. Wir begeben uns in eine Situation, in der zwei Menschen miteinander ins Gespräch kommen. A ist ein Befürworter der Impfpflicht und glaubt auch sonst im Großen und Ganzen das Narrativ der Regierung und der Medien. B ist Maßnahmengegner und impffrei. Beide kennen sich seit über 10 Jahren und haben bisher geglaubt, sie wären eng befreundet und ihre Beziehung wäre sicher. Im letzten Jahr hat die Beziehung aber spürbar unter der Situation gelitten. Auch jetzt sind sie wieder in eine dieser Diskussionen geraten, die zunächst auf der Inhaltsebene stattfinden und in der A mit dem folgenden Satz den Elfmeter auf den Punkt legt, dass B ihn auf der emotionalen Ebene konfrontieren kann.

A: „Also bei diesem Rumgeeiere mit 2G und 3G, 2G+ wäre es konsequenter und besser gewesen, eine allgemeine Impfpflicht einzuführen."

B: „Also Du bist für eine Impfpflicht für alle?"

A: „Ja, dann hätten wir wenigstens Klarheit."

B: „Du bist wirklich für eine Impfpflicht?"

Diese Nachfrage zur Versicherung ist zum einen wichtig, um dem anderen grundsätzlich das Zuhören zu signalisieren, aber auch, um sich selbst zu vergewissern, nichts missverstanden zu haben.

A: „Ja, das muss wohl jetzt sein."

B: „Also Du willst, dass mich dann demnächst zwei Uniformierte zuhause abholen und in Handschellen zum nächsten Impfzentrum fahren, wo mir mit Gewalt eine experimentelle Gentherapie in den Arm gespritzt wird?"

A: „Ja, weil, Du musst doch mal einsehen, dass wir bei der Pandemiebekämpfung vorankommen müssen."

Das ist der erste intellektuelle Fluchtversuch. Ein deutliches Zeichen dafür, dass die kognitive Dissonanz bereits wirkt. A sucht das Terrain, das er kennt – den vordergründig inhaltlichen, intellektuellen Diskurs. Da ist er zuhause. Gerade deshalb holt ihn B sofort wieder zurück auf die persönliche, emotionale Ebene.

B: „Das spielt jetzt für mich echt keine Rolle. Ich will wissen, ob Du willst, dass ich unter Zwang zum nächsten Impfzentrum gebracht werde, wo mir mit Gewalt etwas injiziert wird, das ich absolut nicht will. Willst Du das?"

A: „Das ist doch nur ein kleiner Pieks und das Risiko ist doch sehr gering."

Nächster Fluchtversuch von A. Diesmal versucht er es mit Relativierung und Kleinreden. Wieder ist es wichtig, dass B diese Flucht nicht zulässt. Er bleibt dran.

B: „Ich will jetzt auch nicht über Fragen der Statistik der Impfung sprechen. Ich will, dass Du mir meine Frage beantwortest. Willst Du, dass mir Gewalt angetan wird? Ist es das, was Du mir wünschst?"

A: „Nein, natürlich nicht. Aber die anderen."

Die erste Mauer ist durchbrochen. A hat sich der emotionalen Konfrontation gestellt und erkennt, dass er nicht flüchten kann. Um sein Selbstbild zu wahren gesteht er jetzt B zu, dass er selbst ihm ja nicht schaden will. Gleichzeitig will er aber zumindest zum Teil noch an seiner Aussage festhalten, also seine Dissonanz niedrig halten. Damit hat B den Fuß in der

Tür und jetzt wird er die Tür weiter öffnen, also die Grenze für das Aufgeben der Idee einer Impfpflicht weiter verschieben.

B: „Also die anderen sind dann z.B. meine Frau? Oder mein Bruder? Oder meine Mutter und mein Vater? Oder meine besten Freunde?"

A: „Hmm, eigentlich ja nicht. Ich will doch nur, dass das endlich alles vorbei ist."

Die Tür ist noch weiter geöffnet, A merkt, dass er seine Position kaum noch halten kann und flüchtet wieder. Allerdings hat sich die Qualität verändert, denn er spricht jetzt über sich und was er gerne hätte. Jetzt ist es wichtig, dass B dieses Signal aufnimmt und auch empathisch zurückspiegelt, um die Verbindung zu halten. Gleichzeitig ist es aber auch wichtig, eine Frage zu stellen, um die Führung des Gesprächs zu behalten. Er verbindet empathische Rückmeldung und Frage.

B: „Du willst also Dein altes Leben zurück?"

A: „Ja, Du denn nicht?"

Die Botschaft kommt an, es entsteht wieder eine leichte Verbindung. Allerdings stellt A eine Frage und übernimmt das Gespräch, wenn B nur eine Antwort gibt. Also ist es wichtig, dass B einerseits die Frage beantwortet, andererseits aber durch eine eigene Frage das Gespräch wieder übernimmt und vor allem das Thema setzt, über das geredet wird. Denn das war auch Teil der Antwort von A bzw. seiner Frage: er will die Richtung des Gesprächs ändern und über B und seine persönlichen Wünsche reden, um seiner Dissonanz zur Gewaltanwendung zu entkommen.

B: „Das kommt drauf an, aber das ist eine andere Diskussion. Im Moment will ich wirklich wissen, wo wir beide stehen. Also willst Du jetzt eine Impfpflicht oder nicht? Denn eine Impfpflicht hat genau die Konsequenzen, die ich eben angedeutet habe."

A: „Ja, aber es muss ja keine Zwangsimpfung sein."

A relativiert seine Aussage, will sie aber immer noch nicht loslassen. Diesmal ist es eine Spitzfindigkeit. Er will zwar immer noch Pflicht, aber ohne Gewalt oder Zwang. A rudert sehr zurück und es ist wichtig, das zu erkennen und dran zu bleiben.

B: „Dann läuft es also auf Geldstrafen hinaus und den Ausschluss aus bestimmten Berufen und so. Hättest Du also gerne, dass ich meinen Beruf nicht mehr ausüben darf und wirtschaftlich ruiniert werde und dann obendrauf auch noch regelmäßig Geldstrafen bezahlen darf?"

A: „Naja, für Dich will ich das doch nicht."

Wieder rudert A etwas zurück. Er will keine Gewalt mehr und für seinen Freund will er auch keine negativen Konsequenzen.

B: „Eine Impfpflicht hat das doch unweigerlich zur Folge. Eine Impfpflicht betrifft mich direkt. Willst Du mir das echt antun?"

Mit dieser Frage wechselt B die Perspektive. Jetzt wird A aus der passiven Zuschauerrolle, in der jemand anderes die Drecksarbeit macht, selbst aktiv zum Täter. Dieser Kniff wird A in einer realen Gesprächssituation sehr wahrscheinlich nicht auffallen, doch unterbewusst entfaltet das seine Wirkung.

A: „Nein, natürlich nicht. Was soll ich denn machen? Das endet doch sonst nie."

Im Grunde ist A fertig mit seiner Strategie, und B kann ihn vollständig führen. Mit dieser Offenbarung seiner eigenen Hilflosigkeit geht die Tür ein weiteres großes Stück weit auf, denn jetzt wird er sich nicht mehr an die Impfpflicht als einzig mögliche Lösung klammern. B wiederholt und legt nach und bleibt bei A als aktivem Täter.

B: „Also wie ist es jetzt wirklich mit der Impfpflicht? Bist Du Dir bewusst, was Du Menschen damit antust?"

A: „Das habe ich bis jetzt noch nicht so gesehen."

Mit jeder Frage geht die Tür noch weiter auf.

A gibt hier sogar das Zugeständnis ab, dass er manche Dinge noch gar nicht selber durchdacht hat. Seine Fehlbarkeit liegt offen auf dem Tisch.

B: „Willst Du, dass Menschen gegen ihren Willen dazu gezwungen werden, etwas zu tun, was sie auf gar keinen Fall wollen, weil sie Angst haben, dass sie dadurch ihr Leben oder ihre Gesundheit verlieren?"

A: „Aber das Risiko ist doch gering."

Da ist wieder ein kleiner Fluchtversuch. B wird wieder die Zügel anziehen und A nicht flüchten lassen.

B: „Es ist mir doch scheißegal, was irgendeine Statistik dazu sagt. Ich will wissen, ob Du die Menschen tatsächlich dazu zwingen willst, ins Verderben zu rennen? Es reicht doch völlig, wenn die Menschen das für sich so glauben. Also willst Du das?"

A: „Ich will, dass die Pandemie endlich vorbei ist."

A kann sich nur noch an einen Strohhalm klammern, doch den wird B jetzt mit weiteren Fragen auflösen. Er geht jetzt tief ins Selbstbild von A, in dem dieser sich als Mensch zeigen muss oder (auch eine Möglichkeit) als Unmensch.

B: „Und ich will wissen, wie weit es mit Deinen Qualitäten als Mensch her ist. Willst Du andere Menschen dazu zwingen, dass sie etwas tun, was sie nicht wollen?"

A: „Bei den Steuern werden Menschen ja auch gezwungen."

Letzter Fluchtversuch, A kann sich nicht mehr an seine Vorstellungen klammern, die Tür ist komplett auf. Jetzt ist es wichtig, die Dinge zu wiederholen, zu klären und zu verankern.

B: „Bei den Steuern riskiert aber wirklich niemand sein Leben. Hier geht es darum, ob Du Menschen Zwang und Gewalt antun willst?"

A: „Nein, will ich nicht."

B: „Also – wie ist es jetzt mit der Impfpflicht? Willst Du die immer noch?"

A: „Ich weiß nicht....."

B: „Willst Du Gewalt und Zwang gegen Menschen? Lass Du doch endlich mal das Rumgeeiere: Impfpflicht heißt Zwang und Gewalt. Willst Du das?"

A: „Nein, eigentlich nicht."

B: „Also – Impfpflicht, ja oder nein?"

A: „OK, nein......"

Das war's für A. Die Forderung ist aus dem Spiel und jetzt ist die Tür auf für alles. Die emotionale und persönliche Ebene der Freundschaft hat das Ding geknackt. Das Gespräch kann ab jetzt unterschiedlichen Verlauf nehmen. Ich stelle im Folgenden aber noch ein wenig mehr davon dar, was sein könnte.

B: „Und was machen wir jetzt damit?"

A: „Ich weiß nicht."

B: „Können wir uns jetzt vielleicht darüber unterhalten, wo wir stehen – nicht nur wir beide, sondern wir alle?"

A: „Ja, können wir."

B: „Und jetzt, da Gewalt und Zwang raus sind, wollen wir uns mal damit beschäftigen, wie eine Lösung geht, mit der alle Seiten zufrieden sind?"

A: „Wie soll denn das gehen?"

B: „Naja, eine gemeinsame Lösung ist es wohl nicht, wenn

eine der Seiten unzufrieden ist und nicht mitmacht?"

A: „Ja, aber das funktioniert doch nicht."

B: „Wenn Dir erst mal keine Lösung einfällt, dann heißt das noch lange nicht, dass es auch keine gibt. Die Frage ist, ob Du bereit bist, Dich mit der anderen Seite zu beschäftigen, um eine Lösung zu finden. Es gibt keine gemeinsame Lösung, wenn eine der beiden Seiten übergangen wird. Das alles geht einfach nicht, ohne sich gegenseitig zuzuhören. Bist Du dazu bereit?"

A: „Ja, ok."

B: „Dazu müssen wir vor allem zuerst klären, dass das in einem Rahmen stattfindet, der ein produktives Gespräch ermöglicht. Dazu gehört Zuhören statt Unterbrechen. Bist Du dazu bereit?"

A: „Ja, ok."

B: „Wie stellen wir sicher, dass wir uns nicht gegenseitig unterbrechen?"

A: „Wir könnten ja ein Signal vereinbaren, wenn einer fertig ist. Bis dahin darf dann der andere nix sagen."

B: „Einverstanden. Ich hab eine Idee: Lass uns dieses Feuerzeug nehmen – wer das Feuerzeug hat, darf reden. Was hältst du davon?"

A: „Ja, das ist eine gute Idee. Wer fängt an?"

Natürlich hätte dieser Dialog an mehreren Stellen auch noch einen sehr unterschiedlichen Verlauf haben können. Z.B. hätte der Freund weiter stramm bei seiner Impfpflicht bleiben können und B signalisieren können, dass er auch ihm im Zweifelsfall hätte Leid zufügen wollen. Das wiederum wäre dann für B der Moment gewesen, noch mal über diese Freundschaft nachzudenken – und vermutlich hätte er die freundschaftliche Beziehung zu A danach beendet. Das ist eine Erfahrung, die viele von uns in den vergangenen zwei Jahren gemacht haben: Menschen, die wir vorher als Freunde betrachtet haben, stellen sich als Typen heraus, mit denen wir nichts mehr zu tun haben wollen.

Corona hat viele Menschen dazu gezwungen, die Masken fallen zu lassen, und so haben sich etliche Leute als emotionale Monster oder empathielose Psychopathen herausgestellt. Das mag jetzt als Bewertung formuliert sein und ich könnte es auch auf der Ebene von Bedürfnissen und Gefühlen ausdrücken – aber auch das hätte am Ergebnis nichts geändert. Es gibt Menschen, mit denen ich inzwischen nichts mehr zu tun haben will.

Es ist auch sicher eine Zuschreibung zu sagen, dass jemand keine Empathie hat oder ein emotionales Monster ist. Auch das lässt sich anders und frei von Bewertung ausdrücken, nur verliert es dann die Klarheit, die für den Moment einer Entscheidung, wie ich selber zu diesem Menschen stehe, wichtig ist.

Jeder kann diese Aussagen im Anschluss an die Entscheidung für sich auch wieder in eine lebendigere Sprache transformieren, und vielleicht ist das sogar wichtig für das Wohlbefinden. Für den Moment bleiben wir dennoch in der Klarheit, die in dieser strengen Bewertung steckt. So mancher Mensch hat sich in den vergangenen zwei Jahren als Psychopath herausstellt, und es ist für uns selbst wichtig, das zu erkennen und auch so zu benennen und zu formulieren – denn das hilft ungemein bei Entscheidungen. Vielleicht hilft es ja auch bei der nächsten Wahlentscheidung. Man kann sich vornehmen, weniger auf politische Inhalte zu achten und mehr auf die jeweiligen Persönlichkeitsprofile - aber derzeit fällt zumindest mir persönlich nicht ein einziger prominenter Politiker ein,

auf den die Merkmale eines Psychopathen nicht zutreffen.
Ich stelle jetzt einen weiteren Dialog dar, in dem es um die emotionale Konfrontationsstrategie geht - diesmal wieder unkommentiert. Wir wechseln die Szenerie und gehen in ein Unternehmen, in dem es um die Impfpflicht geht und in dem der Chef seinem Mitarbeiter erzählen will, er hätte sich jetzt endlich impfen zu lassen.

Augenhöhe statt Machtdemonstration

Vorher will ich Dir aber noch eine grundsätzliche Strategie erklären, mit der Du dafür sorgen kannst, dass ein solches Gespräch keine Machtdemonstration des Vorgesetzten oder Chefs wird. Wenn Du zwei einfache Fragen vorweg stellst, wird das Verhältnis im Gespräch völlig verändert. Die zwei Fragen lauten:

- „Chef (oder Name, etc.) - sind wir in diesem Gespräch Partner auf Augenhöhe?"

- „Interessiert es Dich (Sie), wie es mir damit geht?"

Diese beiden Fragen sind Deine Zügel, mit denen Du das Gespräch steuern kannst. Noch viel mehr aber schaffen sie für Dich schon zu Beginn eine schöne Klarheit darüber, wo Dein Vorgesetzter steht, denn mit diesen Fragen zwingst Du ihn sanft, sich zu zeigen - auf die eine oder andere Art und Weise. Aber selbst, wenn Dein Chef auf die Fragen mit Ja antwortet, kann es sein, dass er sich im Verlauf des Gesprächs anders verhält. In diesem Fall kannst Du ihn aber jederzeit darauf hinweisen und die Fragen noch mal klären. Du wirst das auch im Beispieldialog sehen. Sollte ein Chef zu Beginn tatsächlich eine der Fragen mit Nein beantworten, dann ist es wiederum Zeit, sich mit dem Thema Selbstwert und Selbstachtung zu befassen. Wenn ein Chef Dir ins Gesicht sagt, dass er nicht mit

Dir auf Augenhöhe ist - was willst Du dann noch an diesem Arbeitsplatz? Wenn ein Chef Dir ins Gesicht sagt, dass er sich nicht dafür interessiert, wie es Dir geht – was willst Du dort noch? Sollte ein Chef Dir eine der beiden Fragen ernsthaft mit Nein beantworten – ich bin ganz stark dafür, augenblicklich aufzustehen und die Kündigung einzureichen. Wer aber brav und gehorsam als Objekt einer Machtdemonstration des Vorgesetzten sitzen bleibt – für den wird es Zeit, sich mit der eigenen Unterwürfigkeit und vielleicht Abhängigkeit zu beschäftigen. Ja, ja, ich weiß: Ohne Arbeit kein Geld - und dran hängt ein ganzer Rattenschwanz von Annahmen, die aber alle zerbröseln, wenn Du wirklich selbst-ermächtigt[26] bist. Viel wichtiger ist aber: Chefs sind derzeit in einem ernsthaften Dilemma. Sie wären gerne nach Außen ein moderner Chef, und das bedeutet eben, wertschätzend mit Mitarbeitern umzugehen und auf Augenhöhe zu sein. Die wenigsten werden daher an dieser Stelle offen sagen: „Nein, ich bin Dein Chef und zeige es Dir auch". Das passt meist auch nicht zu den Leitlinien vieler Unternehmen, die ihre eigene Mitarbeiterorientierung lobpreisen und dem Rest der Welt verkaufen wollen. Das ist gut fürs Image und so wie es Unternehmen gibt, die Greenwashing betreiben, um sich selbst als nachhaltig und umweltfreundlich zu markieren, gibt es „social washing", was das Gleiche auf menschlicher Ebene bedeutet. Unternehmen tun heutzutage gerne so, als seien sie menschenfreundlich eingestellt - und natürlich ist das oft nicht echt, sondern nur ein hohler Spruch auf der Tafel mit den Leitlinien am Eingang des Gebäudes. Solche Mitarbeitergespräche wie das folgende Beispiel sind also genau der richtige Moment, um herauszu-

---

26 Wenn das mit der Selbstermächtigung neu für Dich ist, lade ich Dich ein, die Neuauflage meines Buches „Augenhöhe – Wege zur Selbstermächtigung" zu lesen, die schon im Planung ist und auch bei ars vobiscum erscheinen soll.

finden, ob solche Selbstaussagen in Deinem Betrieb wirklich ernst gemeint sind. Und jedesmal, wenn der Chef in seine kognitive Dissonanz kommt - sich selbst als moderner, wertschätzender und zugewandter Chef sehen zu wollen und sich dann tatsächlich wie ein Diktator zu benehmen - gilt es, ihn genau dort zu spiegeln und die Zügel des Gesprächs straff zu halten, bis er nur so aus dieser kognitiven Dissonanz rauskommt, dass er einen realistischen, selbstkritischen Blick auf sich selbst wirft.

Nach dieser wichtigen Erläuterung nun der Dialog, in dem diese Strategie angewendet wird. Der Chef ist A und der Mitarbeiter ist B.

A: „Also, ich hab Dich zum Gespräch bestellt, weil Du einer der wenigen hier bist, die noch ungeimpft sind. Es wird jetzt langsam Zeit, dass Du Dich impfen lässt."

B: „Ok. Bevor wir aber in das Gespräch einsteigen, habe ich zwei Fragen, die mir wichtig sind, und die ich gerne von Dir beantwortet hätte. Geht das vorher?"

A: „Ähh, ja."

B: „Wunderbar! Also – erstens: Sind wir in diesem Gespräch Partner auf Augenhöhe?"

A: „Was soll die Frage?"

B: „Ganz einfach – mir ist es wichtig, ob derjenige, mit dem ich gerade rede, mich als Partner auf Augenhöhe betrachtet oder nicht. Wenn nicht, brauchen wir ja kein Gespräch zu führen. Also sind wir Partner auf Augenhöhe?"

A: „Ja, ok. Natürlich sind wir auf Augenhöhe."

B: „Schön. Das ist gut zu wissen.

Frage 2: Interessiert es Dich auch, wie es mir mit dem Ganzen geht?"

A: „Natürlich interessiert mich das. Was soll die Frage?"

B: „Ganz einfach – mir ist es wichtig, das zu wissen, weil wir auch hier das Gespräch sonst gar nicht brauchen, wenn es Dir egal ist. Also ist es Dir wichtig?"

A: „Ja, ok. Können wir jetzt zur Sache kommen?"

B: „Na klar. Danke für Deine Antworten. Jetzt ist das Gespräch offen für mich. Also worum geht es?"

A: „Na darum, wann Du Dich impfen lässt."

B: „Also, ob ich mich überhaupt impfen lasse, ist für Dich keine Frage mehr?"

A: „Wir sind hier fast alle geimpft. Und wir legen in diesem Unternehmen Wert darauf, dass alle geimpft sind. Es geht ja auch darum, ein Vorbild zu sein."

B: „Habe ich da überhaupt noch ein Mitspracherecht, oder ist das alles schon beschlossene Sache?"

A: „Nun ja, jetzt stell Dich halt nicht so an. Das kann doch nicht so schwer sein und lass Dich halt impfen."

B: „Moment! Vorhin galt Augenhöhe. Ist das jetzt Augenhöhe von Dir? Gilt jetzt Augenhöhe oder nicht?"

A: „..........Ja, äh, nein, äh, ich meine, wenn Du Dich nicht impfen lassen willst, müssen wir uns vielleicht jemand anderen suchen."

B: „Das ist ja noch viel weniger Augenhöhe. Willst Du mich jetzt dazu zwingen, mich impfen zu lassen?"

A: „Du kennst die Bedingungen hier, Du hast Dich impfen zu lassen."

B: „Das ist jetzt ein Befehl, nicht wahr?"

B schaut A tief in die Augen, es herrscht kurzes Schweigen, A schaut kurz zur Seite weg – ein Zeichen von Scham.

B: „Also Du willst mich dazu zwingen etwas zu tun, was ich definitiv nicht will? Ist das Deine Vorstellung von einer Unternehmenskultur, wie Du sie seit X Jahren predigst? Zwang?

Druck? Drohungen? Ist es das, was Du willst?"

A: „Ja, was stellst Du Dir vor, was wir machen? Wir haben im Vorstand beschlossen, dass sich alle impfen lassen sollen, um Solidarität zu zeigen."

B: „Noch mal – willst Du mich zwingen? Ist das Deine Vorstellung von einem menschlichen Miteinander? Willst Du mir Gewalt antun?"

A: „Nein, ich will Dir keine Gewalt antun. Das ist doch auch keine Gewalt."

B: „Jemandem mit Kündigung zu drohen und ihn damit zu zwingen etwas zu tun, was er nicht will, ist also keine Gewalt?"

A: „Ja, wenn man das so sieht..."

B: „Also wie ist es jetzt? Zwang, Drohung, Druck? Sind das die Mittel Deiner Wahl? Erinnerst Du Dich, was in unseren Leitlinien steht?"

A: „Äh, ja, nein, natürlich wollen wir keinen Druck ausüben."

B: „Ist Dir klar, dass Ihr genau das tut?"

A: „Ja, was sollen wir denn machen? Die Regierung zwingt uns dazu."

B: „Also seid Ihr das Opfer der Regierung?"

A: „Nein, wir sind kein Opfer."

B: „Wenn Euch eine Regierung zwingen kann, dann seid Ihr deren Opfer. Wollt Ihr das sein?"

A: „Nein, natürlich nicht. Was sollen wir denn machen?"

B: „Wo ein Wille ist, ist auch ein Weg. Habt Ihr schon mal mit einem Anwalt darüber gesprochen, welche Möglichkeiten es gibt?"

A: „Unser Anwalt hat gemeint, wir müssten das so machen."

B: „Du meinst der Anwalt, der sich hier für die CDU engagiert? Meinst Du, der ist überhaupt unabhängig?"

A: „Der darf sich doch engagieren, für was er will."

B: „Natürlich darf er das. Meine Frage ist, ob er in Bezug auf diese Impfung unabhängig sein kann, wenn er sich für die Partei engagiert, die eine bundesweite Impfpflicht will. Also ist das ein unabhängiger Jurist?"

A: „So gesehen nicht."

B: „Andere Frage: Wie wichtig ist es Euch überhaupt, mich zu behalten?"

A: „Natürlich sehr wichtig. Du bist ja ein wertvoller Mitarbeiter. Wir wollen Dich nur ungern verlieren."

B: „Woran darf ich das denn merken, dass es Euch wichtig ist, mich zu halten?"

A: „Ja, wir tun doch viel für Dich."

B: „Im Moment geht es nur um diese Impfung. Ich habe gesagt, dass ich diese Impfung unter keinen Umständen will - und jetzt steht im Raum, dass mein Job bedroht ist, wenn ich da nicht mitmache. Willst Du, dass ich gehe?"

A: „Nein."

B: „Also, was seid ihr bereit dafür zu tun, dass ich bleibe?"

A: „Mit Sicherheit nicht alles."

B: „Es war ja auch nie die Rede davon, dass ich gerne eine Million Jahresgehalt hätte."

Beide lachen.

B: „Meinst Du, Ihr findet leicht Ersatz für mich, wenn ich weg bin?"

A: „Du weißt doch genau, wie schwer es derzeit ist, Personal zu finden."

B: „Gut, dann wissen wir ja beide, in was für einer Situation wir sind. Also was seid Ihr bereit dafür zu tun, dass wir das hier friedlich und einvernehmlich lösen?"

A: „Wir können doch bei Dir keine Ausnahme machen. Wir haben allen gesagt, dass wir diese Impfung unbedingt wollen."

B: „Wer hindert Euch?"

A: „Was?"

B: „Wer hindert Euch daran, eine Ausnahme zu machen?"

A: „ähh....wir selbst..."

B: „Und was wäre, wenn Ihr einfach damit aufhört, Euch selbst zu hindern?"

A: „Versteh ich nicht."

B: „Wenn Ihr Euch selbst daran hindert, eine Ausnahme zu machen, dann heißt das doch, dass Ihr zuerst einmal eine Entscheidung getroffen habt, alles ohne Ausnahme zu tun, nicht wahr?"

A: „Ja, das war eine Entscheidung."

B: „Also könnt Ihr Euch auch anders entscheiden, wenn Ihr wollt. Wollt Ihr oder wollt ihr nicht?"

A: „Ja, es kommt drauf an."

B: „Auf was?"

A: „Ob wir einen gangbaren Weg finden."

B: „Ist Dir klar, dass es hier nur dann eine einvernehmliche Lösung gibt, wenn wir hier beide zufrieden aus dem Gespräch gehen? Ist Dir klar, dass es keine einvernehmliche Lösung ist, wenn nur Eure Belange erfüllt sind und meine nicht?"

A: „Ja, wie sollen wir das denn machen?"

B: „Vielleicht durch Information? Wie wäre es denn damit, einen anderen Juristen zu Rate zu ziehen?"

A: „Kennst Du einen?"

B: „Ich kann mich um einen bemühen. Ich habe da so 'ne Idee. Willst Du, dass ich den mal anfunke?"

A: „Ja, ok. Dann mach mal. Wenn Du einen Kontakt hast, sag Bescheid."

B: „Wunderbar. Interessiert Dich noch was von mir für den Moment?"

A: „Ja, ich will wissen, warum Du so ein Problem mit dieser Impfung hast."

B: „Das will ich Dir gerne sagen. Sagst Du mir einfach zu Anfang mal, was Du über diese ‚Impfung' weißt?" (vollführt mit seinen beiden Zeigefingern eine Geste, die Anführungszeichen andeuten)

A: „Ich weiß, dass diese Impfung wirkt und sicher ist."

B: „Also weißt Du im Grunde gar nichts, außer was die Impfwerbung sagt?"

A: „Ich muss doch der Regierung vertrauen, und so ein Impfstoff wäre doch nie zugelassen, wenn er nicht sicher wäre."

B: „Naja, wusstest Du, dass der Stoff gar keine Zulassung hat?"

A: „Was? Aber der hat doch bestimmt eine Zulassung."

B: „Ok, ich merke, Du bist wirklich ganz schlecht informiert. Nein, der Impfstoff hat keine echte Zulassung, sondern nur eine Notfallzulassung. Aber ich hab da mal `ne andere Frage."

A: „Schieß los."

B: „Wenn Du ein Auto kaufst: informierst du Dich vorher über das Auto?"

A: „Naja, ich beschäftige mich damit, ich gehe das Auto probefahren..."

B: „Vertraust Du dann nur auf die Herstellerangaben?"

A: „Warum sollten die lügen?"

B: „Du erinnerst Dich aber schon an den Dieselskandal?"

A lacht.

A: „Naja, natürlich lese ich z.B. auch Fahrberichte."

B: „In den Zeitungen, in denen drei Seiten später eine Werbung für das Auto drin ist?"

A: „Willst Du damit sagen, diese Fahrberichte sind nicht unabhängig?"

B: „Du erinnerst Dich doch auch an den ADAC-Skandal"?

A: „......ja, da war was..."

B: „Also Du vertraust nur den Angaben der Hersteller und den Medien, die aber gleichzeitig für das Auto werben?"

A: „Nein, ich frage auch noch andere Leute."

B: „Welche?"

A: „Z.B. den Freund meiner Tochter. Der ist KFZ-Schrauber."

B: „Ah, jetzt wird's dann doch interessant. Würdest Du Dich auch bei kritischen Seiten im Netz informieren, sogar möglicherweise bei Leuten, die total den Hals auf den Hersteller haben?"

A: „Könnte schon sein. Vielleicht ist da ja was dabei, was interessant ist. Man weiß ja nie."

B: „Also unterm Strich würdest Du Dich umfassend informieren und nicht nur den Herstellerangaben vertrauen. Stimmt das?"

A: „Ja, genau."

B: „Und warum tust Du genau das bei dieser ‚Impfung' nicht? Warum vertraust Du hier ausschließlich dem Marketing der Hersteller?"

A: „..........so hab ich das noch nicht gesehen."

B: „Hast Du Interesse an ein paar Informationen, die etwas kritischer mit dem ganzen sind?"

A: „Dafür habe ich keine Zeit."

B: „Also ist es Dir gar nicht wirklich wichtig, umfassend über etwas informiert zu sein, was cine Frage von Leben und Tod sein kann?"

A: „Doch, natürlich."

B: „Also wenn es Dir wichtig ist, dann hast Du auch die Zeit. Oder was ist Dir wichtiger als die Frage Leben oder Tod?"

A: „Ok, Vorschlag: Ich hab um vier den letzten Termin, der geht bis um fünf. Danach habe ich eine Stunde Zeit. Reicht

Dir das? Dann kannst Du mir mal Deine Bedenken darlegen. Was hältst Du davon?"

B: „Einverstanden. Ich komme um fünf zu Dir. Erzähl mir dann aber nicht, dass Du doch keine Zeit hast, sonst nerv` ich Dich die nächsten Tage solange, bis Du Dir die Zeit nimmst."

A: „Ja ja, ok. Aber ich hätte gerne seriöse Quellen. Du weißt ja – nicht dieses Verschwörungstheoretikerzeugs."

B: „Vertrau mir, ich kann alles belegen, und das sogar aus ganz offiziellen Quellen. Ich bin um fünf Uhr da. Bis nachher."

16. Selbstverteidigung und weitere Strategien

Das waren die grundlegenden Strategien des Miteinander-Redens, die vor allem in der Konfrontation mit Leuten wichtig sind, die die Dinge ganz anders sehen - allen voran die treuen Maßnahmenbefürworter. Es folgen jetzt noch einige eher technische „Tricks", die mehr den Charakter von Selbstverteidigung haben oder auch dazu dienen, sich in einem Gespräch vom Druck zu befreien, der entstehen kann, wenn die andere Seite wütend, aggressiv oder fordernd wird.

Die hängende Schallplatte

Die hängende Schallplatte kennen vielleicht nur noch die Älteren unter uns von früher. In den siebziger und vor allem achtziger Jahren waren schwarze Vinylplatten mit Rillen das hifi-mäßige Nonplusultra. Wenn eine solche Schallplatte eine mechanische Beschädigung auf einer Rille hatte, dann sprang die Nadel an dieser Stelle immer zurück in die vorherige Rille, anstatt weiter auf der vorgegebenen Spiralbahn zum Inneren der Schallplatte zu laufen: Das bewirkte einen Loop, das heißt dieselbe Stelle wiederholte sich immer und immer wieder, bis jemand irgendwie auf das System Plattenspieler und Schallplatte einwirkte, sodass die Nadel weiter ihre vorgesehene Bahn ziehen durfte. Eine hängende Schallplatte war ein unheimlich nerviges Ding, vor allem, wenn der Hänger just in dem Moment passierte, wenn Du gerade nicht am Plattenspieler, sondern irgendwo in der Wohnung beschäftigt warst. Genauso ist auch die Strategie der hängenden Platte in der Kommunikation zu sehen. Diese Methode wird im therapeutischen Kontext für Klienten empfohlen, um sich endlich einmal durchzusetzen. Denn die hängende Schallplatte benötigt absolut kein Vorwissen, besondere Kompetenzen oder Übung. Im Fall einer nervigen Person, die den Klienten in gewissen Situationen weitgehend unter Kontrolle hat, wird dem Klienten empfohlen, eine hängende Schallplatte mit der Reaktion „Nein" zu spielen.

Da der Inhalt des Gesprächs dabei völlig egal ist, stelle ich ihn hier nur als blabla dar.

Das Ganze sieht dann folgendermaßen aus:

A: „Blablablabla!"

B: „Nein!"

A:„Blablablabla!"

B: „Nein!"

A: „Blablablabla!"

B: „Nein!"

A: „Blablablabla!"

B: „Nein!"

A: „Blablablabla!"

B: „Nein!"

A: „Blablablabla!"

B: „Nein!"

Blöd wäre es allerdings, wenn B nach dem siebzehnten „Nein" schlussendlich doch noch „Ja" sagt - ganz wie Homer Simpson, wenn seine Kinder ihn zum xten Male gefragt haben, ob sie heute in den Crusty Park dürfen. Die hängende Schallplatte ist als Gespräch sicher nicht sehr produktiv, aber darum geht es in diesem Moment auch gar nicht. Sondern zunächst geht es für B nur darum „Nein" zu sagen, es zu wiederholen und zu üben und vor allem konsequent zu bleiben gegen das Fordern und unter Druck setzen von A.

B könnte das Ganze auch noch steigern durch die provokante Frage „Welchen Teil von NEIN hast Du nicht verstanden?" - fürs erste ist damit aber das Prinzip der hängenden Schallplatte klar. Wie gesagt – weder ist es produktiv im Sinne einer Verständigung oder Verbindung, noch öffnet es Gespräche. Im Gegenteil – es setzt einen fetten Punkt hinter das, was Du mit der hängenden Schallplatte kommunizierst, selbst wenn der Loop eine Frage ist. Denn für diese Technik gibt es auch einige sinnvolle Kontexte - Beispiele erwünscht?

Auf den meisten Demos gibt es am Rand Störer. Leute, die einfach Lärm machen oder die Demonstranten anpöbeln oder anschreien, etc. Diese Leute wollen definitiv nicht reden und den Dialog suchen. Das merkt jeder, der schon versucht hat, mit solchen Leuten ins Gespräch zu kommen. Zu einem Dialog sind sie in dem Moment nicht fähig. Störer wollen wirklich in solchen Momenten maximal Müll abladen, möglichst effektiv stören oder sogar zerstören. Das einzige, worum es in solchem Momenten geht, ist, wie Du diese Leute los wirst. Nein, das ist nicht nett, soll es aber auch nicht sein.

Versetz Dich in die restlichen Demonstranten, die gerade da sind. Was hätten die wohl gerne in dem Moment? Dass der Typ weiter stört? Sicher nicht. Die wollen ihre Ruhe, um sich z.B. zu unterhalten oder dem Redner zuzuhören. Wenn Du diese Störer betrachtest, wirst Du oft feststellen, dass sie ein hassverzerrtes Gesicht haben, oft mit Fäusten in der Luft oder dem Zeigefinger drohen, sich empören, Wut in die Welt schreien, etc. Genau hier setzt die hängende Schallplatte an. Sie ist genau eine einzige Frage und die lautet:
„Warum sind Sie so voller Hass"? (oder in der Du Form)
Für manch einen reicht diese Frage – einmal gestellt – schon aus, dass er innehält. Dann weißt Du, dass Dein Separator als solcher schon mal funktioniert hat. Für alle anderen wiederholst Du die Frage jetzt einfach wieder und wieder. Fünf mal, zehn mal, fünfzehn mal – völlig egal. Das Ziel ist kein Gespräch, sondern dass der andere abhaut. Und das wird er irgendwann, weil niemand diese wirklich harte Konfrontation mit sich selbst lange durchhält.
Ich habe das selbst mehrfach auf Demos praktiziert. Der Störer hat in solchen Momenten bis zum fünften oder sechsten Mal meist weiter getobt und gebrüllt - egal. Ich frage dann weiter und weiter (mitunter werde ich sogar lauter – aber nicht aggressiv, das ist ein wichtiger Unterschied) und spätestens nach dem zehnten Mal haut er dann ab. Ich gehe den Leuten dann auch manchmal noch hinterher und frage weiter und weiter und „begleite" sie noch 50 Meter, bis sie wirklich aus dem Dunstkreis der Demo verschwunden sind und auch keine Anstalten mehr machen zurückzukommen. Einer hat an diesem Punkt die Faust angehoben und angedeutet, dass er jetzt gewalttätig wird. Ich habe einfach weiter gefragt, sofort hat er die Faust heruntergenommen und ist mit seinem Fahr-

rad davon gefahren. Eine solche Situation ist natürlich ein Risiko und es ist in jedem Fall wichtig, dass Du eine bewusste Wahl triffst, ob du es eingehen willst. Für den Fall, dass jemand tatsächlich zuschlägt: lächeln und fragen: „Und? Hat's das jetzt gebracht? Willst Du noch mal? Meinst Du, danach ist es dann besser?"

Störer: „Brüll, tob, schrei"!

Demonstrant: „Warum sind sie so voller Hass"?

Störer: „Brüll, tob, schrei"!

Demonstrant: „Warum sind sie so voller Hass"?

Störer: „Brüll, tob, schrei"!

Demonstrant: „Warum sind sie so voller Hass"?

Störer: „Brüll, tob, schrei"!

Demonstrant: „Warum sind sie so voller Hass"? Usw. usf.

Einige weitere Vorschläge für hängende Schallplatten sind:

„Ist es das, was Du willst?"

„Ist das das, was Du jetzt sein willst?"

„Macht das Spaß?"

„Warum bist Du so voller Vorurteile?"

„Ich werde jetzt keine Maske aufsetzen."

„Nein."

Wenn Du ein paar Minuten nachdenkst oder wenn Ihr in der Gruppe ein Brainstorming macht, könnt ihr zig solcher Sätze für hängende Schallplatten finden. Setz Dich hin, überlege Dir solche Sätze und lerne sie auswendig, damit Du sie in den entsprechenden Situationen parat hast.

Ich werde später noch mal genauer auf Situationen eingehen, in denen Du möglicherweise von irgendwelchen „Journalisten" aus dem Mainstream interviewt oder befragt wirst. Wenn Du aber so jemanden einfach und schnell los werden willst, geht auch die hängende Schallplatte. Diese Mainstream-

leute haben ja selten eine gute Fragetechnik, sondern spulen meist ihren schlechten Suggestivfragetrichter ab, in dem die üblichen Framings der suggestive Teil der Frage sind. Damit zeigen diese „Journalisten" deutlich ihr Schubladendenken, und genau da setzt Du dann an. Die hängende Schallplatte kann lauten: „Warum sind Sie so voller Schubladendenken? Warum können Sie Menschen nicht als Menschen sehen?"
Die hängende Schallplatte kann auch ähnlich wie Propaganda einfach über die Wiederholung wirken. Ruf Dir mal in Erinnerung, was Du über Propaganda weißt:

- Propaganda braucht nicht zu stimmen. Sie muss nur oft genug wiederholt werden.

Wenn Du so einer Person fünf oder sechs mal hintereinander diese Fragen gestellt hast, ist der Gedanke im Kopf und damit ist der Samen gesät. Er wird aufgehen - irgendwann.

Social Media

Auch auf sämtlichen Social-Media-Kanälen laufen seit zwei Jahren all die Diskussionen ab, die ich bisher geschildert habe. Nur dass die sozialen Medien ein paar Besonderheiten oder besser noch Restriktionen haben.
Grundsätzlich ist es so, dass schriftliche Kommunikation zwischen den meisten Menschen im Alltag ein riesiger Supermarkt der Projektionen ist, weil die fehlenden 93% in der Kommunikation vom Leser unbewusst dazu interpretiert werden. In sozialen Medien ist also die Wahrscheinlichkeit von Missverständnissen allein aus diesem Grund schon immens. Das Ganze führt dann in den Diskussionen häufig zu Frustration über den Mangel an Wertschätzung, an Respekt oder an Interesse. Nicht gesehen zu werden, erzeugt in den sozialen Medien besonders schnell Wut und Aggression,

Hass und Verachtung auf allen Seiten.

Soziale Medien bieten streng genommen auch nur Fastfood-Kommunikation, weil lange Texte dort einfach nicht „funktionieren". Manchmal braucht es aber eben ein paar Worte mehr, um Dinge wirklich zu erklären und eine Verbindung herstellen zu können. Beiträge mit vielen Worten werden aber wiederum von einer Menge Menschen gar nicht mehr, nur teilweise oder gerade einmal quer gelesen.

Auf der anderen Seite laden die sozialen Medien dazu ein, sich gegenseitig mit Links zu Internetseiten, Artikeln oder Videos – also vermeintlichen Sachinformationen - zuzuschmeißen. Das wiederum führt zu noch weniger Verbindung oder Verständnis, weil eben noch viel weniger auf den anderen als Person und, was er aus seiner Perspektive gesagt/geschrieben hat, eingegangen wird.

Die sozialen Medien leben darüber hinaus auch von Geschwindigkeit. Wenn Du z.B. auf Facebook irgendwo in einer Diskussion mit jemandem bist und du willst auf seinen Kommentar eingehen, kann es sein, dass schon, bevor Du mit Deiner Erwiderung fertig bist, fünf bis zehn andere Personen auch ihren Senf dazu abgegeben haben. Das lenkt ab und macht eine richtige Begegnung von Positionen und Personen fast unmöglich. Denn es kann sein, dass der andere schon auf die Antworten der anderen antwortet und gedanklich an einem völlig anderen Punkt ist oder Deine Antwort schlicht in der Masse untergeht. Wenn Du und der andere drei oder vier verschiedene Diskussionsstränge organisieren müsst – ich kürze das mal ab und sage: das geht fast nicht. Diese Erfahrung wiederum fördert den Wunsch, immer möglichst schnell zu reagieren, was aber, wie wir schon wissen, grundsätzlich ein Gift für echte Unterhaltung und Begegnung ist.

Allein schon durch die Diskussionen mit vielfältigen Partnern entsteht auch oft genug die „einer gegen alle"-Konstellation, wenn Du z.B. als einziger kritisch unter einen Beitrag von einem regierungstreuen Medium schreibst. Sofort stürzt eine Horde von Befürwortern auf Dich ein und beschimpft Dich. Selbst wenn jetzt noch Leute dazu kommen, die Deine Sicht teilen – in jedem Fall wird es ein buntes Durcheinander und ein Lagerkampf. Ehrlich gesagt: Das kannst Du auch bleiben lassen. So etwas macht nur schlechte Gefühle und bringt absolut nichts ein. Verbindung herstellen braucht Zeit und nicht Geschwindigkeit, Ruhe und nicht Diskussionen mit zehn Leuten gleichzeitig. Das ist in den sozialen Medien schlicht nicht möglich.

Aber natürlich kannst Du auch online versuchen, mit Leuten empathisch umzugehen – nur begibst Du Dich hier auf ein völlig anderes Terrain, in dem Du die Regeln nicht kennst und auch keinen Einfluss auf die Auslegung hast. Die sozialen Medien sind mittlerweile zu einem guten Teil zur Kampfarena geworden und das alles findet in einem öffentlichen Raum statt, bei dem im Hintergrund immer das Thema Gesichtsverlust auf allen Seiten eine Rolle spielt. Denn gerade in den sozialen Medien haben Menschen einen erhöhten Drang, ihr Selbstbild zu verteidigen und vor ihren eigenen Augen das Gesicht nicht zu verlieren. Deshalb schalten Menschen besonders gerne und besonders schnell in den Kampfmodus.

Wenn Du also eine solche Kampfarena betrittst, dann ist es nicht wirklich günstig, verbal unbewaffnet zu sein (metaphorisch gesprochen) und zudem niemandem weh tun zu wollen - so werden einige Leute verbal auf Dich einmetzeln. Der beste Schutzschild, den es gibt, ist es, unabhängig davon zu sein, was andere über Dich denken. Dann läufst Du nicht ständig Gefahr, Angst davor zu haben, Dein Gesicht zu verlieren.

Daneben wirkt bei einer öffentlichen Diskussion aber auch noch ein Mechanismus mit, dass die meisten Leute noch viel weniger bereit sind, z.B. eigene Fehler einzugestehen, um ihre Fassaden und ihr Selbstbild auf jeden Fall aufrecht zu erhalten. Es geht auch dabei immer um die Wahrung des eigenen Gesichts – und das macht einen authentischen Dialog beinahe unmöglich. Wenn dann auch noch eine Hidden Agenda oder gar mehrere davon mit im Spiel sind, kannst Du das ganze Gespräch auch gleich bleiben lassen.

Die sozialen Medien sind einfach grundsätzlich nicht dafür gemacht, großartig in Verbindung mit Menschen zu kommen – auch wenn das Gegenteil behauptet wird. Sie sind aber hervorragend dazu geeignet, um sich z.B. zu koordinieren oder schnell Informationen zu verbreiten. Wenn sich die Beteiligten weitgehend einig sind, kannst Du so auch sehr gut mit anderen Spaß haben. Also lass uns an dieser Stelle mal schauen, was Du in den sozialen Medien überhaupt machen und erreichen kannst. Hierfür habe ich folgende Empfehlungen:

- Stell viele Fragen

Ich würde sogar soweit gehen zu empfehlen, am besten zu mindestens 90% über Fragen zu kommunizieren. Aber erinnere Dich, was ich als gute Fragen beschrieben habe – bleib kurz, knapp und präzise. Mit Fragen wirst Du zwar selten bis nie jemanden von irgendetwas überzeugen, aber wenn Deine Fragen eine entsprechende Qualität haben, kannst Du den anderen prima in Begegnung mit seiner kognitiven Dissonanz bringen. Weil die meisten Leute aber dann projizieren und wütend werden, verlieren sie die Beherrschung und fangen an, Dich zu beschimpfen - oder aber sie stellen sich selbst vollkommen bloß, indem sie richtig absurdes Zeug schreiben. Das alles wirkt dann eher auf die anderen, die nur still mitlesen. Vielleicht aber bringst Du denjenigen auch dazu, dass er sich im Anschluss und, besonders falls er alles noch mal in Ruhe durchliest, in Grund und Boden schämt.

Provokative und/oder paradoxe Ansätze sind dabei besonders hilfreich. Wenn Du jetzt sagst: „Das ist aber nicht nett", dann antworte ich nur - stimmt. Mach Dir an dieser Stelle noch mal klar: Du kannst wirklich nichts für die Reaktionen der anderen. Aber Du kannst mit Deiner Strategie die anderen dazu bringen sich zu zeigen – dazu solltest Du also schon bereit sein. Aber wenn gewisse Leute sich dann zeigen und sie sind mit dem, was sie von sich zeigen, nicht zufrieden - dann ist das deren Problem und sicher nicht Deines.

Du stellst also vor allem Fragen - und eine Frage ist eine Einladung zu einer Antwort und zunächst einmal keine Aussage über jemand anderen. Selbst wenn die Leute Beleidigungen hören oder lesen, obwohl Du schlicht eine Frage gestellt hast, hat das auch wieder nichts mit Dir zu tun. Mach Dir klar: Du machst Dich in solchen Momenten zur Projektionsfläche anderer Leute. Das kann sogar Spaß machen und - wie das Wort schon sagt – es sind die Projektionen der anderen.

Ich will Dir hier auch noch einen kleinen Vorschlag machen, der sowohl einfach als auch leicht ist. Ich stelle Dir hier einige Muster für die Kommunikation in sozialen Medien zur Verfügung. Es sind Textbausteine, die Du bei Dir abspeichern und einfach mit Strg-C und Strg-V einfügen kannst. Diese Bausteine kannst Du, wenn Du willst, hundert mal verwenden. Die Wirkung ist aber immer die selbe. Allerdings machst Du Dir damit sicher keine Freunde, aber darum geht es in dem Moment ja hoffentlich auch nicht.

Der erste Baustein ist eine Reaktion auf Leute, die mit den dämlichsten und plumpsten Beleidigungen um sich schleudern - meist in persönlichen Nachrichten, weil solche Aussagen in einem öffentlichen Kommentar eine sofortige Sperrung von Facebook, Twitter und Konsorten zur Folge hat. Dieser Baustein bietet Dir eine Möglichkeit der verbalen Selbstverteidigung und Du kannst mit dem anderen, sofern er antwortet, wunderbar spielen. Du weißt ja, Fragetechnik, sleight-of-mouth, etc.

Das erste Musterbeispiel geht so:

„Jetzt, da Du Dich erfolgreich geistig selbst befriedigt hast, kann ich sonst noch was Gutes für Dich tun?"

Nicht gerade verbindend, aber wie gesagt – reine Selbstverteidigung.

Das zweite Musterbeispiel ist für Impfdiskussionen. Du erinnerst Dich: Argumentieren ist vollkommen nutzlos. Mit diesem Muster wirst Du aber die witzigsten Reaktionen bekommen.

„Wunderbar! Ich feiere jeden einzelnen Menschen, der sich freiwillig diesem größten, globalen Menschheitsexperiment der Geschichte zur Verfügung stellt. Obwohl sich die Berichte über schwerste Nebenwirkungen mehren, fürchten sie weder Krankheit oder Behinderung, noch den Tod und sind bereit, sich für die Allgemeinheit zu opfern. Was ist das eigene Leben auch wert, gegen die Gewissheit, einen Beitrag für die Menschheit geleistet zu haben. Großartig!"

Daraus kann sich z.B. folgender witziger Dialog entwickeln:

„Ich will aber nicht, dass Sie mich dafür feiern."

„Zu spät – schon passiert."

Oder jemand will mit Dir wieder inhaltlich diskutieren. Du weißt aber jetzt: Fluchtreaktion. Dem machst Du einfach klar, dass es einfach nichts zu diskutieren gibt und Du Dich darauf auch nicht einlässt. Du feierst ihn und da ist ein Punkt dahinter. Ganz nebenbei sind in dem zweiten Muster auch ein paar nette Suggestionen versteckt. Vielleicht entdeckst Du sie?

Der Mainstream-Journalist

Viele von Euch kennen auch schon die Situation, wenn ein Kamerateam vom Mainstream auf Demos oder Kundgebungen die Demonstranten befragt oder auch Organisatoren der Veranstaltung interviewt. Ob Du nun eine solche Situation schon selbst erlebt hast oder in irgendeiner Art Zeuge davon geworden bist, meist sind allerhand wirklich plumpe Manipulationstechniken zu erleben, die hier im folgenden erklärt werden.

Zunächst aber mach Dir klar, was diese Leute wollen:

- Sie wollen Dich (oder uns) bloßstellen.

- Sie wollen Dich dahin führen, dass Du ihnen ihr vorgefertigtes Bild (Vorurteil) bestätigst.

- Manche wollen sich über Dich (oder uns) lustig machen.

- Sie wollen Dich auch gern dazu bringen, dass Du Interna ausplauderst.

- Sie wollen Anerkennung und Aufmerksamkeit, im besten Fall gleich einen Medienpreis.

Die von mir schon erwähnte erste Manipulationsstrategie ist der Fragetrichter voller Suggestivfragen, in denen Dir etwas unterstellt wird, was die Grundlage der Frage ist. Erinnere Dich: wenn Du im Sinne der Frage antwortest, hast Du bereits der Unterstellung zugestimmt. Die Technik des Trichters funktioniert so, dass sie Dich im Verlauf des Gesprächs vom Allgemeinen zum Speziellen dazu bringen wollen, diese eine Antwort zu liefern, die sie vorher schon für Dich festgelegt haben, wie z.B. „Deutschland ist kein souveränes Land" oder „Ich verdiene Millionen mit Spendengeldern". Wenn Du eine dieser Antworten lieferst, wirst Du im ersten Fall vom Mainstream zerfleischt oder bist im zweiten Fall innerhalb unserer Bewegung erledigt, und eine Menge unreflektierter Leute wird allerhand Dreck über Dich auskübeln.

Welche Möglichkeiten kann ich Dir also anbieten, mit solchen Situationen umzugehen?

Metaebene

Die Metaebene ist die übergeordnete Ebene, in der es darum geht, wie wir miteinander reden. Schreit Dich z.B. jemand an, ist der Wechsel zur Metaebene sinnvoll, wenn Du dann fragst: „Was soll dieses Rumgeschreie? Willst Du mich einschüchtern?". Bei einem Gespräch mit einem Mainstreamjournalisten kannst Du also einfach die Metaebene benennen und sagen: „Das ist eine Suggestivfrage, die beantworte ich nicht". Und das machst Du jetzt jedes Mal, wenn er es wieder auf diese Art versucht. Wenn er es nicht lässt, kannst Du ihn ja mal fragen, ob er denn auch noch ein paar intelligente Fragen auf Lager hat. Damit sind wir schon bei Variante 2. Du hast sie bereits kennen gelernt.

Hängende Schallplatte

Wenn Du den Typen einfach nur schnell los werden willst oder seinen Plan des Suggestivfragentrichters durchbrechen willst, hilft die hängende Schallplatte. Das geht sogar bei renommierten Journalisten wie Sundermeyer.

Journalist XY: „Geifer, tob, brüll, spuck"

Du: „Herr XY, warum sind Sie so voller Hass?"

Journalist XY: „Geifer, tob, brüll, spuck"

Du: „Herr XY, warum sind Sie so ein Hassprediger geworden?"

Journalist XY: „Geifer, tob, brüll, spuck"

Du: „Herr XY, warum sind Sie so voller Hass? Sie waren doch nicht immer so?"

Journalist XY: „Geifer, tob, brüll, spuck"

Du: „Herr XY, warum sind Sie so voller Hass?"

Wenn Du am Rande einer Demo mal von solchen Spaßvögeln wie der HeuteShow oder Extra 3 angesprochen wirst, sind deren Fragen meist so plump und durchschaubar, dass Du sie auch gleich auf ihre Vorurteile ansprechen kannst. Auch hier ist eine hängende Schallplatte ein wunderbares Instrument:

Mainstreamjournalist: „Blablablablabla"

Du: „Warum sind Sie so voller Vorurteile?"

Mainstreamjournalist: „Blablablablabla"

Du: „Warum sind Sie so voller Vorurteile?"

Mainstreamjournalist: „Blablablablabla"

Du: „Warum sind Sie so voller Schubladenkdenken?"

Mainstreamjournalist: „Blablablablabla"

Du: „Warum sind Sie so voller Vorurteile?"

Mainstreamjournalist: „Blablablablabla"

Du: „Wissen Sie, ich sehe hier ausschließlich Menschen. Wieso gelingt Ihnen diese Perspektive nicht?" (schöner Separator für das eigene Muster)

Mainstreamjournalist: „Blablablablabla"

Du: „Warum sind Sie so voller Vorurteile?"

Du kannst dieses Spiel treiben bis zum Exzess. Der einzige, der dabei wie ein Idiot aussieht, ist der Journalist. Wenn das

Ganze auch noch vor einer Kamera abläuft, sieht es für ihn noch beschissener aus. Für einen Fernseh- oder Videozuschauer ist so etwas nämlich stinklangweilig - und wenn es langweilig wird, schaltet der Zuschauer um. Das ist Gift für die Quote, also lächle freundlich und vielleicht wirfst Du dem Journalisten sogar mal ein Augenzwinkern oder ein Luftküsschen zu, wenn Du Dich traust. Sollte er dann womöglich wieder in einen Modus schalten, in dem Du halbwegs mit ihm reden willst, kannst Du ja dann mit der nächsten Technik weiter machen.

Fragetechnik

Hier kannst Du jede einzelne der verschiedenen Strategien anwenden, die ich im Kapitel Fragetechniken erläutert habe. Du kannst empathisch sein, Du kannst die Person emotional konfrontieren und Du kannst zeigen, dass du vielfach intelligentere Fragen stellst als der Journalist selber. Halte aber insbesondere seine Suggestionen im Auge und hinterfrage die dann ganz gezielt. Übernimm dazu vor allem gleich durch Deine eigenen Fragen die Gesprächsführung. Ich zeige Dir hier einen fiktiven Beispieldialog, wie das laufen könnte. Spiele diesen Dialog einfach mal im Kopf durch und mach Dein eigenes Ding draus.

A: „Sie demonstrieren hier gemeinsam mit Rechtsextremisten und Holocaustleugnern. Finden Sie das gut?"

Da war sie schon, die Suggestion: Das sind alles Rechtsradikale und Holocaustleugner. Egal wie Du antwortest, Du hast es bestätigt. Du wählst zunächst einen empathischen Weg.

B: „Ich sehe, Sie machen sich Sorgen um diejenigen, die Sie rechts nennen?"

Kleiner Trick – wir haben jetzt die selbe Technik angewendet, nämlich eine Suggestion untergejubelt: „Diejenigen, die Sie rechts nennen". Damit ist schon mal raus, dass da überhaupt wirklich Rechte sind. Jetzt ist es lediglich seine Zuschreibung. Erkennt er es nicht, dann geht es gleich weiter. Erkennt er es, korrigierst Du Dich zu: „Also die Rechten machen Ihnen Sorgen?"

A: „Natürlich! Und Sie demonstrieren auch noch mit denen. Wie finden Sie das?"

B: „Sie machen sich Sorgen, dass die größeren Einfluss haben?"

A: „Natürlich. Leute wie Sie spielen denen doch in die Karten. Wollen Sie unterstützen?"

Er beantwortet zwar die Fragen, echte Beziehung entsteht dabei jedoch nicht. Vor allem versucht er mit seinen wiederkehrenden eigenen Fragen die Führung des Gesprächs zu behalten. Also wechselst Du die Strategie und findest sein Motiv heraus.

B: „Was könnten wir denn Ihrer Ansicht nach tun?"

A: „Sie müssen sich viel deutlicher von denen distanzieren."

B: „Also Sie wollen, dass wir uns von denen abgrenzen?"

A: „Ja, genau. Sie fahren ja Schmusekurs mit denen."

B: „Was sollen wir denn mit den Rechten machen, die Ihrer Meinung nach da sind? Wenn Sie die Macht hätten, mit einem Fingerschnipsen den Zustand zu erreichen, den Sie gerne hätten – wie sähe das dann aus?"

A: „Na, die wären weg."

B: „Weg von diesem Platz hier?"

A: „Ja, halt weg. Zeigen Sie, dass Sie mit denen nichts gemein haben."

B: „Hmmm, wenn die alle hier weg sind, wo sind die denn dann hin?"

In einer realen Situation wird ein Mainstreamjournalist, der nur ein bisschen Verstand hat und seine Agenda weiter verfolgen will, schnell das Weite suchen, weil er den Braten riechen wird. Zumindest aber hat er jetzt bestimmt schon kapiert, dass Du in einer anderen Liga spielst als er. Ich will den Dialog trotzdem einfach mal weiter zeichnen - der Übung halber und auch für den Fall, dass mal einer tatsächlich gar nichts mitbekommt.

A: „Ja weg eben. Wo sind die hin? Keine Ahnung, zuhause?"

B: „Also wenn die jetzt nicht mehr hier sind, kommen die dann nicht auf die Idee, sich wieder zusammenzuschließen und weiter aktiv zu sein?"

A: „Zumindest können die Rechten Sie dann nicht mehr instrumentalisieren."

B: „Also im Grunde wollen Sie, dass diese Leute ausgeschlossen werden aus der gesellschaftlichen Mitte?"

A: „Ja, genau. Die haben in der gesellschaftlichen Mitte nichts verloren."

B: „Also sie wollen Distanzierung und Ausgrenzung dieser Leute?"

A: „Ja, da gehören sie hin – an den Rand."

B: „Dann sagen Sie mir doch mal: Hat das schon mal jemals funktioniert?"

A: „Was meinen Sie?"

B: „Nun ja, die Rechten auszugrenzen und sich von Ihnen zu distanzieren ist doch genau das, was die Politik und die Medien seit Jahren tun. Sind die Rechten denn deshalb weniger geworden? Oder sind die zumindest leiser geworden?"

A: „Ja, nein......"

B: „Lassen Sie mich zusammenfassen: Sie nehmen da Leute wahr, von denen sie glauben, die wären rechts. Und jetzt hätten Sie gerne, dass wir eine Strategie im Umgang mit diesen Leuten anwenden, die aber schon nachweislich gescheitert ist, wie Sie mir gerade auch bestätigt haben. Halten Sie das für sinnvoll? Nun stellen Sie sich mal vor: Diese Leute demonstrieren hier friedlich in unserer Mitte, ohne dass sie ihre Fahnen, Symbole und Transparente zeigen. Selbst wenn hier Rechte dabei sind, die grölen ja keine Scheißhausparolen und sind nicht laut. Niemand von denen versucht das hier zu vereinnahmen. Die sind hier einfach nur ein Teil der Gesellschaft, zu der sie nun mal auch gehören, denn zumindest steht das so im Personalausweis. Wollen wir jetzt mal schauen, wessen Strategie die wirklich Erfolgreichere ist? Stellen Sie sich mal vor, wir würden jeden Menschen erst mal als Mensch betrachten und das, was er will, ernst nehmen und mit ihm darüber reden. Was könnte das für ein wunderbares Land sein?"

Spätestens jetzt wirst Du so deutlich Scham beim anderen sehen, dass Du weißt, dass er zum Glück auch noch ein Gewissen hat. Wenn Du willst, kannst Du ab diesem Punkt mit ihm in ein wundervolles Gespräch kommen, in was für einer Welt er gerne leben will, in was für einer Welt Du leben willst und wie das erreicht werden kann.

Brunnenvergifter

Die Technik Brunnenvergifter ist so ziemlich das Letzte, Billigste und Plumpste, was es an Manipulationstechniken gibt. Ein Brunnenvergifter klingt so:

- „Also das sieht ja wohl jeder, der seine fünf Sinne beisammen hat, dass diese Spaziergänge von Rechtsradikalen organisiert werden."

Hier wird einfach eine Behauptung (Annahme, Glaubenssatz, Zuschreibung) als wahr in den Raum gestellt, genau wie bei der Suggestivfrage. Aber zusätzlich wird jeder, der die Sache anders sieht schon im Vorhinein als doof, geistesgestört oder von einem anderen Stern diffamiert. Diese Technik kommt fast immer zur Anwendung, wenn Leute in Wirklichkeit gar nichts im Ärmel haben, womit sie ihre Behauptung beweisen können. Der Brunnenvergifter ist dann ein Versuch, das Thema zur Tabuzone zu erklären, indem es großzügig mit vermeintlichen Tretminen ausgelegt wird.

Denn es ist so: Niemand stellt sich selbst gerne als Depp hin und deshalb schlucken viele Leute diesen billigen Trick - der Brunnen ist vergiftet. Solches Verhalten ist in Unternehmen, in der Politik und genauso im Privaten leider weit verbreitet. Schau Dir zur Übung mal wieder ein paar Talkshows an und zähl die Brunnenvergifter mit - Du schlägst die Hände über dem Kopf zusammen.

Der Umgang mit Brunnenvergiftern ist aber recht leicht, weil ja wie gesagt nichts dahinter ist. Also lass den anderen in die selbst gestellte Falle laufen und trinke demonstrativ und sichtbar aus dem vergifteten Brunnen.

Das klingt dann so:

- „Also selbst auf die Gefahr hin, dass ich jetzt den Beweis dafür liefere, dass ich nicht alle Sinne beisammen habe, erklären Sie mir doch bitte mal genau, wie Sie darauf kommen."

Das war's – denn dann kommt in 99% der Fälle gar nichts mehr. Sollte es ausnahmsweise aber doch dazu kommen, dass noch eine halbwegs vernünftige Erwiderung kommt, hast Du bis zu diesem Zeitpunkt schon genug gelernt, um auch damit umzugehen.

Der authentische Dialog

Ab jetzt stellen wir die bisherigen Eins-zu-eins-Dialoge in einen größeren Kontext. In den vergangenen zwei Jahren habe ich etliche Organisationen aus der Grundrechtebewegung den Bach runtergehen sehen. Es fing an mit dem vielversprechend gestarteten Widerstand 2020, ging weiter mit Querdenken und passiert nun auch mit der Basis. Die Unfähigkeit, Konflikte zu lösen, ist dabei ursächlich - und das ist ja auch kein Wunder. Wo wird gelernt, wie Konflikte produktiv zu lösen sind? Das lernst Du nicht in der Schule, das lernst Du nicht in der Ausbildung oder im Studium und das lernst Du auch nicht im Job - außer es gibt zufällig ein Konfliktseminar in der Firma oder Du bist Teil eines Mediationsprozesses.

Seien wir ehrlich: Gefühlte 95% der Leute sind für die Lösung von Konflikten und Problemen der Gruppendynamik schlicht und einfach nicht ausgebildet und damit inkompetent.

Und dummerweise fällt das den Betroffenen auch nicht auf, weil sie kein Bewusstsein dafür haben, was passiert, wenn sie mit ihren Weggefährten auf der Inhaltsebene Krieg führen und dabei nicht bemerken, dass die Beziehungsebene gerade zu Bruch[27] geht.

---

27 Gopal Norbert Klein hat dazu ein paar echt coole Videos gemacht. Die findest Du auf seinem Youtube-Kanal. Schau sie Dir unbedingt an.

Der authentische Dialog liefert ein Werkzeug, das uns selbst innerhalb der Bewegung dabei hilft, uns nicht gegenseitig zu zerfleischen oder an die Gurgel zu gehen, weil unsere Nerven nach zwei Jahren Aktionismus kurz vorm Reißen sind, und ist angelehnt an die gewaltfreie Kommunikation nach Marshal Rosenberg.

Dazu eine kurze Vorbereitung: Ich mache in Seminaren oder Workshops gern verschiedenste Was-wäre-wenn-Spiele. Sie bieten die Möglichkeit, den Geist der Teilnehmer etwas zu öffnen und ihnen die Tür aufzumachen für ein Leben ohne all die Limitationen, Restriktionen und Blockaden, mit denen sie im Alltag herumlaufen. Eine solche Frage in Bezug auf eine bestimmte Situation ist z.B.: „Was wäre, wenn Du keine Angst hättest?" – und plötzlich sprudeln die Ideen und Möglichkeiten nur so. Ganz ähnlich verhält es sich, wenn ich frage: „Was wäre, wenn Du 100% echt wärst?"

Aber erstaunlicherweise kommt von der Hälfte der Teilnehmer dann so etwas wie: „Dann hätte ich keine Freunde mehr." Wie kommen die Leute nur darauf? Das liegt meiner Ansicht nach an einer Verwechslung, denn die meisten Leute glauben, authentisch zu sein bedeutet, jeden erstbesten Gedanken, den das Gehirn produziert, nach Außen zu prusten. Aber ist das dann wirklich echt? Ist es wirklich echt, immer gleich zu sagen: „Du bist ein solcher Blödmann?"

Wenn Du zu jemandem sagst: „Du bist echt ein Blödmann", dann hast Du das Problem und nicht der andere. Denn nur weil Du zu einem Menschen sinngemäß sagst: „Du hast ein Problem, weil ich Dich für einen Blödmann halte!", wird dieser noch lange nicht reagieren: „Ach so, jetzt wo Du es sagst…". Denn weißt Du, woran Du erkennst, ob jemand ein Problem hat? Derjenige merkt es einfach – Du selbst ja auch –

und wenn es nur auf einer intuitiven Eben zu spüren ist.

Wenn Du also zu jemand sagst: „Du bist ein solcher Blöd-mann", dann hast Du ein Problem und nicht der andere. Aber sagst Du es ihm? Nein, eben nicht. Stattdessen projizierst Du Deine Gefühle auf den anderen und machst ihn für Dein Pro-blem verantwortlich – er ist der Blödmann.

Ist das echt? Nein, nicht wirklich, aber wie geht wirklich Echt-sein? Indem Du über Dich selbst sprichst und über das, was in dem Moment gerade in Dir lebendig ist. Das ist grundsätzlich immer ein Gefühl, denn Menschen ohne Gefühle sind defi-nitiv tot. Auch Entspannung ist ein Gefühl und nicht „kein Gefühl" - Du kannst nicht nicht-fühlen. Es kann aber schon sein, dass Du gerade kein Bewusstsein hast für das Gefühl, das da in Dir lebendig ist. Du hast aber immer irgendein Körper-gefühl und vermutlich hast Du auch immer Gedanken. Wenn Du eines oder mehrere davon kommunizierst, haben alle schon etwas gewonnen. Und wer darin dann Angriffe sehen will, der darf das gerne tun und an sich selbst arbeiten, diese Projektionen einfach sein zu lassen. Ist nicht Dein Problem.

Der authentische Dialog ist ein Werkzeug, um unsere Kon-flikte friedlich und einvernehmlich zu lösen, und er entsteht immer dann, wenn Du ganz präsent bist - ganz bei Dir und in Dir. Dazu ist es nötig, dass Du auf Deine Gedanken und Gefühle schaust und diese entsprechend kommunizierst. Der authentische Dialog beinhaltet folgende Bestandteile, die aber nicht als Regeln oder Prozessanweisungen zu verstehen sind, sondern als Inspiration und Wegweiser:

- Rede von Dir und zwar hauptsächlich über Deine Ge-fühle und über das, was Du willst.

- Wenn der andere redet, hör zu und konzentriere Dich ganz auf das, was der andere sagt. Ist der andere fertig, dann wiederholst oder reflektierst Du zuerst nochmal, was der andere gesagt hat.

Eine solche Wiederholung kannst Du durch wortwörtliche Wiederholung erreichen oder Du kannst das Gesagte in eigenen Worten wiedergeben (paraphrasieren) oder die Gefühle und Bedürfnisse des anderen reflektieren (empathisches Zuhören). Du bekommst dadurch unmittelbar eine Rückmeldung vom anderen, ob Deine Vermutung oder Reflexion zu dem, was derjenige gesagt hat, in dem Moment zutreffend war. Derjenige wird nicken oder so etwas sagen wie: „Ja", oder „Genau", oder „Ja, genau". Jetzt weiß auch der andere, dass Du zugehört und ihn verstanden hast. Das schafft Verbindung. Und Du merkst, ob es mit einer einmaligen Reflexion getan ist oder ob der andere gerade noch ein oder zwei Runden mehr von diesem „Spiel" oder diesem „Tanz" braucht. Manche Menschen bekommen auch erst in der Reflexion des Gesagten durch einen anderen die notwendige Klarheit über ihre eigenen Gedanken. Probier es einfach aus.

- Behalte im Auge, dass Kommunikation immer nur dann erfolgreich sein kann, wenn beide Seiten zufrieden aus der Situation hervorgehen, das heißt, wenn es für beide gut wird.

Wenn nur einer zufrieden ist und der andere unzufrieden, kann keine echte Kommunikation und Verbindung erreicht werden. Du spürst das und Du weißt das. Mach dem anderen Angebote, die in erster Linie ihm helfen und nicht Dir. Der Wurm muss dem Fisch schmecken, nicht dem Angler.

Der authentische Dialog kann auch für Journalisten und Interviewer in den alternativen Medien hilfreich sein, wenn es eben nicht darum geht jemanden von der anderen Seite zu zerpflücken, sondern mit jemandem in Verbindung zu kommen und ein tiefes Gespräch zu führen – darin kann sehr viel positive Energie fließen.

Ich will Dir ein Beispiel für einen Konfliktdialog liefern, wie er in der Praxis meines Jobs schon zigfach erfolgreich war, nur eben umgeschrieben auf unsere heutige Situation.

Wir befinden uns in einer Gruppe, die seit eineinhalb Jahren Demos und andere Aktionen im Sinne unserer „Bewegung" organisiert. Die Nerven liegen aber inzwischen blank und einige Leute zeigen bereits erste Anzeichen von Burnout. Da werden selbst Kleinigkeiten zu großen Problemen in der Gruppe, was wiederum die Stimmung nachhaltig negativ beeinflusst. Die Beziehungen sind dadurch auch gestört und die Leute nehmen vielfach eher ihre eigenen Projektionen wahr und nicht mehr das, was wirklich passiert. In der Woche zuvor wurde zu jemandem gesagt: „Du könntest auch mal was tun". Die Mitglieder der Gruppe haben allerdings zwischenzeitlich einen Workshop zu Kommunikation absolviert und wenden das Gelernte jetzt an:

A: „Als Du letzte Woche zu mir gesagt hast ‚Du könntest auch mal was tun', war ich sehr verletzt."

B: „Warst Du sauer?"

A: „Nicht sauer, eher enttäuscht."

B: „Ah, verstehe. Du warst enttäuscht?"

A: „Ja."

B: „Was hat Dir gefehlt? Respekt? Wertschätzung?"

A: „Ja, genau."

B: „Du hast Dich nicht gesehen gefühlt?"

A: „Ja, genau. Weißt Du, ich hab in den letzten eineinhalb Jahren so viel für unsere Gruppe getan. Ich will das gar nicht alles aufzählen. Und ich habe einfach mal ein paar Tage Auszeit für mich gebraucht, um wieder zu Kräften zu kommen.

Ich bin auch einfach fertig nach der langen Zeit. Ich brauche mal Ruhe. Verstehst Du das?"

B: „Ok, Du hast in der Vergangenheit viel für die Gruppe gemacht und fühlst Dich darin nicht gesehen. Das wird für Dich nicht ausreichend gewürdigt mit meiner Bemerkung. Trifft es das?"

A: „Ja, genau."

B: „Und Du bist müde und energielos nach so langer Zeit Non-Stop-Aktivitäten?"

A: „Ja eben, das hält doch niemand lange durch."

B: „Ja, eineinhalb Jahre sind eine lange Zeit und es gab für keinen von uns so was wie Urlaub."

A: „Ja, Urlaub von Demos, das wär` mal was."

Beide lachen.

B: „Und dann hat Dich meine Bemerkung echt getroffen und das hat weh getan?"

A: „Ja, genau das."

B: „Was kann ich denn jetzt für Dich tun, damit Du Dich gesehen fühlst und was Deinen Schmerz ein wenig lindert?"

A: „Du könntest einfach sagen ‚tut mir leid`."

B: „Ja, ich verstehe. Es tut mir auch wirklich total leid, wenn ich höre, wie es Dir damit ging. Glaubst Du mir das?"

A: „Ja, ich glaub Dir das."

B: „Und interessiert es Dich, wie es mir ging?"

A: „Ja, es interessiert mich."

B: „Weißt Du, unsere letzte Veranstaltung war so kurzfristig und knapp, dass mir die Dinge über den Kopf gewachsen sind. Es war so viel in so kurzer Zeit zu erledigen, ich hab den Berg Arbeit vor mir gesehen und mir gedacht ‚das schaffe ich nie allein`. Ich hätte so dringend Hilfe gebraucht. Und als Du dann gesagt hast, dass Du mal ein paar Tage Auszeit brauchst, habe ich nicht gesehen, wie fertig Du schon bist, sondern nur mich und mein Problem mit der vielen Arbeit. Ich hatte so einen Druck, dass ich mich total hilflos gefühlt hab und dann hab ich mich total geärgert, dass Du Dir diese Auszeit nehmen wolltest. Was macht das mit Dir, wenn Du das von mir hörst?"

A: „Ja, ich kann Deine Hilflosigkeit gut verstehen und es entspannt mich, dass wir jetzt so gut darüber reden können. Wenn ich jetzt sehe, wie Du so viel zu tun hattest, dann verstehe ich Deine Bemerkung auch. Das war ja dann mehr ein Hilferuf, als ein Angriff gegen mich. Damit kann ich viel besser umgehen. Ich danke Dir, dass Du mir das so gesagt hast."

B: „Und ich danke Dir dafür, dass Du mich verstehst und mit mir dieses Problem aus der Welt schaffst."

Wir können den weiteren Verlauf des Gesprächs jetzt auch ausblenden. Du kannst Dir vorstellen, dass die beiden jetzt eine Lösung finden werden für das, was vor ihnen liegt. Sie haben mit diesem Austausch ihre Beziehung zueinander geklärt und mit dem gegenseitigen Sich-Sehen eine Basis geschaffen, auf der fast alles möglich ist. Das ist ein authentischer Dialog. Hier geht es nicht um Inhalte oder darum, wer wann was gesagt hat, oder um das gegenseitige Aufrechnen, wer womit angefangen hat, und wer von beiden jetzt das größere Opfer ist oder schon mehr gemacht hat.

Die beiden haben damit eine solide Basis geschaffen, sodass sie in Zukunft wieder effektiv auf der Inhaltsebene miteinander oder noch besser füreinander arbeiten können. Sie haben ihren inneren Zusammenhalt gestärkt, der Gruppe damit insgesamt eine höhere Resilienz ermöglicht und die Gruppe zusätzlich immunisiert gegen Störungen von außen oder von innen. Wir haben alle im Hinterkopf, wie viele Maulwürfe und U-Boote von Verfassungsschutz, Polizei, Presse oder

Antifa sich wahrscheinlich unter uns tummeln. Wir sind derzeit wohl Staatsfeind Nr.1, also ist das anzunehmen. In einer Gruppe, die aber auf diese Weise authentisch miteinander umgeht, gibt es keine verborgenen Motive mehr und damit auch keine Hidden Agenda - denn das kann niemand lange durchhalten, der nicht echt ist.

Wichtig für die Gruppe in diesem Fall ist, dass sie nicht dem Irrtum verfällt, das wäre jetzt durch einmaliges Besprechen gleich nachhaltig in der Wirkung. Das ist in spätestens zwei bis drei Wochen wieder verflogen und die alten Muster kommen zurück, wenn das nicht tägliche Übung und Praxis wird, sich immer zuerst um die Beziehungen zueinander zu kümmern, bevor man die Inhaltsebene bespricht. Viele Leute glauben zwar, dass sie damit wertvolle Zeit vergeuden, die nicht für die inhaltliche Arbeit zur Verfügung steht - aber es ist umgekehrt.

Wenn Du mal überlegst, wie viel wertvolle Zeit Ihr schon damit verplempert habt zu versuchen, Probleme der Beziehungsebene auf der Sachebene zu klären (was gar nicht möglich ist), wie viel Zeit mit unnötigen Diskussionen ihr schon vergeudet habt, wie viel Missverständnisse dadurch schon entstanden sind und wie viel deshalb schon schief gelaufen ist. Und Du willst mir erzählen, Beziehungspflege kostet zu viel Zeit? Wirklich? Nur ein dummer Koch glaubt, er hätte in der Hektik des Küchenbetriebs keine Zeit, sein Messer zu schärfen. Sich um die Beziehungen zu kümmern, ist gleichbedeutend mit dem Schärfen des Messers - und ein guter Koch zieht sein Lieblingsmesser mindestens einmal am Abend über seinen Schleifstab.

Ausklang

In den vergangenen zwei Jahren ist ein Riss durch unser Land gegangen, der für einige, aber wenige Menschen bereits vorher wahrnehmbar war – aber Corona hat aus diesem kleinen Riss eine tiefe und breite Schlucht gemacht. Dieser Riss geht durch Familien, Freundschaften, Firmen, Vereine, Dorfgemeinschaften und viele andere Gruppen. Noch vor zwei Jahren hätte vermutlich niemand auch nur annähernd geglaubt, wie fremd ihm Menschen geworden sind, von denen sie geglaubt hatten, sie gut zu kennen.

Ich war zu Anfang der Corona-Situation oft wütend und meine Begegnungen mit der „anderen Seite" hinterließen bei mir häufig einen schalen Beigeschmack - denn an der entscheidenden Stelle war bei den anderen nichts passiert. Sie haben nach wie vor den Blick auf sich selbst verweigert, indem sie wahlweise physisch geflüchtet sind oder sich in intellektuelle Diskussionen über Allgemeinplätze zurückgezogen haben, die möglichst viel Distanz zu sich selbst ermöglichen. Ich bin dann zwar auch wieder gelassener geworden, aber zwei Jahre später ist meiner Ansicht nach ein grundlegender Strategiewechsel nötig. Ich meine nicht einen Strategiewechsel im Bezug auf den Protest gegen dieses System oder eine Abkehr von der Orientierung an Gewaltfreiheit, sondern ich meine einen Strategiewechsel in der Art, wie wir mit den Mitläufern des Systems kommunizieren. Es ist jetzt einfach genug mit dem innerlichen Zurückweichen und Rücksichtnehmen auf die Befindlichkeiten der „anderen Seite". Viele Leute sind in einer Trance, in einer Massenpsychose und es wird Zeit, dass wir sie damit konfrontieren – täglich. Es wird Zeit, ihnen den Spiegel vorzuhalten und ihnen zu zeigen, wer sie in diesem

Zustand sind, wie sie sich verhalten und welche Konsequenzen das für uns alle hat.

Es gibt vielfältige Möglichkeiten, diesen Ansatz in die Welt zu bringen - einer davon ist es, in einem Buch darüber zu erzählen, um andere Menschen dazu zu befähigen, erfolgreicher zu kommunizieren und Mitläufer durch emotionale Konfrontation aus ihrer Trance zu holen. Meine Mission ist es dabei auch, Menschen mit auf die Reise zu sich selbst zu nehmen und auch selbst diesen Weg zu gehen, um andere zu inspirieren. Bereits in meinen Workshops war mir immer wichtig, dass die Teilnehmer am Ende des Tages wirklich etwas können und mit echtem Werkzeug hinausgehen. Ich will, dass Menschen nach meinen Veranstaltungen oder auch hier nach dem Lesen des Buches inspiriert sind, was sie alles praktisch anders machen können.

Den Menschen dabei zu helfen, mit anderen in konstruktive Gespräche zu kommen, ist für mich eben derzeit auch ein ganz persönlich wichtiges Ding: Es geht ja auch um meine Freiheit und mein Leben in dieser Gesellschaft. Wenn ich Menschen dabei unterstützen kann, mit mehr Wirkung zu agieren, ist das ein Gewinn für alle – denn jeder erfolgreich kommunizierende Mitstreiter dient auch meiner Freiheit. Mit diesen Gedanken habe ich mich im Dezember 2021 daran gemacht, das Buch zu schreiben.

Die Kommunikation zu verändern, bedeutet auf dem Weg, den ich in diesem Buch vorschlage, auch die Arbeit an der eigenen Psyche und der eigenen Persönlichkeit. Beides kann dieses Buch aber natürlich nicht leisten und es erfordert manchmal auch jemanden, der Dich auf diesem Weg begleitet. Du brauchst dazu den Austausch mit realen Menschen und manchmal auch mit jemandem, der Dich wirklich kom-

petent anleitet – einen Trainer, Coach, Meister, Lehrer, Therapeuten, wie Du willst. Wenn Du durch die Impulse in diesem
Buch auf Baustellen gestoßen bist, die Dich daran hindern,
das Gelesene umzusetzen, dann könnte es hilfreich sein, jemanden aufzusuchen, der Dir dabei hilft, diese Baustellen zu
bearbeiten. Sicher ist das auch ohne Unterstützung möglich,
der Mensch kann unglaublich viel alleine schaffen – aber mit
Hilfe geht es einfacher und schneller.

Ich habe im vergangenen halben Jahr auch die Erfahrungen
gemacht, dass etliche Gruppen, die einen Kommunikationsworkshop mit mir machen wollten, entweder ein ums andere
Mal Termine abgesagt und verschoben haben, oder sogar vor
lauter Aktionismus nicht einmal dazu gekommen sind, überhaupt einen Termin mit mir zu vereinbaren. Irgendwann bin
ich dann zu dem Schluss gekommen: „Ich kann den Jagdhund
nicht zum Jagen tragen". Es wird durch solche Prioritäten ja
mehr als deutlich, was den Leuten in dem Moment wirklich
wichtig ist – und das fällt auch in die Kategorie: „Was ist mein
Ziel und was tue ich?"

Nimm den Gedanken als Einladung, Dich einmal mit der
Frage zu beschäftigen, was in diesen Tagen denn wirklich
wichtig ist. Ob es das Hetzen von Demo zu Demo ist oder
vielleicht die Sorge um Dein persönliches Wachstum und
darin enthalten auch so ein Thema wie Kommunikation.

Denn seien wir ehrlich: Ein bemerkenswert großer Teil unserer „Bewegung" ist bereits im Burnout oder einem burnou-
tähnlichen Zustand - und die Beteiligten reagieren auch so.
Genau wie die Millionen von Menschen, die schon lange vor
Corona in einem Burnout waren oder zumindest kurz davor.
Seit einem Jahr beobachte ich das auch bei Initiativen quer
durch unser Land. Oft gehen Mitglieder einfach weg, ohne

dass es jemand bemerkt – nach ein paar Wochen fragt jemand: „Wo ist eigentlich XY?" - solche Dinge passieren, aber was machen viele Initiativen? Reden nur die meiste Zeit darüber, wer wann mit wem zu welcher nächsten Demo fährt. Aber an den wirklichen Themen der Initiative, an der Kommunikation und an Konflikten zu arbeiten, so etwas braucht jede größere Gruppe regelmäßig. Warum wohl machen das erfolgreiche Unternehmen so?

Ich habe schon viele Absichtserklärungen gehört, diese oder jene Initiative müsste sich mehr als dringend mit dem Thema Team, Kommunikation, Konflikte, etc. beschäftigen, aber es bleibt oft beim Lippenbekenntnis. Die nächste Demo ruft schon wieder und ist wichtiger - es muss so viel organisiert werden. Viele Menschen in unserer Bewegung sind aber gedanklich noch in „Soll-Zuständen" wie: „Der soll sich mal zusammenreißen", oder „Der soll mal sein Ego abschalten", oder „Der sollte mal meditieren" etc.

Mir geht es mit dieser Darstellung darum, die Dringlichkeit deutlich zu machen, damit unsere Bewegung größer wird und nicht kleiner, weil die Beteiligten in ein Burnout oder in Depressionen kommen. Es geht dabei auch nicht um mich, denn es gibt hunderte guter Coaches, Therapeuten und Trainer. Nutzt das, BITTE! Egal wen, aber holt Euch Hilfe von Leuten, die das können, Erfahrung damit haben und/oder dafür ausgebildet sind.

Denn es geht um meinen und unser aller Arsch, den es zu retten gilt. Wir sind uns nach wie vor darüber einig, dass niemand von uns in einer totalitären Diktatur leben will. Es geht genau jetzt darum, die eigenen Reserven nicht zu verschleudern. Es geht darum, wesentliche Dinge zu lernen, die die Mehrzahl der Beteiligten einfach noch nicht kann. Dazu gehören eben auch Dinge wie Konflikte lösen, miteinander Reden und eine echte Gemeinschaft sein. Das konnten bereits vor Corona nur die wenigsten Menschen – meine Arbeit in Unternehmen hat das deutlich gezeigt - und das kann in unserer Bewegung leider auch die überwiegende Zahl der Mitglieder nicht.

Es geht darum, sich mit sich selbst zu beschäftigen, die eigenen unbewussten Programme zu verstehen und zu verändern. Es geht darum zu lernen, selbst die Veränderung zu sein, die wir uns von der Welt wünschen - wie es Gandhi so schön ausgedrückt hat - und nicht, es von anderen zu fordern.

Sprache – die Struktur der Herrschaft

Wir wollen in Wirklichkeit die Welt verändern – obwohl wir gerne betonen, dass die Veränderung von jedem einzelnen auszugehen hat. Wir streben einen Zustand an, in dem jeder sich verändert, damit sich die Welt „zum Guten" wandelt. Wir haben den Kern der Probleme identifiziert, der uns daran hindert, miteinander in Frieden und Harmonie zu leben, zu teilen und uns gemeinsam weiter zu entwickeln. Das sind:

- die Staaten im Dienste des Finanzsystems, die immer noch mehr hin zu faschistischen Diktaturen streben.

- das verzinste Schuldgeldsystem.

- die Mainstreammedien, die Propaganda verbreiten statt Informationen.

- die Instrumente der Medien selbst – die Sprache.

In der Beschäftigung mit der Frage der Verwendung unserer Sprache[28] wird häufig thematisiert, den Ansatz für eine Ver-

---

28 Sehr interessant sind die Beiträge von Andreas Popp über Demokratie oder Ken Jebsen über Propagandamechanismen.

änderung darin zu suchen, die Worte genauer zu definieren. Aber ich frage mich: Haben wir mit dieser Art von Diskussion den Kern des Problems wirklich erfasst? Ich behaupte: Nein - die Tiefen der Herrschaftsstruktur unserer Sprache werden dadurch nicht einmal angekratzt, sondern wir bewegen uns mit diesem Ansatz noch immer in dem von diesem System vorgegebenen Rahmen.

Das Ganze ist vielleicht vergleichbar mit den Schauspielern in Platos Höhlengleichnis, die zwar die Schatten für die Angeketteten werfen, aber dennoch selbst auch den Ausgang noch nicht gesehen haben. Denn hilft es uns wirklich weiter, uns darüber zu unterhalten oder zu streiten, wie wir Worte definieren? Was kommt dabei heraus, wenn der eine sagt: „Es ist so!" und der andere sagt: „Nein, es ist so!"?

Sollen wir etwa abstimmen? Was ist dann mit der Minderheit? Hat die dann unrecht? Oder lassen wir jemanden „Unabhängigen" entscheiden? Wer sollte das sein? Kann eine einzelne Person nach menschlichen Maßstäben überhaupt unabhängig sein? Brauchen wir Autoritäten in Wörterbuch-Redaktionen, die uns sagen, wie es ist? Schreiben die uns dann Wörter und ihren Gebrauch vor - oder schreiben sie die in Wirklichkeit nicht vielmehr nach? Haben Worte eigentlich eine eingebaute Bedeutung? Brauchen wir Wissenschaftler, die uns sagen, wie es ist? Können wir das nicht selber? Wozu dann z.B. darüber streiten, welches Wort welche Bedeutung hat, oder welches Phänomen jetzt wie zu interpretieren ist?

Definitionen verdinglichen das, worum es geht, obwohl es in den wenigsten Fällen tatsächlich um Dinge geht. Mit dem Versuch, Worte zu definieren und Phänomene zu bezeichnen, sind wir immer noch Teil des Herrschaftssystems, denn genau das ist im tiefen Kern das Instrument der Herrschaft

- die Herrschaft entscheidet, was richtig und was falsch ist. Die Herrschaft entscheidet, was Recht oder Unrecht ist. Sie unterteilt Menschen damit auch willkürlich in „moralisch" und „unmoralisch" - beides Vorstellungen, die weder zeitlich noch räumlich stabil sind. Nichts in diesem Universum „ist". Solange niemand eine schlüssigere Idee hat als Einstein, leben wir in einer RaumZeit - und da „wird" alles. Mit der Definition von „ist" oder „sind", gießen wir das Leben in Beton und machen aus lebendigen Prozessen Dinge.

- Aus dem lebendigen Prozess einer Liebe zwischen zwei Menschen wird dann eine Beziehung oder sogar eine Ehe.

- Aus dem lebendigen kooperierenden Miteinander von Menschen wird Frieden (als Ding).

Gerade hier wird deutlich, wie bizarr es wirkt, wenn darüber gestritten wird, was Frieden „ist". Frieden ist nicht zu definieren, er kann nur gelebt werden. Wir nennen eine bestimmte Art zu kooperieren Demokratie - das wirkt ebenso bizarr, wenn darüber gestritten wird, was Demokratie als Ding „ist". Vera Birkenbihl hat es in einem ihrer Vorträge mit einem großartigen Bild beschrieben: Stell Dir vor, Du ballst die Hand zu einer Faust. Dann öffnest Du die Faust. Wo ist die Faust hin? Weg? Die Faust ist untrennbar mit der Hand verknüpft und ist deshalb niemals wirklich weg. Genau genommen war auch die Faust niemals existent. Sie war lediglich ein kurzer Zeitausschnitt (ein Foto) eines lebendigen Prozesses, den die Hand fortwährend ausführt.

Tatsächlich gab und gibt es auf diesem Planeten Völker und Menschen, die Sprachen sprechen ohne Verdinglichung (Nominalisierung). Genau hier beginnt das Zeitalter der Herrschaftssysteme: Die Erfindung von „richtig" und „falsch" und alles, was sprachlich und formallogisch daraus hervorgeht, wurde zunächst als ein religiöser Akt getarnt, aber im Kern ging es darum, Macht zu sichern. Dies muss einigen Kulturhistorikern und Ethnologen zufolge vor einigen tausend Jahren im alten Babylon passiert sein und einige sehr alte Mythen künden noch immer von diesem Prozess: Die Herrschaft teilt die Welt auf, in diejenigen, die „richtig" sind und diejenigen, die „falsch" sind. Solange wir diesen Pfad nicht verlassen, sind wir noch immer Gefangene dieses Herrschaftssystems, weil unsere gesamten Gedankenmodelle innerhalb dieser Grundstruktur des Herrschaftssystems verfasst sind.

Wenn wir eine andere Welt haben wollen, dann halte ich es für notwendig, auch die Ebene des herrschenden Betriebssystems zu verlassen. Solange wir in Kategorien von „richtig" und „falsch" denken, heißt unser Betriebssystem Windows oder Android. Wenn wir aber unser eigenes kleines Linux im Hirn haben wollen, dann müssen wir an den Quellcode ran. Die Kategorien von richtig und falsch ziehen immer einen Rattenschwanz von Annahmen über das Leben nach sich, von denen die meisten Menschen vermutlich glauben, sie wären eine mögliche Lösung, doch sie sind genau das Gegenteil davon: Sie sind das Problem.

Es geht mir hier um die Folgen aus richtig und falsch, nämlich Recht und Unrecht. Recht in Form von Gesetzen wird von Menschen gemacht und wird anderen Menschen von einer höheren Autorität wahlweise gegeben oder aufgezwungen. Die erste von Historikern anerkannte Niederschrift von so etwas wie „Menschenrechten" ist die Magna Charta von 1215. War die Magna Charta ein Versuch von einfachen Menschen, sich das Leben einfacher zu machen, indem sie Rechte einforderten? Mitnichten – die Magna Charta wurde von einem

Klub von Adligen in England entworfen, die damit ihren Herrschaftsanspruch ausweiten wollten. Rechte sind nicht für einfache Menschen gemacht, sondern sie werden vom herrschenden System entworfen für diejenigen, die das System gestalten und repräsentieren. Diese haben Rechte und entscheiden darüber, wer auf welcher Seite des Zauns steht – Recht oder Unrecht, richtig oder falsch.

Statische Sprache

Wir können nun einen weiteren Schritt gehen und uns damit beschäftigen, welche Auswirkungen dieses Denkens in richtig und falsch auf uns alle hat - also das Denken in richtig und falsch und das Bezeichnen von bestimmten Phänomenen als „ist" oder „sind". Der Psychologe O.J. Harvey nennt diese Ausdrucksweise „statische Sprache". Harvey hat dazu Untersuchungen und Vergleiche zwischen verschiedenen Gesellschaftsformen angestellt und herausgefunden, dass es einen hohen Zusammenhang gibt zwischen dem Maß an statischer Sprache in einer Gesellschaft und der existierenden Gewalt. Das bedeutet nichts Geringeres, als dass die statische Sprache die Ursache von Gewalt[29] ist.

Demnach sind Wörter wie richtig, falsch, gut, schlecht, böse, normal und unnormal Indikatoren für den Gebrauch einer statischen Sprachform. Äußerungen, die in statischer Sprache getroffen werden, beanspruchen absolute Gültigkeit. Sie suggerieren unumstößliche Richtigkeit oder Unfehlbarkeit. Darunter fallen Aussagen wie:

- Es ist schlecht, die Natur zu zerstören.

- Sie hat ihren Job schlecht gemacht.

29 Vgl. Marshal Rosenberg, Gewaltfreie Kommunikation, 2004, S. 21.

- Andere Kinder zu schlagen ist böse.
- Als Lehrerin Emotionen zu zeigen ist unprofessionell.
- Sich so zu benehmen ist nicht normal.

Also wem nützt diese Art, mit Sprache umzugehen? Doch sicher nicht dem einfachen Menschen, denn dieser hat keine Deutungshoheit über Worte und/oder Prozesse. Das Herrschaftssystem sitzt also viel tiefer in uns, als es uns bewusst ist und wir es vielleicht wahrhaben wollen. Wir denken selbst immer noch in den Strukturen des Herrschaftssystems, und selbst wenn es uns gelänge, ein neues, herrschaftsfreies System zu bauen – wir hätten es in kürzester Zeit wieder in ein neues Herrschaftssystem verwandelt, weil wir immer noch in Kategorien der Herrschaft denken. Ist das wirklich unser Ziel?

Wir glauben zwar, wir hätten uns z.B. von der Struktur der Herrschaft befreit, wenn wir das verzinste Schuldgeldsystem ersetzen durch fließendes Geld. Wir glauben, wir hätten die Herrschaft überwunden, wenn wir freie Medien haben, die nicht dem Finanzsystem dienen, etc. Doch haben wir das wirklich, solange unsere Sprache verdinglicht ist und zwischen richtig und falsch unterscheidet?

Wir brauchen nicht weniger als eine völlig andere Sprache. Diese Sprache muss aber nicht brandneu sein, es gab und gibt auf diesem Planeten Sprachen mit wenig Anteil statischer Sprache – z.B. die Sprache der Hopi-Indianer. Daran können wir uns orientieren und einen Prozess der Sprachrevolution auslösen. Wir können vielleicht nicht in kürzester Zeit wie ein Sturm die Struktur des Herrschaftssystems hinwegfegen, aber alles beginnt mit Bewusstsein. Auch die Veränderung unserer Sprache. Es sind die kleinen Schritte am Anfang, die uns weiterbringen, und es ist leicht, einige Aspekte seiner eigenen Sprache zu verändern. Ein paar davon will ich hier auflisten:

- Redet über Euch selbst und das heißt in der Ich-Form. Nicht „das ist ungerecht", sondern „das gefällt mir nicht weil..."

- Lasst das „man" sein, denn diesen Typen gibt es nicht. Dahinter verbirgt sich lediglich der Versuch, sich hinter der Allgemeinheit zu verstecken und zu verallgemeinern. Wer „man" sagt statt „ich", der findet in seiner eigenen Kommunikation überhaupt nicht statt.

- Lasst die Beurteilungen sein. Lasst das mit dem „das ist....." oder „es ist......" sein – es ist die Sprache der Herrschaft und damit die Struktur der Herrschaft.

Damit lässt sich das System an der Wurzel packen und wir können es dort verändern, wo wir einen direkten Zugriff darauf haben: Bei uns selbst und unserer Art zu denken.

Übung macht den Meister

Ich hoffe also, Dir hat das Buch gefallen und es bringt Dich weiter – aber Du entscheidest, ob Du das Angebot annimmst, oder Du lässt es eben sein. Allerdings erschließt sich Dir das, was ich geschrieben habe, am besten durch ein „sich emotional darauf Einlassen" und vor allem durch aktives Tun. Denn die beschriebenen Strategien erfordern Training. Ich erlebe es immer wieder in Seminaren und Workshops. Da gibt es Leute, die glauben schon nach einem eintägigen Workshop zum Thema Kommunikation, sie seien jetzt in der Lage, zielgerichtet zu kommunizieren. Das wäre so ähnlich, wie wenn Du nach Deiner ersten Klavierstunde nach Hause gehst und zu Dir sagst: „Üben? Wofür? Nö, üben brauche ich nicht". Dann gehst Du ein halbes Jahr später zum nächsten Unterricht und sagst: „Das letzte Mal war so ein Quatsch -

hat alles nicht funktioniert."

Wenn Du ein Instrument erlernen willst, weißt Du, dass das nicht geht, ohne dass Du intensiv übst. Je nachdem, welches Ziel Du verfolgst und wie schnell Du es erreichen willst, macht es Sinn, mehr oder weniger zu üben - aber ganz ohne Übung geht es nicht. Sogar im Sport haben zig Studien gezeigt, dass Fleiß in fast allen Fällen mehr ausmacht als Talent. Das ist wirklich ein Plädoyer fürs Üben, vor allem, wenn Du etwas zuverlässig und dauerhaft können willst.

Bücher zu bestimmten Themen (wie z.B. Kommunikation) zu lesen ist auch eine gute Idee. Nur wirst Du vom Bücherlesen allein nicht wirklich gut im erfolgreichen Kommunizieren. Dazu musst Du eben mit anderen Leuten reden, und zwar so viel, wie es geht. Die Pädagogik weiß auch, dass ein Mensch zum Lernen nicht nur theoretisch darüber nachdenken, sondern praktisch etwas tun muss. Mein Buch liefert Dir Impulse und Input, ist vielleicht sogar eine Inspiration für Dich, aber auch das beste Buch kann Dir nicht die Erfahrung ersetzen, die Du machen wirst, wenn Du raus gehst und das Gelernte zur Anwendung bringst.

Es gibt vielfältige Möglichkeiten, das hier zu üben. Die einfachste Art ist es, Dir bestimmte Dialoge im Kopf immer wieder vorzustellen und dann in die Praxis zu gehen, um es anzuwenden – und achte darauf, danach zu reflektieren, damit es beim nächsten Mal noch besser klappt. Aber Du kannst Dich auch mit anderen Menschen treffen und mit ihnen gezielt Dialoge durchspielen. Das ist eine wirklich hilfreiche Übung, wie ich sie auch in meinen Workshops praktiziere. Ich empfehle in solchen Übungsgruppen eine Dreierkonstellation, nämlich zwei, die miteinander den Dialog üben, und einen, der reflektiert und hinterher Feedback gibt. Vielleicht habt Ihr ja sogar Lust, in Eurer Initiative oder Gemeinschaft regelmäßige Übungsabende abzuhalten. Auch in beiden Kommunikationsmodellen, in denen ich mich zuhause fühle (NLP und Gewaltfreie Kommunikation) gibt es von Trainern initiierte Übungsabende, die die Teilnehmer von Workshops im Anschluss noch zusätzlich wirklich weiterbringen. Aber sei auch kreativ – Du darfst und sollst Deine eigenen Wege finden, wie Du die hier dargestellten Inhalte im Alltag in Dein Leben bringst und sie übst, auf dass sie jeden Tag ein bisschen besser für Dich klappen.

ANHANG

Gefühle erkennen und benennen

Die Plus- und Minuszeichen auf der jeweiligen Liste stehen nicht für „gute" oder „schlechte" Gefühle und auch nicht für „positive" oder „negative" Gefühle - das wären ja wieder Bewertungen. Gefühle sind das, was sie sind, und jedes Gefühl ist wichtig und gehört zum Leben, die Plus- und Minuszeichen stehen nur dafür, dass wir die Gefühle subjektiv als angenehm oder unangenehm wahrnehmen.

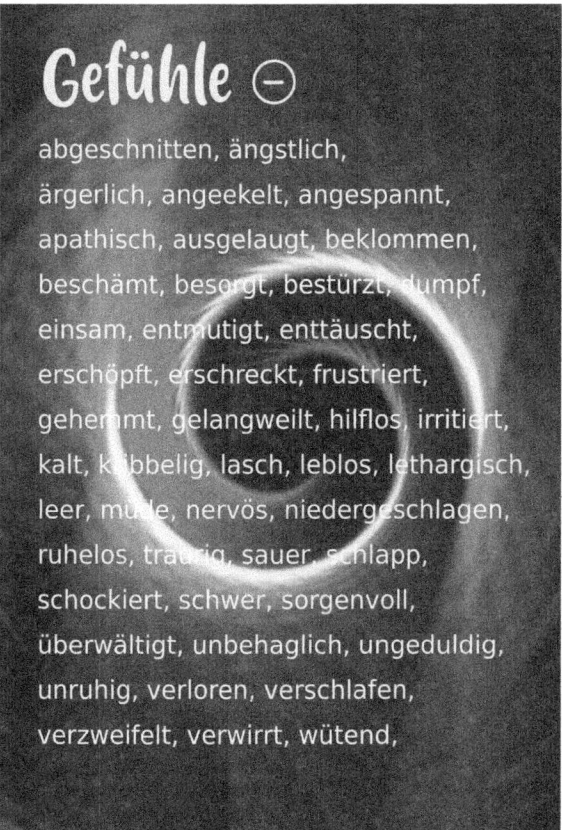

Gefühle ⊖

abgeschnitten, ängstlich, ärgerlich, angeekelt, angespannt, apathisch, ausgelaugt, beklommen, beschämt, besorgt, bestürzt, dumpf, einsam, entmutigt, enttäuscht, erschöpft, erschreckt, frustriert, gehemmt, gelangweilt, hilflos, irritiert, kalt, kibbelig, lasch, leblos, lethargisch, leer, müde, nervös, niedergeschlagen, ruhelos, traurig, sauer, schlapp, schockiert, schwer, sorgenvoll, überwältigt, unbehaglich, ungeduldig, unruhig, verloren, verschlafen, verzweifelt, verwirrt, wütend,

Gefühle ⊕

angeregt, aufgeregt,
ausgeglichen, befreit, begeistert,
berauscht, berührt, beruhigt,
beschwingt, bewegt, bezaubert,
dankbar, ekstatisch, energetisiert,
entspannt, entzückt, erfreut, erfrischt,
erfüllt, ergriffen, erleichtert, ermutigt,
erstaunt, frei, fröhlich, gebannt,
gelassen, gespannt, heiter, hingerissen,
hoffnungsvoll, inspiriert, kraftvoll,
lebendig, leicht, locker, munter, mutig,
neugierig, ruhig, satt, sicher, stolz,
überrascht, überwältigt, vergnügt,
verliebt, verzaubert, wach, weit

Bedürfnisse

Bedürfnisse

Biologische Bedürfnisse

Nahrung, Wasser, Luft, Schlaf, Ruhe,
Bewegung, Sex, Gesundheit, Schutz vor Kälte

Sicherheit

Sicherheit, Ordnung, Perspektive, Struktur, Schutz,
Unterkunft, Kleidung

Kontakt

Verbindung, Zugehörigkeit, Austausch,
Gemeinschaft, Harmonie, Nähe, Intimität,
Unterstützung, Verständnis

Ego-Bedürfnisse

Wertschätzung, gesehen werden, Autonomie,
Authentizität, Rausch, Mobilität, Genuss, Status,
Integrität, Selbstwirksamkeit, Wirksamkeit, Spiel,
Feiern, Erholung, Zerstreuung, Kreativität, Schönheit,
Offenheit, Inspiration, Respekt, Selbstwert

Sinn

Sinn, Selbsterkenntnis, Selbstverwirklichung,
Wachstum, Beitragen

Auflösung der Glaubenssätze:

„Diese Maßnahmen dürfen nie hinterfragt werden"
z.B.:

- die Maßnahmen wirken
- Autoritäten handeln immer richtig
- Menschen brauchen Anweisungen
- ich hinterfrage die Maßnahmen nicht
- alle sollen so handeln wie ich
- ich handle vernünftig

„Ich bin für eine allgemeine Impfpflicht" (Vorsicht, der ist komplex und vielschichtig)
z.B.:

- Impfen hilft
- Es handelt sich um eine Impfung
- Ich kann die anderen nicht überzeugen
- Zwang hilft, Ziele zu erreichen
- Zwang hat keinen Preis
- Gehorsamkeit ist das Ziel
- Menschen müssen straff geführt werden
- Gewalt ist eine Lösung

„Die Pandemie endet erst, wenn alle geimpft sind"
z.B.:

- Es gibt ein durch Menschen definiertes Ende der Pandemie
- Impfung wirkt gegen die Pandemie
- Es können alle geimpft werden
- Es handelt sich um eine Impfung
- Es gibt eine Möglichkeit, alle zu kontrollieren
- Es gibt eine Möglichkeit, alle zu impfen

„Demonstranten sind Coronaleugner und Rechte"
z.B.:

- Es gibt Menschen, die Corona leugnen
- Corona (Covid 19; Sars Cov 2) existieren zweifelsfrei
- Ich (oder meine Quelle) kann beurteilen, wer illegitim demonstriert
- Ich brauche Schubladen
- Ich (oder meine Quelle) kann beurteilen, wer auszugrenzen ist

„Bis nächstes Frühjahr sind alle Ungeimpften gestorben"
z.B.:

- Die Krankheit ist tödlich für alle

- Impfung hilft gegen die Krankheit

- Die Krankheit hat bis jetzt viele Menschenleben gefordert

- - Alle Ungeimpften sterben bis zum Frühjahr an irgendetwas

„Was ist denn mit Bergamo"?
z.B.:

- - Ich habe Bilder aus Bergamo (Frühjahr 2020) gesehen

- - In Bergamo sind viele Menschen gestorben

- - Die Bilder sind echt

- - Die Bilder stellen einen wahren Sachverhalt dar

- - In Bergamo gab es besondere Ereignisse

- - Die Ereignisse oder Bilder aus Bergamo sind unaufgeklärt, bzw. Covid zugeschrieben